U0145442

凝煉知識品味閱讀

兒童基本邏輯教材

蒲世豪◎著

五南圖書出版股份有限公司

推薦序一

大家都說，思考很重要。因此，懂得如何思考，就是我們在學習的過程中最關鍵的部分。想要擁有思考的能力，就必須透過方法，學習思考的規則；這個規則，就是邏輯規則。邏輯規則讓我們在思考與表達的過程中，不會犯錯，也不會自以爲是、強詞奪理，甚至胡言亂語。對於現今教育發達的臺灣社會而言，如何讓孩子在學習的階段接觸邏輯的思考訓練，是一件至爲關鍵的問題。爲了要能夠面對這個問題，我們需要一本孩子能夠閱讀、練習以及吸收的教科書。這一本書應該具有實質的內容、輕鬆的題材以及明瞭的練習。這三點的結合，決定了一本邏輯書的好壞，尤其是一本爲孩子所寫的邏輯書。

《兒童基本邏輯教材》是由蒲世豪博士所創作。他是邏輯學的專家，且爲了我們莘莘學子的學習，寫出這本讓孩子學習邏輯的書。我特別注意到本書一項特點，就是能夠用平易近人的口吻，把邏輯中最具代表性的命題邏輯說得很清楚。這是一件很重要的事情。因爲使用中文的我們，往往因爲名詞的指涉意義過強的緣故，以至於我們在表達的時候，經常忽略清晰表達一件事情的，是一句話，不是一個語詞。這一句聽起來不是很好懂的話，卻是中文世界千萬學子學習邏輯的最大障礙。我很高興，在閱讀的過程中，本書能從基本邏輯的概念出發，說明語詞與事物的對應關係之後，致力於邏輯句型的分析，最後以簡單的推理與論證，作爲本書最後所著重的部分。從語詞、句型到推理的關係中，本書呈現邏輯作爲思想規則的主要內容。

我承認，雖然這是一本給孩子的基礎邏輯書，但是它所包含的內容，極有可能對家長都有非常大的幫助。基於邏輯思考的重要性，我建議所有想要孩子學會思考的父母，利用時間與孩子一起閱讀此書，共同回答習題，享受一堂樂趣無窮的哲學課。我以感佩的心，鄭重推薦此書予所有愛好思考的父母與他們的孩子。

苑舉正

國立臺灣大學哲學系教授兼主任

2014.5.24.

推薦序二

號稱二十世紀最聰明的科學家愛因斯坦，在一九一二年寫了一封公開信，在信中他宣稱，西歐文明有兩個重要的基石：第一個是公理化系統的幾何學；第二個是亞里斯多德的邏輯。他感到好奇的是，爲甚麼東方文明一直缺乏這兩個重要的基礎。衆所皆知，幾何學是我們用來描述外在客觀世界的基本工具。尤其是自從文藝復興運動以來，所有的科學，特別是天文物理學，基本上是建立在幾何學的基礎上。沒有幾何學，科學家甚至無法描述這個世界，乃至於整個宇宙。這在在彰顯，幾何學所呈現的基本上就是這個世界的客觀眞理。更重要的是，透過所謂公理化系統的表現，所有幾何學的定理或眞理都可以逐步證明出來。這表示有關於這個世界客觀的眞理，是可以透過證明來証成的。從另外一個角度來看，證明意味著我們的推理過程。所以公設化幾何系統的建立，表示著我們不僅可以對世界進行某種客觀的描述，而且，我們可以藉著客觀的推理，獲得對這個世界更多的客觀知識。

另一方面，亞里斯多德的邏輯，基本上是用來展現一般所謂的有效的論證。所謂有效的論證，是指，在論證中，如果你接受爲眞的前提，你必須接受結論也爲眞。從哲學的角度來看，這種有效性論證形式的追尋，有兩個重要的意涵。首先，這意味著有論證的必要，這更進一步意味著爭論是被允許的。從這個角度來看，就不難理解爲什麼東方文化缺少邏輯。只因爲東方文化中一向具有威權傾向，而在威權體系中，通常沒有論證的自由，也就沒有邏輯的必要。其次，有效性的論證，提供一種規範，一種對於推論規則的遵守，一旦背離這些推論規則，有效性的追尋即淪爲空談。同樣地，在東方文化，威權就是規範，就是該遵守的規則。

如果這樣的理解是可以被接受的，就不難發現，爲何愛因斯坦宣稱這兩者是西歐文明的基石，含括自由法治的建立、客觀眞實的追尋乃至於科學技術的發展，這再再需要，幾何學與邏輯。

可惜的是亞里斯多德邏輯對於推論規則的運用非常有限。一直到十九世紀末，德國的數學家、哲學家、邏輯學家弗列格，大膽地嘗試，把數學跟邏輯結合在一起。他建立了一個新的邏輯，這個我們所知道的數學邏輯或符號邏輯。這個新的邏輯，融合了幾何學的公設化系統與亞里斯多德有效的論證形式，所以這個新的邏輯系統不僅能用於描述客觀的世界，並且能夠呈現理性的推論過程。

一個多世紀以來，這種新的邏輯，已全然取代亞里斯多德的邏輯。特別是在一九六〇年代以後，隨著邏輯的發展，邏輯已經廣泛地滲透到其他的學術領域，不只是自然科學，甚至於各式各樣的社會科學。畢竟，邏輯推論規則的遵守與建立，乃是人類合理性的基本訴求之一。而且，邏輯本身的發展，在六〇年代以後，邏輯學家建立了更簡易的自然演繹法，邏輯的研究不再是數學家、哲學家的專利，社會學課程上乃至於一般的通識課程紛紛納入邏輯的教學與研究。八〇年代以後，西歐不少國家，包括英國法國，甚至把邏輯教學納入中學教育的一環。這個主要的考量，當然是希望，年輕的一代，能在中學時，即具有對客觀性與合理性的追尋與理解。畢竟，這兩者絕對是民主法治社會的基礎。

臺灣的邏輯研究早在日據時代在臺灣大學的前身——東京帝大臺北分校的法政講堂，就有包括哲學的課程。戰後，隨著殷海光先生等邏輯學家的來臺，邏輯研究更是在當時蔚爲風潮。可惜由於聯考制度及種種外在社會的因素，邏輯教學，一直無法普及，更遑論深入到中學教育。一直到最近幾年，政府才開放在高中選修邏輯課程。事實上，從教育心理學即發展心理學的角度來看，邏輯教學應該提前到更早，在小學階段。國內目前有不少的單位已經觀察到這個趨勢，而且試著把邏輯教育推廣到小學階段。

蒲世豪博士，早年就讀於輔仁大學，臺大哲學系研究所碩、博士班，長年致力於邏輯研究。近幾年，更投入邏輯教學這個領域，成效斐然。最近，把這幾年的心得整理成書。這本書以基礎邏輯的語意概念爲軸心，以語句邏輯的範圍爲主要內容。希望能夠提供一個簡易入門的教科書給有興趣的中小學生；另一方面，也希望能藉此拋磚引玉，希望能有更多的邏輯學家、數學家也投入這個領域。

楊金穆

臺灣大學哲學系副教授

本書使用的邏輯符號

語詞部分

指涉事物的符號：*a*，*b*，*c*，*d*……

代表集合的符號：Px，Mx，Dx，Sx……

語句部分

等同句：$a = b$

原子句：P*a*

否定句：¬P*a*

條件句：（P*a* → M*a*）

連言句：（P*a* ∧ M*a*）

選言句：（P*a* ∨ M*a*）

各類語句的眞值規則

否定句的眞值規則

S	¬S
T	F
F	T

條件句的眞值規則

S1	S2	（S1→S2）
T	T	T
T	F	F
F	T	T
F	F	T

連言句的眞值規則

S1	S2	（S1 ∧ S2）
T	T	T
T	F	F
F	T	F
F	F	F

選言句的眞值規則

S1	S2	（S1 ∨ S2）
T	T	T
T	F	T
F	T	T
F	F	F

邏輯蘊含推論規則

1.簡化律（Simp）

（S1∧S2）可以推出S1

（S1∧S2）可以推出S2

2.肯定式（MP）

（S1→S2）

S1　可以推出S2

3.連言律（Conj）

S1

S2　可以推出（S1∧S2）

4.否定式（MT）

（S1→S2）

¬S2　可以推出¬S1

5.選言三段論（DS）

（S1∨S2）

¬S1　可以推出S2

（S1∨S2）

¬S2　可以推出S1

邏輯等值的推論規則

1.雙重否定規則（DN）

¬¬S2　與S1　可以相互推論

2.交換律（Comm）

（S1∧S2）與（S2∧S1） 可以相互推論

（S1∨S2）與（S2∨S1） 可以相互推論

3.異質換位律（Contra）

（S1→S2）與（¬S2→¬S1）可以相互推論

4.迪摩根律（DeM）

¬（S1∧S2）與（¬S1∨¬S2） 可以相互推論

¬（S1∨S2） 與（¬S1∧¬S2） 可以相互推論

5.蘊含律（Impl）

（S1∨S2）與（¬S1→S2）可以相互推論

目錄

（全書練習題均附解答，詳見五南網站）

導論　邏輯思考的意義

語言與邏輯思考

提到語言，對大多數的人而言，第一印象通常是語言是「交換心意」的工具。使用語言是因爲我們的心意、想法、內在情感無法直接傳遞，但卻想與別人交流這些東西。不管是文字還是聲音型態，語言都能讓這種原本不可能的交換實現，或至少部分實現。簡而言之，語言是「溝通互動」的工具。

但語言還有另一種功能，其實很容易被忽略。除了溝通之外，語言也是我們吸收知識、形成概念、歸納通則，甚至建立世界觀的工具。不管聽別人說還是自己閱讀，人類其實是透過語言吸收資訊，判斷眞假，慢慢編織出合乎理性的思考地圖。語言也是「理性思考」的工具。

不管是「理性思考」或「互動溝通」，對理智生活來說，都缺一不可。只是在現代忙碌的生活中，頻繁的互動，使得語言的溝通層面不斷被強調：溝通力、說服力、影響力，彷彿使用語言就是爲了透過交流達成影響別人的目的。在此單一角度下。語言成了征服與影響他人的工具，書架上則充斥著如何使用征服人工具的工具。

相對於此，語言的理性思考功能卻反而萎縮。我們漸漸只關注溝通交流而不在意理性內容，漸漸覺得一個人說話有趣是因爲「嘴巴厲害」而不是因爲「腦袋清楚」。一個很簡單的實驗，請各位想像一下，如果各位覺得「作文」只是文詞堆積，沒有想法或內容的陳述可言，那恐怕對您來說，語言理性思考的功能已經開始凋零。

使用語言時缺少理性思考的我們，漸漸懶得吸收資訊與主動思考，懶得判斷眞假與靈活用腦。部分仍保有理性思考能力的人，也不知自己的能力如何解釋。結果是値得深入思考的議題，討論流於浮面而短淺；需要深入思考的法律、資訊、科學與數學，了解者覺得簡單無比，不了解者卻不得其門而入。思考能力的貧富不均，也反映在整體能力，甚至是將來發展的不平均。

所謂「邏輯思考」的能力，其實就是「運用語言進行理性思考」的能力。邏輯能力強的人，善於運用語言進行「理性思考」，善於以此編織內在的「思考地圖」。他能從清晰的思考中迅速找到問題的關鍵、錯誤甚至答案。他的發言精確而犀利，絲毫不怕需要思考的問題。對他來說，不同領域可以被視爲不同資料的變換，沒有困難到無法理解的內容。邏輯能力就是運用語言進行「理性思考」的能力。

在當今社會，邏輯思考不被重視的狀況已經非常明顯。但偏偏越不重視，越容易失去邏輯思考的能力，結果是又得花更多氣力彌補不思考的惡果。其實對具有邏輯思考習慣的人來說，邏輯思考毫不費力，因爲已經習慣。好像運動姿勢的改良開始時很累，改良後卻讓運動更簡單輕鬆。培養邏輯思考會讓邏輯思考變輕鬆，甚至讓我們能把氣力花在更有創意與深度的思考上。

這本書是爲了培養邏輯思考而寫的。爲了培養邏輯能力，這本書帶各位專注在語言的理性表意功能上。深入了解我們「如何透過語言」思考；訓練「直接使用語言」去思考；培養「善用語言思考」的好習慣。透過主動練習，主動了解，反覆操作，來增進邏輯思考的能力。能活用語言與符號進行思考，才能建立更複雜更全面的思考能力。

對孩子來說，邏輯思考的培養是更加急迫的，因爲他們正處在學習階段。如果希望孩子的思考，不只剩下如何應付外在要求，那麼我們需要教他們，善用語言建立自己的內在思考世界。沒有自己的內在思考地圖，一切智性的學習都將流於表面，且已經有越來越多的跡象顯示出，現實已經往這個方向走去。

邏輯思考能提升孩子學習的效率、意義甚至樂趣。不能眞正理解所學爲何，不僅帶來學習資源的浪費，也帶來學習者本身的痛苦。透徹的理解力帶來的不只是能力上的改變，也帶來學習的興趣與樂趣。理性思考是以知識爲樂的思考，邏輯思考也因此對孩子的「快樂」（而不僅僅是知識）有重要意義。

或許有人認爲邏輯思考課程妨礙孩子多元性的思考。但依照這種推論方式，任何培養理性精神的課程都會妨礙多元發展，但這種偏狹見解本身，反而才是反多元的。邏輯課程培養理性思考的技巧，理性是具有反省意識與能力的。等孩子充分運用思考發展自己的內在世界後，每個孩子不但不會一元，反而會更爲多元與不一樣。

直接學習「邏輯」

前面所提到的邏輯思考，是善用語言進行理性思考的能力，很多人可能是第一次聽到這種說法。常識中所謂邏輯思考比這更廣義。廣義的邏輯思考就是理性思考。

舉個更具體的例子，以下十一點都是常見被認爲是邏輯思考（或理性思考）的特質。

1. 有系統地思考：能依照順序思考，有條不紊。
2. 思考周延：能將所有可能情況或錯誤都列入考慮。
3. 思慮清晰：擅於辨別易混淆事物的異同。
4. 理解能力強：能理解複雜或抽象的論點或說法，也擅於學習不同科目。
5. 對錯誤敏感：善於發現錯誤、疏漏與矛盾。
6. 善於推論：擅於從少量資訊推論出更多有用的資訊或規則。
7. 善於掌握重點：能迅速切入談話或思考的重點。
8. 能夠以簡馭繁：擅於用簡單概念或方法分析複雜概念。
9. 善於解決難題：肯動腦面對與解決困難。
10. 能獨立思考：不依靠，不模仿，能自己獨立進行思考。
11. 對動腦的學科擅長：擅長數學、資訊科學或自然科學。

這個表還可以繼續列下去，但對弄清楚問題沒多大幫助，萬丈高樓平地起，我們總得挑個出發點才行。從教育的角度來看，並非每一塊都有對應的訓練，有些部分看來比較基礎，比方說一到六點。有些部分像是其他能力的組合，比方說九到十一點不像是教育內容，更像是教育的結果。如果就從這張表開始設計邏輯思考的教育，並不是很切實際的。

不可否認其實這些特質並非一定要邏輯課才能學到。一個人可以在人生各階段透過機緣獲得邏輯思考的能力，但畢竟可遇不可求。我們要談的是邏輯思考能力的「教育」，邏輯教育並沒有否定有人可以不需要透過教育而得到它。除非有人認爲邏輯思考能力「無法以任何教育方式傳遞下去」，但即使是這種角度的人，多少也會贊同我們可以「培養」這種能力。

本書的角度，是以上這些廣義邏輯思考的特質，都可以透過形式邏輯課

「學到」或被「培養」出來。邏輯課將專注力移到「語言」上，把語言當成精密的思考工具，對語詞、語句甚至句子組成的文章，進行理性的分析、反省與思考。語言是我們思考的工具，從語言上開始注重理性的思考，我們就能重新恢復理性思考的能力。

本書的特色，是直接學習「形式邏輯」（formal logic）這一學科，來培養邏輯思考。這裡所說的形式邏輯，就是大學通識教育開設的邏輯課程。它研究我們如何運用語言指涉外物，形成概念，構成句子，進行眞假推論等思考規則的科學。不管是大人還是小孩，都能透過這些訓練與了解來改善思考效能。學習邏輯就是學著用文字與符號進行複雜的理性思考，來減少我們對複雜思考的疏漏與恐懼。

也有人擔心既然邏輯是大學課程，就代表對孩子來說，難度會太高。針對這點，我們要說教學法也跟科學一樣在進步。過去舉世幾人能懂的科學理論（如馬克斯威爾方程式），在今日相關科系大一大二的課本中就能找到。老師、教材或教學法本身都在進步。邏輯也逐漸進步到讓孩子能理解學習了。書中你會看到大量的練習與遊戲，都是透過學科成熟與教育研究，慢慢發展出來的。所以不要害怕大學科目太抽象的問題，値得關心的反而是實際課程中某個孩子遇到的眞實問題。

所以我們試圖透過遊戲與練習，運用孩子已經熟悉的一些基本常識，讓孩子學習邏輯。從如何確定語詞的邏輯功能開始，慢慢進行到區分不同種類的句子符號化、區分不同類型的述句，最後到列出論證、進行推論與評價論證爲止。透過一步步引導設計，讓孩子慢慢在邏輯思考的體質上與技巧上進步。

本書中每個課程設計與內容，也都是家長或老師自己就可以閱讀的，師長們可以自己親自理解與檢驗這些邏輯思考訓練的意義與效用。

獨立思考與教養

孩子學習邏輯思考，也關係到家長的教養問題。剛提到的特質中，第十點「獨立思考」最易關連到教養問題。獨立思考是否意味著反抗、叛逆與不聽話，家長對於孩子理性成長應抱持的態度又爲何，這值得一小段簡單討論。

獨立思考其實是很容易被誤解的特質，至少得先做兩點澄清。首先，千萬別把獨立思考等同於「特立獨行」的想法，但獨立思考非指想法特別，而是指「想法的來源」不一樣。一個人可以因獨立思考接受別人意見，也可以執意反對只爲了唱反調，做點「表面上」獨立。這好像一個人可在經濟上獨立卻仍住在家裡，但也可能在外租屋卻完全依賴家裡供應一樣。獨立思考不等於特立獨行的思考。

其次，獨立思考也不等同於「獨立生活」。電影「末代皇帝」中有一幕是皇帝溥儀失勢之後，他身邊的人把他的鞋帶拉掉羞辱不會繫鞋帶的他。在生活上照顧自己叫「獨立生活」的能力，這是由多種能力構成：工作、烹飪、裝扮、維持健康與打掃，其中自然也包含「思考」。獨立思考專注在「智性」上，爲了讓智性充分發展劃出專門領域。獨立思考是廣義獨立生活的部分，但獨立生活也不可缺少獨立思考，兩者能相互配合，卻也有重點上的不一樣。

獨立思考是種不依賴，不模仿，不只是表面功夫的思考。我們可以拿出一部《莎士比亞》、《紅樓夢》或《三國演義》，從頭到尾抄寫一遍，單就「寫」的活動來說，我們的所爲與莎士比亞、曹雪芹或羅貫中，也沒有太大的不同。但沒有人認爲這樣的抄寫，可與文學家相提並論，因爲根本沒有背後的思考。要了解與欣賞思考，就不能只看結果。凡事如果只看最後的結果，就等於抹煞背後的思想，不注重眞正有價值的精神。短期觀察也許看不出差別，但持續累積之後天差地遠。

所以要培養獨立思考，一定要注重思考「過程」多於「結果」，注重「怎麼想」，而不只是「想到什麼」。不過事情並沒有這麼容易。因爲培養過程中並不是只有教材，也會牽涉到師長與學生的權力關係，引起教養問題。在傳統的教育中，爲了維持穩定的權力關係，獨立思考較容易被壓抑，傳統看法認爲教育是建立標準與培養良好習慣，而這些都需要透過具有權威的師長來建立，所以教育的重點在於建立權威。

但以權威爲核心的教育雖然養出循規蹈矩的孩子，但孩子卻因習於遵循規範而放棄了自己思考。這樣的結果，無法令所有人滿意。因此，另一種對立論點開始批判與流行，強調孩子不只是教育的重點，甚至是教育的主人，因爲他也是自己未來生命的主人。教育主題應是適性養成，是尊重孩子與反權威。這想法雖克服了部分權威式教育的問題，但自由邊界卻往往難以掌握。過分放任讓越來越多的孩子輕率而任性，淺薄且不深思，結果一樣無法獨立思考。這構成了常見的教養書戰場，有人推崇斯巴達教育，也有人專心推廣孩子的自由思考，各有其經驗與理由。

本教材的觀點是，要培養符合邏輯精神的獨立思考，前文中兩種對立的觀點不但有所偏頗，而且兩者具有相同的錯誤假設。這個錯誤假設就是教育一心傳承的眞確知識與良好習慣，並不是由任何「人」來定義的。不管站在師長還是孩子的角度，對錯眞假或合理與否，都不取決於任何「人」，眞假對錯與合理與否都是客觀的，是超越個人的。教育活動中起關鍵作用不應該是「人」，而是邏輯思考中的「理性」。

這就是邏輯強調「透過語言進行理性思考」最重要的教養意義了。邏輯思考是以客觀角度評估「一句話」、「一段推論」、「一種解法」或「一種觀點」，完全不論提出的「人」是「誰」，這是理性思考的基本態度。邏輯完全以「句子」與「符號」的操作爲中心，不管使用這些句子符號的人是偉人、聖人、大人、小孩、賢人、愚人都沒有關係。一句眞的話，一個正確的推論，一個適當的觀點，都跟使用的人沒有直接關係。句子眞假取決於客觀事實，推理正誤取決於推論規則，都不是由人所決定的。問題的正確答案，正確的自然規律，也不是由發現者所決定。這就是邏輯的態度，也是理性思考傳承的核心。

推廣邏輯思考也就是要推廣理性思考的精神，不以任何人的角度「決定」一句話的眞假對錯或合理與否。家長可能犯錯，孩子也一樣，沒有人是眞理的裁決者，因爲眞理永遠是由「事實」裁定，而且僅僅由「事實」裁定。也只有朝這個方向思考，才能慢慢鎔鑄眞正具有思考能力的孩子。獨立思考就是追求理性的邏輯思考，如此而已。

邏輯課的注意事項

最後談到如何使用本教材進行課程時。本教材分爲三大單元，共計六十四課，每次課程的時間約爲一小時。可以視孩子的年級高低與理解狀況，一次上一課或兩課。

單元一爲基本邏輯概念，從名詞的邏輯分析、文氏圖一直到述句概念的建立完結，共十九課。內容比較偏傳統邏輯（traditional logic）。

單元二爲語句的邏輯分析，從我們討論七種不同邏輯結構的句子：原子句、等同句、否定句、條件句、連言句、選言句以及全稱句，共三十一課。這可說是一般大學邏輯課的主要部分，內容部分偏現代邏輯（modern logic）。

單元三爲論證推理概念的建立，共十四課。前兩單元是論證推理的地基，第三單元進入實際論證的有效性問題，沿著演繹邏輯的眞值表法介紹形式邏輯的推論概念。這一段需要前兩單元基礎，方能建立完整的邏輯思考概念。目前爲止，教材已經包含一般通識邏輯語句邏輯(或命題邏輯)完整的概念。未來我們還計畫有單元四、五、六，將述詞邏輯與批判性思考等部分做完整的介紹。

上課時，除非孩子的年級很高，很愛閱讀，否則請不要直接用每一課的「課文」上課，課文本身著重在有系統地陳述與羅列邏輯概念，課文主要是給老師或家長閱讀理解用的，不見得要讓孩子直接閱讀。對孩子進行教學上建議的程序是：

1. 家長或老師閱讀完整課文，選出一些關鍵的篇章或例子當作課程內容（準備工作）。

2. 運用準備的內容對孩子進行說明與重點提示。

3. 陪孩子進行每堂課後的練習或遊戲，但也不需要強求孩子做完所有的練習。

這本書根據筆者的觀察，五年級以上的孩子經過解說就能正確地完成大部分的練習，國一以上程度好的孩子甚至能自行閱讀並進行練習簡單的部分。不過筆者的角度仍是保守的，希望有老師或家長能以孩子一起進行邏輯思考的討論與學習。

越高年級的孩子，越可以進行課文細部的思考閱讀，家長可以引用課文的例子來講解抽象的邏輯思考原則。越低年級的孩子，越需要透過遊戲與活動傳遞邏輯觀念。老師也可以依照自己的喜好與經驗，設計出更好或更適合孩子的解說範例、遊戲或練習，來與孩子進行教學互動。

本教材在最後部分附上了練習解答，可供不熟悉邏輯的家長或老師練習之用。解釋的篇幅已經不少了，現在就直接進教材吧！

壹、基本邏輯概念

第一課　指涉與分類

善用語言進行理性思考的第一步，是認識語詞的邏輯功能。常用的語詞具有各種不同的邏輯功能，我們先從名詞的邏輯功能開始。 名詞代表世界中各式各樣的事物，它是邏輯思考的基本材料。名詞常見的兩種邏輯功能，一個是用來「指涉」某「一個」特定的事物（單一對象），另一個是用來「代表」一個以上的某「一些」事物。

「莎士比亞」、「臺北市」或「中國」是常用來指涉「單一對象」的語詞，從前而後指特定的歷史人物、城市以及國家。在國文中它們被稱爲專有名詞，邏輯的說法是它們用以「指涉」外物，或「指著」外物。指涉有「僅僅指著一個」的意思。常用來指涉的語詞主要有「名字」與「單一代名詞」。

東西的名字
地球：星球名
亞洲：地名
以色列：國名
新北市：行政區名
紐約尼克隊：隊名
羅斯福路：路名
比爾蓋茲：人名
白雪公主：童話故事名
7：數字名（這比較不常想到）

單一代名詞與其他指涉詞
我
你
他
那個男人
這張桌子
路口算過去第三間
2013 年 5 月的第一個周一
剛剛經過的那一站
剛翻牆過去的那個男人

指涉的單一對象可以是特定的個人，也可以是巨大的城市甚至國家。「中國」是由許多的人加上廣大土地和一個主權政府等等所組成的，但「中國」是屬於指涉的語詞，指著那一個國家。「中國人」這個詞，則代表著許多的中國人，屬於分類的語詞。千萬別混淆指涉和分類，前者說的「單一對象」是允許由許多不同的部分所組成的（例如：中國、臺北市），而後者則是直接代表許多相同或同類的對象（臺灣人、雲豹）。

在「東西的名字」中較陌生的應該是數字類，很少人想到數字其實是「數」的「名字」，不同語言給相同的數取不同的名字，比方說「III」跟「3」就是同一個「數」的不同名字，數字是「數的名字」。對比一下「13」跟「奇數」這兩個語詞，就可以感受「奇數」是代表某一類，而13只是奇數中的一個數。所有數字，都是像名字一樣用來指涉的語詞。而且如果仔細想一想，你會發現數字可能是人類「唯一」能有系統地爲無限多東西（這裡所謂「東西」是數喔！）命名的符號工具。

以上是常用來指涉事物的名詞，先記得指涉代表的是單一對象就夠了。另外，用來指涉的名詞通常不是想到名詞時的第一順位，名詞最典型的例子其實是代表類的語詞，就是像「桌子」、「車子」、「老師」、「同事」這類語詞，又叫「普通名詞」。所謂普通名詞，就是可以用來代表很多東西的名詞，用邏輯的話來說就是一個分類的語詞。比方說：

分類的詞彙

地球人：地球有超過 60 億人口。
亞洲國家：亞洲有超過 50 個國家。
以色列周邊的國家：以色列周圍至少有黎巴嫩（北）、敘利亞（東）、約旦（東）還有埃及（西南）四個國家。
新北市居民：新北市有將近 400 萬居民。
紐約尼克隊的球迷：尼克隊的球迷很明顯不只一人。
羅斯福路上的學校：至少有臺灣大學跟武功國小兩間以上。
比爾蓋茲的家人：比爾蓋茲除父母與妻子之外，還有兩個姐姐。
7 的倍數：7 的倍數有無限多個。

普通名詞在一般情況下代表一個以上的東西，也就是類。當提到普通名詞如何如何的時候，我們說的是這一類的東西如何如何。有時，我們會在使用普通名詞時後面加個「都」，來強調「不只一個」的意思。比方說：

新北市居民可以申請輔助

新北市居民都可以申請輔助

另一個簡單的測試辦法是在語詞前加上代表數量的詞，看是否還能讀通，能讀通的是分類，反之則爲指涉。舉些例子：

三個亞洲國家進入已開發國家之列	正確
三個亞洲進入已開發國家之列	不知道講什麼
兩個叫比爾蓋茲的人在酒會中握手聊天	正確
兩個比爾蓋茲在酒會中握手聊天	不知道講什麼

指涉跟分類要分得很清楚，這是基本的思考功夫。不要誤以爲只要是名詞就會是「名字」，並不是所有的名詞都是「名字」。名字是指涉單一對象的語詞，但名詞中的類則代表一個以上的對象。

我們下一段再來看，怎麼深入細分使用中的指涉與分類。

課後練習

練習1.1

分辨以下的語詞，是比較常用來指涉，還是比較常用來代表一個類的語詞。

***以△代表指涉語詞，○代表分類語詞，然後把答案塡入括號中**

1.月亮
2.鳥的羽毛
3.紅色的蜻蜓
4.曹操
5.今年夏天
6.圖書館
7.白河
8.腳踏車
9.五分鐘
16.蝸牛
17.天線寶寶
18.盆地
19.北美洲
20.2006北京奧運
21.達文西
22.微軟出的軟體
23.微軟
24.筆記型電腦

10.明天下午兩點	25.我的筆記型電腦
11.70	26.可樂
12.民國100年	27.可口可樂（飲料名）
13.民國99年3月5日	28.可口可樂各國代理商
14.分數	29.可口可樂這個品牌
15.四分之一	30.可口可樂這家公司

1.（ ） 2.（ ） 3.（ ） 4.（ ） 5.（ ） 6.（ ） 7.（ ）
8.（ ） 9.（ ） 10.（ ） 11.（ ） 12.（ ） 13.（ ） 14.（ ）
15.（ ） 16.（ ） 17.（ ） 18.（ ） 19.（ ） 20.（ ） 21.（ ）
22.（ ） 23.（ ） 24.（ ） 25.（ ） 26.（ ） 27.（ ） 28.（ ）
29.（ ） 30.（ ）

練習1.2

分辨以下的語詞，是比較常用來指涉，還是比較常用來代表一個類的語詞。

＊以△代表指涉語詞，○代表分類語詞，然後把答案填入括號中

勒內・笛卡兒（ ），生於法國（ ）安德爾－羅亞爾省的圖賴訥拉海（ ），1650年2月11日逝世於瑞典斯德哥爾摩，是法國著名的哲學家（ ）、數學家（ ）、物理學家（ ）。他對現代數學的發展做出了重要的貢獻，因將幾何坐標體系公式化而被認為是解析幾何之父。他還是西方現代哲學思想的奠基人，是近代唯物論的開拓者且提出了「普遍懷疑」的主張。他的哲學思想深深影響了之後的幾代歐洲人（ ），開拓了所謂「歐陸理性主義」哲學。（取自維基百科）

西元前480年，波斯帝國（ ）國王薛西斯（ ）為了雪恥馬拉松戰役而征伐古希臘，準備了一支大軍（ ）。面對這個情況，雅典（ ）與斯巴達（ ）不計前嫌地聯合起來對抗波斯，組成了一支由斯巴達領導的聯軍，他們原先的計畫是要在奧林帕斯山（ ）南端的一個峽谷（ ）阻擋波斯人（ ），但是在得知波斯人即將繞道避開這個山谷（ ）時，希臘聯軍撤退了，附近的希臘城邦得知了聯軍即將撤出這個地區時，紛紛望風而降。為了阻止其他的城邦繼續變節，希臘人決定在溫泉關（　　）建立他們的防禦據點（　　）。溫泉關是一個易守難攻的狹窄通道（　　），一邊是大海，另外一邊是陡峭的山壁。這個村莊（　　）附近有溫泉（　　），因而得到「溫泉關」這個名字。（取自維基百科）

練習1.3

以下是一些常常在數學中用到的語詞，分辨它們的功能是指涉還是分類。

***以△代表指涉語詞，○代表分類語詞，然後把答案填入括號中**

(1)1（　　）(2)5（　　）(3)11（　　）(4)偶數（　　）(5)奇數（　　）
(6)比五大的數（　　）(7)6120（　　）(8)6120的因數（　　）
(9)6120的倍數（　　）(10)三角形（　　）(11)這個三角形（　　）
(12)直角三角形（　　）(13)最旁邊的那個正方形（　　）

練習1.4

找出以下名詞前面不應該加上數量詞的句子。

1. 許多「臺灣學生」參與了這次的科學競試。
2. 不少「臺灣」被這次的災害波及。
3. 10架「獵鷹式戰鬥機」前來支援。
4. 10架「這一臺飛機」前來支援。
5. 太多「他」擠得這裡水洩不通。
6. 太多「觀光客」擠得這裡水洩不通。
7. 三位「叫比爾蓋茲的人」表示願意參與捐獻。
8. 三位「比爾蓋茲」表示願意參與捐獻。

不應該加上數量詞的句子有：

練習1.5

(一) 請自己舉出三個指涉語詞的例子。

1.

2.

3.

(二) 請自己舉出三個分類語詞的例子。

1.

2.

3.

第二課　使用中的指涉與分類

前一課教了各位分辨用來指涉的語詞，與用來分類的語詞。但語言實際的使用是很靈活的，某些語詞即使本來被歸在其中一類，但在實際使用時可以做另一類用途。這好像椅子原本是被設計用來坐的，但有時也會拿來當墊腳檯。鍋子明明是設計煮東西的廚器，但我們也可以用它來喝水，甚至當鋼盔。某個東西被設計出來的目的，跟我們在某次具體情況中使用它的目的，可以是完全不一樣的。

做爲人類工具的一環，語詞也一樣，語詞是我們溝通與思考的工具。請看以下的例子：

生物老師說：「鯨魚是用肺呼吸的。」

船員發現一隻鯨魚總是跟著他們的船。船長看到那隻鯨魚越游越近，大叫說：「鯨魚快撞上我們了！」

以上兩句中的「鯨魚」就分別扮演不同的邏輯角色。在第一個句子中，「鯨魚」是某個「類」，老師說的應該是「所有的鯨魚都是用肺呼吸的」。在第二個句子中，「鯨魚」代表了那隻一直跟著船的鯨魚，根本不可能是「所有的鯨魚」。所以請注意，指涉與分類也可以用來指我們「使用」字詞時所發揮的邏輯功能，不一定非得是語詞原本被設計的功能。

雖然看似複雜，但在大部分的情況中，我們只要問問自己，我們用這些語詞來指著某一個東西，還是代表很多個東西，就可以得到答案。比如說，代名詞有時代表特定群體，有時也代表群體中的每一個個體，所以被視爲一個類。我們看以下的例子。

「這兒的人買過票了。」

意思是每個這兒的人都買過票了。

所以「這兒的人」是用來代表「類」

「這兒的人超過20個。」

意思不是這兒的人都每一個人都超過20個人。

而是說這兒的整群人加在一起超過20個人。

所以「這兒的人」是用來「指涉這一群人」。

所以自己要注意仔細思考一下再做區分，問問看這句話中的代名詞到底是要指「那一個」還是「每一個」。這樣的習慣，也會使你的思考更嚴謹而清澈。

使用語詞指涉對象通常是沒有任何條件可言的，比方說名字的使用端看我們是否如此取名字，但分類則不然，某物被歸類爲某一類通常是有條件的。我可以把我的包包起名叫「打火機」，但它並不會因此「變成打火機」；我可以把我家小貓咪取名叫「黃金獵犬」，但貓咪並不會因此「變成黃金獵犬」。「打火機」跟「黃金獵犬」這兩個詞當代表「種類」時，指的是有特定功能或特徵的生物或物品，這並不是我們能用取名字這個動作就可以彌補的。

最後一個小提醒，我們拿某個東西當另一種東西用，不代表這個東西就在那一刻「眞的變成」了另一個東西，這個東西只是暫時被移作他用而已。鍋子不會因爲我們戴頭上就「眞的變成」鋼盔，它被「用來當」但沒有「眞的變成」，這裡的變成不過是「拿來用」而已。語詞也是一樣，用來當指涉的名詞，不會因爲偶爾被當作引申意義的類，意思就變化了。它的意思還是原來那一個，只是我們可以活用。這也是一個良好思考習慣，可以防止你跌進思考混亂的陷阱。

課後練習

練習2.1

分辨以下語句中用方框框起來的語詞，是用來指涉，還是用來代表分類。（跟前一單元不同的是，這一題要假想在已經被說出來的一句話中考慮）

***以△代表指涉語詞，○代表分類語詞，然後把答案塡入括號中**

1. 中秋節的晚上，我們一家人到公園賞月。

2. 中秋節的晚上，是很多家庭吃烤肉的好日子。

3. 這個小孩很好奇，就問管理員爲什麼要砍掉這棵大樹。

4. 孩子是國家未來的主人翁。

5. 某天下午，我和爺爺在林間小路散步。

6. 這裡的動物都有很好的照顧。

7. 天上的星星從古代開始，就有許多故事。

8. 500 + 9 = 509。

9. 書包一個450元。

10. 氣球比排球輕。

1.（ ） 2.（ ）（ ） 3.（ ）（ ） 4.（ ） 5.（ ）（ ）

6.（ ） 7.（ ）（ ） 8.（ ） 9.（ ） 10.（ ）

11.

詩名：登鸛鵲樓
作者：王之渙　　詩體：五言絕句
詩文：（押尤韻）
白日依山盡，黃河入海流。
欲窮千里目，更上一層樓。

12.

詩名：下江陵
作者：李白　詩體：七言絕句
詩文：（押刪韻）
朝辭白帝彩雲間，千里江陵一日還。
兩岸猿聲啼不住，輕舟已過萬重山。

13.

詩名：清平調三首之一

作者：李白　　詩體：樂府

詩文：

雲想衣裳花想容，春風拂檻露華濃。

若非群玉山頭見，會向瑤臺月下逢。

14.

聖誕鈴聲　作詞：王敏騵　作曲：皮爾龐　編曲：子紘

雪花隨風飄　花鹿在奔跑　聖誕老公公　駕著美麗雪橇

經過了原野　渡過了小橋　跟著和平歡喜歌聲翩然地來到

叮叮噹　叮叮噹　鈴聲多響亮　你看他呀不避風霜　面容多麼慈祥

叮叮噹　叮叮噹　鈴聲多響亮　他給我們帶來幸福　大家喜洋洋

15.

潑水歌

昨天我打從你門前過，你正提著水桶往外潑。

潑在我的皮鞋上，路上的行人笑呵呵呵。

你什麼話也沒有對我說　你只是瞇著眼睛望著我

嚕啦啦　嚕啦啦　嚕啦嚕拉勒

嚕啦　嚕啦　嚕啦　嚕啦嚕啦勒

16.

我的家（家）

我家門前有小河，後面有山坡。

山坡上面野花多，野花紅似火。

小河裡，有白鵝，鵝兒戲綠波。

戲弄綠波，鵝兒快樂，昂首唱清歌。

11. （　　）（　　）

12. （　　）（　　）（　　）（　　）

13. （　　）（　　）（　　）

14. （　　）（　　）（　　）（　　）（　　）（　　）

15. （　　）（　　）（　　）

16. （　　）（　　）

練習2.2

「車子」是一個分類語詞。但考慮以下狀況：

爸爸邊洗車子邊說「車子快洗好了」。（答案範例）

這時，他所用的「車子」，指的是「他的車子」，而不是所有的車子。

以下所舉的分類語詞，你要設想一個如以上的「狀況」，讓說話者用這個分類語詞來指特定的東西。注意要句子描述整個情況。

1. 肥皂
2. 毛巾
3. 鉛筆盒
4. 小貓咪
5. 帥哥

練習2.3

1. 老師把撿來的流浪貓取名叫「小狗」，然後他說：

小狗不是小狗啦！

第一個「小狗」是當（1.指涉　2.分類）用

第二個「小狗」是當（1.指涉　2.分類）用

2. 妹妹把自己訂做的一個娃娃取名叫「美男子」，知道這件事的姐姐跟他說：

我喜歡美男子，但不是美男子！

第一個「美男子」是當（1.指涉　2.分類）用
第二個「美男子」是當（1.指涉　2.分類）用

3. 爸爸把自己訂做的一套特製西裝取名叫「太空衣」，然後他說：

太空衣並不是太空衣啦！

第一個「太空衣」是當（1.指涉　2.分類）用
第二個「太空衣」是當（1.指涉　2.分類）用

4. 弟弟用黏土做了一個大披薩，看到了之後的哥哥對他說：

你害我好想吃大披薩，但不是大披薩！

第一個「大披薩」是當（1.指涉　2.分類）用
第二個「大披薩」是當（1.指涉　2.分類）用

練習2.4

自己試著填入適當文字來完成以下三個句子：

1.（　　　）是設計用來（　　　），但偶爾也可以（　　　）。
2.（　　　）是設計用來（　　　），但偶爾也可以（　　　）。
3.（　　　）是設計用來（　　　），但偶爾也可以（　　　）。

第三課　語詞與事物的對應

這一課開始有連續三課會集中討論指涉的概念，不過再進入討論之前，有最後一點關於指涉分類需要說明的。目前所提到的指涉與分類所對應的事物，多半是「具體」的事物，「具體」的意思是可以用感官明確地辨認。汽車是一類具體的事物，我們可以透過感知的外型構造清楚辨認出汽車來。

相對於具體的事物，是「抽象」的事物。「抽象」的事物無法透過感官清楚辨認，舉個例子，工程師製作汽車的辛苦，就沒有辦法透過感官清楚辨認。人的喜怒哀樂感情本身與人類的表情有關，表情本身其實是具體的，但表情背後表達的情緒是抽象的。大致上來說，看得見、摸得著或聽的到的東西是具體的，反之則是抽象的。

邏輯喜歡舉具體的事物當例子，是因爲具體的事物比較不易起爭議。抽象的事物易有思想的陷阱，具體事物的理解門檻較低，但並不是這些想法不能用在抽象的事物上。數字就是明顯的例子，數是抽象的事物，但一樣有指涉與分類的區別。我們接下來的討論也會以具體的例子爲主，但應用不限於此。

進入指涉的正題。語詞與指涉事物之間的關係看起來好像是一對一的，每個指涉語詞都指涉到單一的東西，井然有序。不過事實上不然，語言與指涉的事物之間的關係是多對多的。相同的語詞可以用來指不同的事物，比方說以下的例子。

邏輯老師阿豪說：「我肚子好餓！」
邏輯老師阿財說：「我肚子好餓！」
邏輯老師康傑說：「我肚子好餓！」

以上三個「句子」是完全一樣的，句子中每個字，每個字的順序與位置都一樣。句中用來指人的語詞也完完全全是一樣的，都是「我」，但是它們「所說的」卻不是同一件事。這三句話所描述的「事情」或「事實」根本不一樣，因爲三句中的「我」分別指不同的人。

邏輯老師阿豪說：「我肚子好餓！」，他所想的描述的事情是：

阿豪的肚子好餓

邏輯老師阿財說：「我肚子好餓！」，他所想的描述的事情是：

阿財的肚子好餓

邏輯老師康傑說：「我肚子好餓！」，他所想的描述的事情是：

康傑的肚子好餓

每句話都在說「說話的那個人」肚子好餓，而這三個人是不同的人。「句子本身」相不相同是一回事，它們描述的事實或事情是相不相同又是另一回事。所以千萬不要說，相同語詞一定指相同的人，一模一樣的話說的意思一定一模一樣，這都過分低估了我們活用語言的能力。相同事物可以用不同的語詞來指涉，相同的意思可以用不同的話來說。

邏輯老師阿豪說：「我肚子好餓！」

阿財指著阿豪老師說：「他肚子好餓！」

康傑說：「阿豪老師的肚子好餓！」

以上三句話中「我」、「他」跟「阿豪老師」是三個不同的語詞，但都指同一個對象。

邏輯老師阿豪說：「我肚子好餓！」

邏輯老師阿財說：「他肚子好餓！」

邏輯老師康傑說：「阿豪老師的肚子好餓！」

三句不同的話，所想的描述的事情都是：

阿豪老師的肚子好餓

所以千萬不要說，不同的語詞一定指不同人，甚至連每個人專屬的名字都可以有一個以上。

從邏輯的角度來看，當不同語詞指涉相同的事物時，我們有可能說的是「同一件事」。說的事情相不相同不是光看「字」相不相同，還要看用字指的東西一不一樣。再舉個例子，當一個人看著同一隻鳥時，有可能會說以下三句話：

「那個好可愛。」

「那隻鳥好可愛。」

「那隻藍綠相間的鳥好可愛。」

這是三句不同的話，但是所指涉的都是「同一隻鳥」而且後半完全一樣，所以，所說的都是「同一件事」，這裡的「事」指「事情」或「事實」，也就是說他所指的「那隻鳥」好可愛。不要以爲第三句有「藍」、「綠」這些語詞，就代表它們所說的必定有不同，事實上，這些語詞都是用來指涉同一個物的語詞。如果我們了解它們所說的，就會了解它們所描述的事實相同，眞假也會一模一樣的。以後我們會了解到，這些語句是可以相互推論的，它們的邏輯意義相同。

總而言之，思考事情或討論事情時，不要光只注意字詞本身，還要注意我們用這些字「指著誰」，這些字「說的是誰」，我們用這些字「說些什麼」。注意語詞在實際使用中的表現，不以言害意，才是理性思考的好習慣。

課後練習

練習3.1

試著將以下事物區分爲「抽象的」與「具體的」兩類。

1.烏龜　2.媽媽做的午餐　3.媽媽做午餐的愛心　4.書本　5.書本背後的知識　6.考試的成績　7.智慧的成長　8.航空母艦　9.正義　10.良心　11.一首歌　12.眞正的愛情　13.人型機械兵器　14.莎士比亞　15.莎士比亞的才氣。

練習3.2

1. 圈出你認爲正確的答案：

阿豪老師說「我眞帥」

康傑老師說「我眞帥」

兩個人說的話（或說出的句子）是（1.一樣　2.不一樣 ）

兩個人說的事情是（1.一樣　2.不一樣）

2. 圈出你認為正確的答案：

阿豪老師指著康傑老師說「你眞帥」

康傑老師說「我眞帥」

兩個人說的話（或說出的句子）是（1.一樣　2.不一樣）

兩個人說的事情是（1.一樣　2.不一樣）

3. 圈出你認為正確的答案：

阿豪老師指著阿財說「你眞帥」

康傑老師說「我眞帥」

兩個人說的話（或說出的句子）是（1.一樣　2.不一樣）

兩個人說的事情是（1.一樣　2.不一樣）

4. 圈出你認為正確的答案：

阿豪老師指著阿財說「他眞帥」

康傑老師說「阿財眞帥」

兩個人說的話（或說出的句子）是（1.一樣　2.不一樣）

兩個人說的事情是（1.一樣　2.不一樣）

5. 圈出你認為正確的答案：

阿豪老師對康傑老師說「你眞帥」

康傑老師對阿豪老師說「你眞帥」

兩個人說的話（或說出的句子）是（1.一樣　2.不一樣）

兩個人說的事情是（1.一樣　2.不一樣）

6. 圈出你認為正確的答案：

阿豪老師對阿財老師說「康傑眞帥」

康傑老師說「康傑眞帥」

兩個人說的話（或說出的句子）是（1.一樣　2.不一樣 ）

兩個人說的事情是（1.一樣　2.不一樣）

7. 圈出你認為正確的答案：

從以上的例子，你發現到，當兩個人說出一樣的話（或說出一樣的句子），他們所說的事情（1.一定一樣　2.一定不一樣　3.可能一樣也可能不一樣）

從以上的例子，你發現到，當兩個人說出不同的話（或說出不同的句子），他們所說的事情（1.一定一樣　2.一定不一樣　3.可能一樣也可能不一樣）

練習3.3

試著用不同的話講同一件事。

ex：「哆啦A夢」是「大雄」的好幫手。你可以把「哆啦A夢」跟「大雄」

這兩個語詞用其他的指涉語詞換掉。比方說：那隻藍白色的機器貓是大雄的好幫手。或哆啦A夢是那個大笨蛋的好幫手。

1.「大雄」喜歡捉弄「哆啦A夢」。

2.「小智」是「皮卡丘」的主人。

3.「劉備」、「關羽」跟「張飛」三個人結成義兄弟。

練習3.4

五個超人從左到右排在一起：1.蜘蛛人 2.綠巨人 3.美國隊長 4.鋼鐵人 5.超人

大雄：蜘蛛人比左邊算來第二個英雄帥。

胖虎：左邊第三個英雄比鋼鐵人帥。

靜香：右邊第一個英雄比左邊第二個英雄帥。

阿毛：左邊第一個英雄比右邊算來第四個英雄帥。

轟風：超人比左邊算來第二個英雄帥。

博士：蜘蛛人比綠巨人帥。

派大星：美國隊長比右邊算來第二個英雄帥。

章魚哥：超人比綠巨人帥。

海棉寶寶：美國隊長比鋼鐵人帥。

阿豪看了之後說，很多人所說的事情根本是一樣的，意見只有三種而已，你覺得哪些人所說的事情是一樣的？又可以分為哪三組？

第一組：

第二組：

第三組：

練習3.5

探險活寶開了一個偉人傳記讀書會，他們總共讀了六個偉人的傳記故事：

1.牛頓　2.達文西　3.巴哈　4.亞歷山大　5.哥倫布　6.愛迪生

他們開始發表自己喜歡的人物：

1. 阿寶：我喜歡探險家跟亞歷山大大帝。
2. 老皮：偶喜翻當中的發明大王跟達文西。
3. 泡泡糖公主：我呢？我喜歡被蘋果砸到的人還有巴哈。
4. 檸檬公爵：我喜歡征服歐洲跟亞洲的人，還有，也許是哥倫布吧。
5. 腫泡泡公主：倫家喜歡帥帥的達文西還有音樂家！
6. 艾薇爾：我喜歡愛迪生還有畫家。
7. 冰霸王：我喜歡物理學家跟探險家。
8. 彩虹姐姐：我喜歡亞歷山大跟哥倫布。

哪些人喜歡的人物裡面有愛迪生？

哪些人喜歡的人物裡面沒有哥倫布？

哪些人喜歡的人物完全一樣？

哪些人物的配對是至少有一個喜歡的人物一樣？

練習3.6

回答以下的問題：

小明拿著一封信在看，他說寫這張封信的人是我父親的兒子，可是我完全沒有兄弟姊妹，請問他在看誰寫的信？

第四課　指涉語詞的辨識資訊

先回到前一課的例子：

「那個好可愛。」

「那隻鳥好可愛。」

「那隻藍綠相間的鳥好可愛。」

比較以上三句話。第二句比起第一句，提供給聽話者更多「資訊」，讓聽話者更容易辨識出說話者指什麼。第三句又比起前兩句提供給聽話者更多「資訊」，讓聽話者更容易辨識出說話者指什麼。我們會說後二句比起第一句具有更多的「辨識資訊」。第二句比第一句多，第三句又比第二句多。

辨識資訊就是能讓聽話者辨識出指涉語詞指向何物的資訊。雖然我們可以自由使用語詞來指著某個東西，但爲了減少他人理解上的困難，讓溝通更精確順暢，我們應該盡量使用辨識資訊「高」的語詞。說得越清楚，或想得越清楚，混淆與誤解就越不容易發生，辨識資訊對理性思考有益。

但請注意，辨識資訊的加入只是爲了輔助溝通或思考而用，跟能不能指涉無關。並不會因爲不說那是什麼顏色的鳥，我們就沒辦法指涉它。代名詞是辨識資訊極少的語詞，像「我」、「你」、「他」這類語詞如果不知道說話者是誰，幾乎無法知道是在說誰，我們之所以每天頻繁地使用它們來指涉自己與他人，是因爲在實際使用時會參考現場狀況，來測知「我」、「你」、「他」到底指的是誰。指涉語詞的辨識資訊單純是爲了減少溝通的誤解，跟指涉本身的成功與否並沒有關係。若要求人們在使用語詞之前就必須要有足夠的知識，人們便無法談論不了解的事物，但我們卻很常這樣做。這點請務必留意。

缺乏辨識資訊的語詞就是「說了，但說不清楚」。這方面的問題雖小，但一定要從指涉語詞開始培養良好的思考習慣。語詞攜帶辨識資訊高低跟這個語詞是否「專門」用來指涉某個個體有關，越高就是越專門指著特定對象。有些語詞雖短但卻攜帶了大量的辨識資訊，最常見的就是每個人專用的名字，舉個例子：

「她這妝實在畫太濃了」

「你說誰？」

「安潔莉娜・裘莉」

專屬名字是能幫我們清楚辨識出指涉對象的工具，因爲它是「專屬專有」的，所以更能毫無混淆地指出來。只要我們認得的名字，通常都可以迅速明確地指出討論的主角是誰。不過這也並非絕對，現代社會中常常出現不同的人有相同的名字，當這種情況發生時，我們會用一些其他的資訊來輔助，例如住在哪裡、幾歲等等來幫助我們弄清楚想講的人是誰。

我們把常見的指涉語詞依辨識資訊多寡排序一下。

	範例	辨識資訊	例句
代名詞	你、我、他	低	除了藝術家，他也是科學家。
描述性指涉語詞	那個男人	中	除了藝術家，那個男人也是科學家。
專屬名字	達文西	高	除了藝術家，達文西也是科學家。

在容易誤解的談話中，盡可能使用具有辨認資訊的語詞，是溝通中基本的禮貌，也是理性思考重要的一步。使用專屬的名字（前提當然是大家都認得的名字）比單單使用代名詞有更多的辨識資訊，所以在要說清楚話的場合，會盡量使用專屬的名字而不是代名詞。任何學科都會給它研究的對象起專有的名字，也是這個道理。

最後，一個額外的提醒。是否所有的東西都有專屬的名字？ 好像每個人都有專屬名字一樣？ 雖然原則上並非不可行，但答案很明顯是「不」。一株花草或一顆石頭，都可以當作指涉的目標，但我們並不會爲它們取專屬名字。

這時候具有描述性的指涉語詞述就能派上用場了。用「這邊這顆石頭」來指涉你看到的那個石頭就夠了。不需要所有東西都有名字，有了我們也很難記住。在生活中，有名字的事物多半對我們有特別意義，特別重要，特別親近，常常提到，特別無法忘記，不是嗎？

課後練習

練習4.1

想一想，以下這些語詞，依照提供辨識資訊的多少重新排列它們。

ex：注意以下三個指涉詞①寫這本教材的我 ②我 ③這本教材的作者蒲世豪

依辨識資訊由少到多，我 < 寫這本教材的我 < 這本教材的作者蒲世豪

所以順序是：② < ① < ③

1. 注意以下三個指涉詞①唐老鴨 ②那個動物 ③那隻鴨子
   依辨識資訊由少到多順序是： < < （塡編號就好）
2. 注意以下三個指涉詞①她 ②那個女科學家 ③居禮夫人
   依辨識資訊由少到多順序是： < < （塡編號就好）
3. 注意以下四個指涉詞 ①那個 ②中國 ③那個國家 ④那個亞洲的國家
   依辨識資訊由多到少順序是： > > > （塡編號就好）
4. 注意以下四個指涉詞 ①那個男人 ②那個帶帽子的男人 ③那個帶著帽子，穿著背心的男人 ④那個
   依辨識資訊由多到少順序是： > > > （塡編號就好）
5. 阿弟做了以上幾個問題，便說「所以字越多的，辨識資訊就會越多。」你覺得他說的對嗎？爲什麼？

練習4.2

我們說出來的話有對錯問題，也有清不清楚的問題。當只講「這個」、「那個」、「這裡」、「那裡」時，我們會說這段話說得「不夠清楚」。判斷以下情況中的主角是說錯了，還是說得不夠清楚，然後在空格裡打勾。

號	主角	說的句子	說錯了	不夠清楚
1	大雄	那個被搶走了 ~~~ 嗚嗚		
2	迪西	太陽是正方形的。		
3	柏拉圖	這個真的很……很……算了。		

4	阿豪	太陽繞著地球運轉。		
5	妙麗	這裡又不是那裡。		
6	拉拉	北極跟南極都在赤道上。		
7	麥克阿瑟	我會回來這裡。		

練習4.3

將以下文字段落中，用方框框住辨識資訊較少的語詞，換成辨識資訊較多的語詞。

1. 有天，小白兔到公園放風箏。當[他]玩的正開心時，卻有陣大風吹來，將風箏吹到樹上。

   把「他」換成 ＿＿＿＿＿＿＿＿

2. 小和尚急得又跳又叫，樹上的猴子看見了，也學[他]又跳又叫。

   把「他」換成 ＿＿＿＿＿＿＿＿

3. 花鹿定下神後，喘了一口氣，自言自語地說：「看起來美麗的角讓[我]差點沒命，我不喜歡的瘦長腳卻救了[我]一命，眞不能只看外表啊！」

   把「我」換成 ＿＿＿＿＿＿＿＿

   把第二個「我」換成 ＿＿＿＿＿＿＿＿

4. 沃夫剛・阿瑪迪斯・莫札特是古典樂的作曲家之一，他在音樂上展現驚人的天分，很早就成名。[他]精通各式各樣樂曲，雖然英年早逝，但仍留下了許多偉大的作品給後世。

   把「他」換成

   把「他」換成

5. 安潔莉娜・裘莉生於美國加州的洛杉磯。[她]的父親是斯洛伐克裔美國演員、奧斯卡獎得獎者強・沃特，母親瑪絲琳・貝唐是法國裔加拿大人與印第安人的後代。很小的時候父母就離異。[安潔莉娜]11歲時開始崇拜麥可・傑克森，並穿上釘滿釘的皮夾克。與[父親]關係長期不和，並與父親斷絕父女關係。直到2009年，[她]開始與[他]接觸，父女關係得到緩和。（改編自維基百科）

把「她」換成 ___________________

把「安潔莉娜」換成 ___________________

把「父親」換成 ___________________

把「她」換成 ___________________

把「他」換成 ___________________

練習4.4

回答以下的問題：

1. 小明拿著一張照片在看，他說寫這張照片中的人的父親，是我父親的兒子，可是我完全沒有兄弟姊妹，請問你他在看誰的照片？

2. 小明與人陷入爭論，他大聲地說「一樣的字一定指一樣的人啦！」，你覺得他說的對嗎？爲什麼？請舉例說明。

3. 小明與人陷入爭論，他大聲地說「不一樣的字一定指不一樣的人啦！」，你覺得他說的對嗎？爲什麼？請舉例說明。

第五課　指涉語詞的邏輯符號

我們再複習一次前一課提到辨識資訊高低的表格。

	範例	辨識資訊	例句
代名詞	她	低	她是第一個得到諾貝爾獎的女性。
描述性指涉語詞	那位科學家	中	那位科學家是第一個得到諾貝爾獎的女性。
專屬名字	居禮夫人	高	居禮夫人是第一個得到諾貝爾獎的女性。

生活常用的指涉語詞有精確與不精確之分，這使得說話有時不是對或不對的問題，而是有沒有說清楚的問題。所以生活中用的指涉語詞，由於涉入辨識資訊的問題，並不是每一個都百分之百完美。

另外，生活中使用的名詞或名詞短語，往往要看前後文才能知道該語詞是用來指涉還是分類，我們第二課就在討論這一點，這也滿麻煩的。邏輯是一個理想化的語言模型，專門用來作推理思考，不希望有任何模糊與漏洞。指涉符號在邏輯語言中有特別重新設計過。邏輯語言中的指涉語詞全都是專屬名字，而且將指涉與分類兩種不同功能的語詞用不同外觀的邏輯符號表示，所以我們可以從符號的外觀辨認出這個符號是用來指涉還是分類。

在邏輯中，用來指涉外物的符號，總是會用小寫斜體的字母，你以後會常看到以下這個表格：

指涉事物的語詞
a：這張椅子 b：那張桌子

這表格就是告訴你我們用邏輯符號a來代表這張椅子，各位必須想像我指著某張椅子設定a這個邏輯語言中的指涉符號，這個邏輯符號就是這張椅子的名

字，而且不會作任何其他的使用。小寫斜體就是邏輯中指涉符號的特點。除此之外，這表格也告訴你我們用邏輯符號*b*來代表那張椅子，各位必須再想像我指著某張桌子設定*b*這個邏輯符號，像是給桌子取名字。各位一定要想像這張椅子跟那張桌子都是「實物」，而*a*與*b*則是給這兩個實物取專屬名字的邏輯符號。

邏輯為求精準推理，「所有指涉語詞」都是「專屬名字」，沒有代名詞也沒有附帶描述性的指涉語詞，所以辨識資訊最高，這是第一個優點。另外，要注意邏輯符號的設定有其規則，用來指涉的邏輯符號就不會代表分類，可以防止產生思考與推論上的混淆，這是第二個優點。以下是違反邏輯構句的錯誤設定。

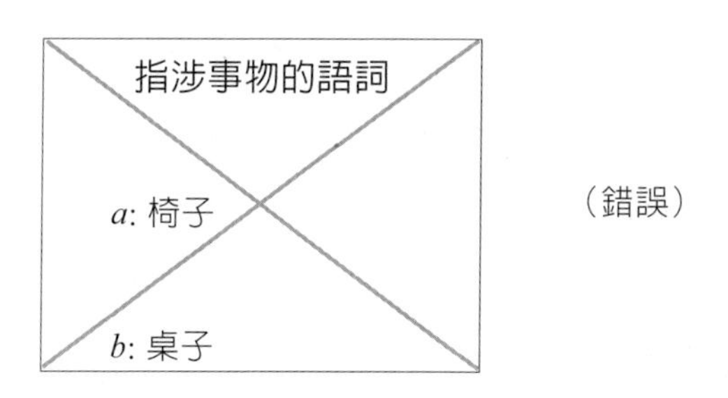

以上邏輯符號的設定不是指特定的桌子跟椅子，這樣的設定會混淆指涉與分類兩者，推理思考出錯也就不遠了。分類語詞，有它特定的邏輯符號，從外觀的形態上就會跟指涉語詞分開，再過幾課就會學到。弄清楚我們所使用的語言，在容易出錯的地方制定嚴格的使用原則，是清楚思考的第一步。

另外，利用英文字母總有用完的一天，這時候可以在符號後方加上數字來標訂，例如*a*1，*a*2，*b*1，*b*2等可以一直隨著數字的延伸繼續下去。所以完全不用害怕符號有可能會用完，因為數字是可以無限延伸下去的。

這一課介紹的就只是單單這個設定而已。但這也等於告訴各位，指涉與分類的名詞設定邏輯符號是不一樣的，邏輯追求清晰無誤的思考，因此從最根本的地方做起。慢慢累積這些理性思考的好習慣，清晰的頭腦也才會慢慢成型。

課後練習

練習5.1

生活中常用來指涉的語詞有三種，請各舉三個例子。

1. 代名詞

2. 描述性指涉語詞

3. 專屬名字

練習5.2

判斷以下邏輯符號的設定是否正確。

1.

指涉事物的語詞
a: 獅子 b: 老虎

2.

指涉事物的語詞
a: 獅子王辛巴 b: 白雪公主

3.

指涉事物的語詞
a: 仙杜瑞拉 b: 仙杜瑞拉的姐姐

4.

指涉事物的語詞
a: 木星 b: 木星的衛星

5.

指涉事物的語詞
a: 胖虎 b: 靜香

6.

指涉事物的語詞
a: 神奇寶貝 b: 哆啦 A 夢

練習5.3

在右邊的框框裡，自己為以下「可以設定」邏輯符號的部分設定好邏輯符號。（不要重複符號）

1. 那一隻大象
2. 我的父親
3. 亞洲人
4. 非洲獵豹
5. 我的第一隻寵物
6. 我的寵物
7. 我的朋友
8. 發明大王愛迪生
9. 科學家
10. 遺傳學家

指涉事物的語詞

11.13 (數字)

12.板橋市

13.新北市

14.月球

15.衛星

16.人造衛星

17.阿里山

18.2的15次方

19.18的因數

20.我們居住的這顆地球

指涉事物的語詞

練習5.4

1. 請說明你用a，b，c分別指著什麼。

   a：

   b：

   c：

2. 除了a，b，c以外你還用到哪些邏輯符號。

第六課　概念與抽象

前四課的主題是「指涉」，指涉就是用語詞代表單一的東西。接下來課程的主題換成「分類」（classify），[1]這兩者是邏輯思考的兩根支柱，在一開始我們要花點時間打好基本功夫。

說到分類，有些人認爲人類之所以能有思想，能從收到的資訊形成知識，乃是因爲人類具有將事物「分類」的能力。知道哪類東西可以吃；哪類東西有毒；哪些動物有危險；哪類動物沒有，都需要分類。世界上充滿各式各樣的事物，沒有分類，就沒有知識。

的確。我們的世界包含太多讓人眼花撩亂的事物。分類就是把不可勝數的事物切割成許多小群，因而對每小群有更深入的認識。分類的基礎是事物的「共同性」，我們喜歡發現事物的「共同性」，依「共同性」將其歸爲一類。通常「了解某一類事物」時並不見得知道這類事物有多少，也不見得認識這類事物中的每個個體。沒有人知道世界上有多少張桌子，也沒有人認識這世界的每張桌子，但我們只要知道桌子的「共同性」：桌子是設計用來承載物品的家具。這樣就算是了解什麼是「桌子」了。「共同性」帶思考走向使用分類語詞的世界。

尋找共同性的認知活動，一般稱爲「抽象活動」。舉個例子，假設身爲植物學家的你，在馬來西亞岩洞裡發現一大片疑似新種的植物，冒著生命危險前往觀察之後，你斷定它們都是「同種類」的植物，並取名爲「X草」，出來後你跟大家報告說：

X草是一種有著如此如此特徵的植物。

抽象活動就是注意到這片植物有何「共同」的特徵、特性或特質，並根據「共同性」將其歸爲一類。抽象能讓我們形成「概念」（concept）或「類概

---

[1] 在本書中我們將名詞classification翻成「類」或「類別」，「分類」則留給classify這個動詞。中文把「分類」當作動詞也當作名詞來使用，是比較容易引起語意混淆的。

念」，這份報告也等於在講解X草的「概念」。「概念」就是事物的共同特質，我們利用「概念」將事物分類。

「共同性」也是分類跟指涉最大不同的地方。分類必須運用到「共同性」，但指涉則不必。比方說，指涉中最具代表性的「名字」，[2]一個人可以將他的小孩取名爲「大富翁」，但他的孩子並不會因此就變成「大富翁」，因爲一個人是否「是大富翁」，並不是看那個人的「名字」是不是叫做「大富翁」，而是要看那個人是否有龐大的財產。所以，要成爲分類中的成員，本身必需要滿足某些條件（或者說：具備某些共同特質），但取名字不需要滿足任何條件。

再舉一個例子，我可以把我的水壺起個名字叫「打火機」，但這是用來指涉的「名字」而不是「類」。我的水壺不會因爲我起了個名字，就被歸類成「打火機」這一類，它仍然是「水壺」這類的一員。透過抽象活動，我們會利用概念，也就是共同性，將事物歸類，這是分類非常重要的特色。

抽象活動對人來說意義非凡。就理性而言，注意事物共同性，能讓過去的經驗派上用場。理性尋找經驗的相似性，是爲了未來遇到陌生事物時，過去經驗能提供參考。如果執著每件事物本身的獨特性，過去的經驗就會毫無用武之地。

同樣的，在情緒上相同性讓我們處在一個更爲熟悉的環境，也能帶來一種安心的感覺。如果你從沒去過醫院，你可能對醫院有種陌生的恐懼，但如果你去過某些醫院，你會從經驗中得到一種安心感。

最後，透過抽象活動形成的概念也構成分工合作進行研究的基礎，我們可以指派不同的人研究不同的類。總而言之，我們因抽象而發現事物共同性，並因此形成概念，對事物進行分類，這是了解分類的第一件事。

[2] 華人的名字似乎會用到概念討個吉利，比方說，父母期許孩子向學，於是就取名爲「尙學」、「志學」、「至學」。但這並不是在作「分類」，而是祝福的意思，孩子以後一樣能成爲一個優秀的運動選手或軍人之類的。

課後練習

練習6.1

找出下列各組事物的共通性，填在「都是」兩字的後面：

1. 海綿寶寶、章魚哥、蟹老闆都是 ______
2. 周杰倫、蔡依林、謝金燕都是 ______
3. 莫札特、貝多芬、蕭邦都是 ______
4. 牛頓、愛因斯坦、居禮夫人都是 ______
5. 莎士比亞、雨果、賽凡提斯都是 ______
6. 岳飛、韓信、關羽都是 ______
7. 華盛頓、林肯、歐巴馬都是 ______
8. 臺北、上海、巴黎都是 ______
9. 德國、英國、法國都是 ______
10. 地球、月球、太陽都是 ______
11. 1，2，3，4，5都是 ______
12. 2，4，6，8，10都是 ______
13. 正三角形、直角三角形、等腰三角形都是 ______
14. 三角形、四角形、五角形都是 ______
15. 把幾個不同事物的共同點找出來，這種心智活動邏輯稱之為：(1)抽象活動(2)概念活動(3)思考活動(4)找同活動

練習6.2

下列是一些親人的稱呼：

姑姑、姑丈、叔叔、嬸嬸、伯伯、伯母、阿姨、姨丈、舅舅、舅媽、妹妹、堂哥、堂姊、堂妹、堂弟、表哥、表姊、表弟、表妹

根據所列出的親人稱呼回答下列問題：

1. ________________________________可以歸在「男性親人」這一個分類中？

2. ______________________________________可以歸在「男性長輩」分類中？

3. ______________________________________是一定比爸爸年長的男性長輩。

4. ____是一定比我年幼的女性親人。

練習6.3

1. 找出以下三者的共同性

   甲：砂糖、黑糖、冰糖

   乙：砂糖、黑糖、冰糖、食鹽、胡椒粉

   丙：砂糖、黑糖、冰糖、食鹽、胡椒粉、漢堡、拉麪、餃子

   甲類的共同特性是都是______________________________________

   乙類的共同特性是都是______________________________________

   丙類的共同特性是都是______________________________________

2. 找出以下三者的共同性，而且不可以重複。

   甲：天竺鼠、花栗鼠、家鼠

   乙：天竺鼠、花栗鼠、家鼠、天鵝、大象、河馬

   丙：天竺鼠、花栗鼠、家鼠、天鵝、大象、河馬、蝴蝶蘭、黃金葛

   甲類的共同特性是都是______________________________________

   乙類的共同特性是都是______________________________________

   丙類的共同特性是都是______________________________________

3. 找出以下三者的共同性，而且不可以重複。

   甲：國小一年級學生、國小二年級學生、國小三年級學生

   乙：國小一年級學生、國小二年級學生、國小三年級學生、國中一年級學生

   丙：國小一年級學生、國小二年級學生、國小三年級學生、國中一年級學生、上班族、警察

   甲類的共同特性是都是______________________________________

乙類的共同特性是都是＿＿＿＿＿＿＿＿＿＿＿＿＿＿＿＿＿＿＿＿＿＿＿＿

丙類的共同特性是都是＿＿＿＿＿＿＿＿＿＿＿＿＿＿＿＿＿＿＿＿＿＿＿＿

4. 找出以下三者的共同性，而且不可以重複。

甲：戰鬥機、運輸機、轟炸機

乙：客機、運輸機、貨機、直昇機、飛船、熱氣球

丙：客機、運輸機、貨機、直昇機、飛船、熱氣球、火車、電車、公共汽車

甲類的共同特性是都是＿＿＿＿＿＿＿＿＿＿＿＿＿＿＿＿＿＿＿＿＿＿＿＿

乙類的共同特性是都是＿＿＿＿＿＿＿＿＿＿＿＿＿＿＿＿＿＿＿＿＿＿＿＿

丙類的共同特性是都是＿＿＿＿＿＿＿＿＿＿＿＿＿＿＿＿＿＿＿＿＿＿＿＿

想想看，是否越後面的共同點越難找？

練習6.4

有一天，阿貴把他家的東西進行了一次分類，可是他分完卻忘記大類的名稱了，你能看他歸類的東西幫他想出這些分類的名稱嗎？（不可以重複）

A類：一本字典、一本漫畫、一本遊戲雜誌還有五本課本

A類的共同特性是都是＿＿＿＿＿＿＿＿＿＿＿＿＿＿＿＿＿＿＿＿＿＿＿

B類：三個巧克力、一包橡皮糖、一罐可口可樂、一包甜的爆米花

B類的共同特性是都是＿＿＿＿＿＿＿＿＿＿＿＿＿＿＿＿＿＿＿＿＿＿＿

C類：一包可樂果、一包洋芋片、一包蝦味先、一包鹹的爆米花

C類的共同特性是都是＿＿＿＿＿＿＿＿＿＿＿＿＿＿＿＿＿＿＿＿＿＿＿

D類：一個超人模型、一把水槍、一支會發亮的塑膠光劍、一臺釣魚機

D類的共同特性是都是＿＿＿＿＿＿＿＿＿＿＿＿＿＿＿＿＿＿＿＿＿＿＿

E類：電風扇、CD音響、電燈、洗衣機、熱水瓶、遊樂器

E類的共同特性是都是＿＿＿＿＿＿＿＿＿＿＿＿＿＿＿＿＿＿＿＿＿＿＿

F類：一顆籃球、彈珠汽水裡的彈珠、巧克力球、玩具珍珠

F類的共同特性是都是＿＿＿＿＿＿＿＿＿＿＿＿＿＿＿＿＿＿＿＿＿＿＿

G類：圓型的硬幣、CD片、裝飾用的小盤子

G類的共同特性是都是＿＿＿＿＿＿＿＿＿＿＿＿＿＿＿＿

H類：鬧鐘、電蚊拍、手電筒、會打鼓的小兔子玩具

H類的共同特性是都是＿＿＿＿＿＿＿＿＿＿＿＿＿＿＿＿

練習6.5

以下是一些常見的用來分類的語詞。

1.大象2.電風扇3.沙漠地形4.電鍋5.蝴蝶6.企鵝7.榕樹8.冰箱9.車子10白鵝11.椅子12.電腦13.牽牛花14.字典15.河流16.可樂17.山洞19.玫瑰花20.戰鬥機21.百合花22.行星

1. 試著把這些分類語詞所指的事物，再一次分爲兩大類。

2. 試著把這些分類語詞所指的事物，再一次分爲三大類。

3. 試著把這些分類語詞所指的事物，再一次分爲四大類。

第七課　分類語詞的概念與外延

分類語詞之所以能代表一個以上的對象，其實跟它所代表這群東西具有的「共同性」有很深的關連。上一課把「共同性」稱爲與這個分類語詞關連的「概念」，但也有另一種稱呼法，叫做這個分類語詞的「[D3]內函」。「內函」跟「概念」在本教材中可以被當作同義詞，在本教材中我多半會用「概念」這個比較親切的字，但請注意它們還是一樣的，在討論分類語詞時把所有「概念」兩字換成「內函」兩字，對本書而言意思都還是不變的。

我們從實際的例子開始。「歌手」是個用來分類的語詞，有些人是歌手，有些人不是，歌手代表具有特定條件的某群人。但假設有人問我，什麼是「歌手」，我可能會這樣回答：

「歌手」是以唱歌爲職業的人。

這時候我是解釋「歌手」這個分類語詞的「概念」，或「內函」給對方聽。「概念」或「內函」就是這個分類詞代表的對象共有的特性。上一課提到，我們不需要知道分類的語詞代表的對象到底有多少個，就可以理解這個語詞，正是因爲我們覺得了解共同性就夠了。

不過在前一個例子中即使解釋地再仔細，我僅僅解釋了分類語詞的概念，可是我還沒有解釋外延。光只解釋概念不見得能滿足人的好奇心，比方說剛剛的回答對方可能會進一步問：

那麼有哪些人是歌手呢？

這時候他想知道的是「歌手」這個分類語詞的「外延」。所謂「外延」，就是哪些對象是這個分類語詞所代表的對象。我可能會跟他說：

常聽見的歌手有周杰倫、蔡依林、謝金燕等等。

在以上回答中，我舉例解釋的是「歌手」這個分類語詞的「外延」。「外延」也能幫我們了解分類語詞，它就是我們一般談話中常講的「例子」。當我們要求對方「舉例」時，我就是要對方舉出一個分類語詞的外延當例子。

了解某個分類詞的時候，「外延」與「概念」這兩者都很重要。我們不只要了解這個分類語詞代表的對象有「哪些共同性」，有時候我們還會想知道，這些對象「是誰」。邏輯稱這兩者分別爲「概念」與「外延」，我們把它對照一下：

分類語詞的概念：所有成員都有的共同性。

分類語詞的外延：分類中有哪些成員。

千萬注意，這兩者其實並沒有誰比較重要的問題，深入了解一個分類語詞，外延跟概念兩者都很重要，兩者都能幫我們深入了解這個分類的事物。這好像如果我們要選出幾個得獎的電影，我們會關心：

1. 哪些電影得獎？（想知道外延）
2. 爲什麼是這些電影？（想知道概念）

一定要記得兩者的解釋都很重要，都有其意義。所以要注意，跟別人解釋時，盡可能兩者都要顧到。比方說，你可以說歌星就是以歌唱表演娛樂大衆的人，再說，大家常聽到的歌星有…….不管是生活中的分類語詞或學術上的都可以這樣用。比方說以下的例子：

老師就是以教學爲職業的人，比方說我們的數學老師跟英文老師。

弟弟就是與某個人有相同父母的男性親屬，比如說我的弟弟是蒲世傑。

偶數就是能被2整除的數，比如說2，4，6……

質數就是除了自己跟1以外沒有其他因數的數，比如說3，5，7……

大家都要試著解釋一下某類的外延與概念喔！

課後練習

練習7.1

試著說明以下解釋中，回答者指出的是外延還是概念。

1. 弟弟問媽媽什麼是「貓咪」。
   媽媽回答：「上次去外婆家看到那隻吉魯就是貓咪。」
   以上回答中，媽媽注意到的是貓咪的（1.概念 2.外延）

2. 弟弟問媽媽什麼是「貓咪」。
   媽媽回答：「貓是一種小型肉食性的貓科動物。有四隻腳，還有尾巴……」
   以上回答中，媽媽注意到的的是貓咪的（1.概念 2.外延）

3. 弟弟問爸爸什麼是「手機」。
   爸爸回答：「手機就是行動式的電話，就是可以帶在身上撥出跟接收的電話。」
   以上回答中，爸爸注意到的的是手機的（1.概念 2.外延）

4. 弟弟問爸爸什麼是「手機」。
   爸爸拿出他的手機放在桌上說：「這就是手機。」
   以上回答中，爸爸注意到的的是手機的（1.概念 2.外延）

5. 外國朋友問什麼是「火龍果」。
   我跟他說：「走！我帶你去市場看什麼是火龍果。」
   以上回答中，我注意到的的是火龍果的（1.概念 2.外延）

6. 外國朋友問什麼是「火龍果」。
   我跟他說：「火龍果是一種紅皮白肉的熱帶水果。」
   以上回答中，我解釋的是火龍果的（1.概念 2.外延）

7. 不懂電子零件的人問什麼是「二極體」。

我跟他說：「二極體是一種只有兩個電極的電子零件，只允許單向電流通過。」

以上回答中，我解釋的是二極體的（1.概念 2.外延）

8. 不懂電子零件的人問什麼是「二極體」。

我跟他說：「收音機裡有用到二極體。」

以上回答中，我解釋的是二極體的（1.概念 2.外延）

9. 解釋分類語詞時，外延跟概念兩者哪個比較重要。（1.概念 2.外延 3.兩個都很重要）

練習7.2

思考以下人的疑問到底是關於「概念」還是關於「外延」，還是「兩者皆有」？

1. 我不知道「今年的模範生」到底有誰。

（1.概念 2.外延 3.兩者皆有）

2. 我不知道「今年的模範生」這些字到底是什麼意思。

（1.概念 2.外延 3.兩者皆有）

3. 我不知道「耶穌的門徒」的意義到底是什麼。

（1.概念 2.外延 3.兩者皆有）

4. 我不知道「耶穌的門徒」是指哪些人。

（1.概念 2.外延 3.兩者皆有）

5. 我想深入分析了解何謂「耶穌的門徒」。

（1.概念 2.外延 3.兩者皆有）

練習7.3

以下每個語詞舉一個外延的例子，並挑任意三題解釋其概念。

1. 科學家
   外延：
2. 軍事家
   外延：
3. 數學家
   外延：
4. 音樂家
   外延：
5. 藝術家
   外延：
6. 醫師
   外延：
7. 律師
   外延：
8. ________的概念是____
9. ________的概念是____
10. ________的概念是____

練習7.4

用這一課學到的分類名詞的概念與外延填入以下空格裡。

分類語詞	概念	外延
火龍果		菜市場裡的火龍果
手機	行動式電話，就是可以帶在身上撥出跟接收的電話。	
貓咪		外婆養的金吉拉吉魯
卡通		

分類語詞	概念	外延
歌星		
電視遊樂器		
汽車		
椅子		
烏龜		
臺灣人		

第八課　思考中的樹狀結構

第七課介紹了分類語詞的「外延」與「概念」。有了外延與概念的概念，可以介紹一條邏輯的基本規則，叫「概念與外延的反比原則」。

大家可以試著想像，假定概念是一組條件，當分類語詞的概念定的條件越多，越具體，越嚴格，那麼滿足概念條件的成員，也就是該分類語詞的外延，就會越少。反之，當某個分類語詞概念定出的條件越少，越寬鬆，那麼滿足概念所提出條件的成員，也就是這個分類語詞的外延，就會越多。簡而言之，「概念越多的語詞，外延[D4]越少；概念越少的語詞，外延越多」

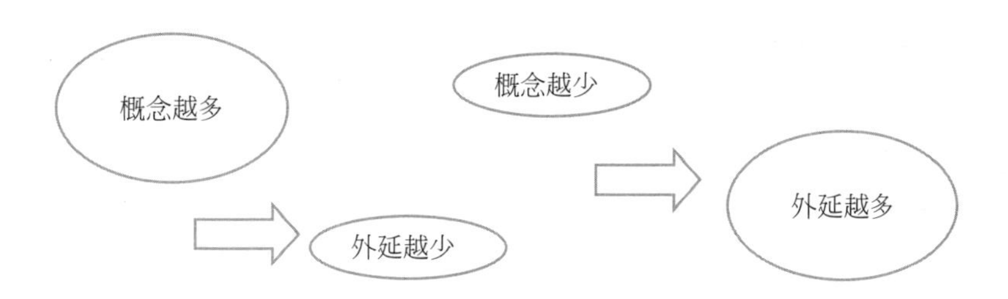

另一種能展現這種關係的，就是概念之間特有樹狀的結構，可以畫成以下這類樹狀圖。

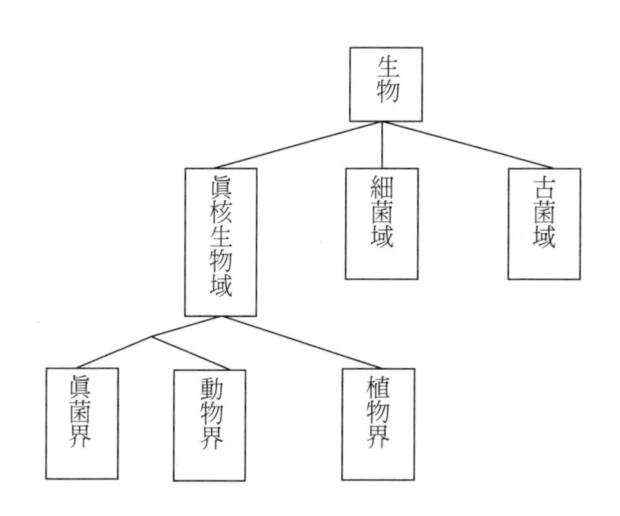

「生物」的範圍最大，外延很多，條件比較寬鬆。「動物」是生物下面的分支，條件比較精細，但滿足的外延反而少。分類語詞之間有上圖這種樹狀的階層，屬於較粗略而抽象的上層分類，所包含的對象比較多（外延比較多）；屬於較精細而具體的下層分類，所包含的對象比較少（外延比較少）。生物學中的「域界門綱目科屬種」是最好的例子，這樹枝狀的結構是單純的指涉語詞所沒有的。

樹狀結構本身就是一個有趣的數學結構。樹狀結構中每個項目都稱為一個「節點」，以上樹狀圖總共有7個節點。樹狀圖最上方的節點稱為「根點」，每一個節點往下的延伸節點的數量叫作「分支數」。分支數為0的節點稱為「葉點」，這個樹狀結構有5個葉點，所以只有2個點是有0以上分支數的。各位應該已經可以觀察到所有節點的分支數總合應該會是總節點數減1，延伸下去還有很多有趣的數學性質。不過作為邏輯思考的入門課，我們先適度瀏覽過這些簡單名詞就夠了，先不急著深入分析樹狀結構。

我們思考中的類概念有這樣由上而下如樹枝般分布的的關係，各位只要想像「汽車」這一個分類，再想像有「國產車」、「進口車」的分別，至於最後，則還可以細分「BMW」或「賓士」這類廠牌車。人的思考能力能自然地在腦中建立這種樹狀結構。而電腦中的目錄，其實反映的也就是人類思考中樹狀的概念結構。

也因為分類間有著樹狀結構的關連，兩類事物常常是有異也有同，而非只有其中一個。相同處是它們上層的概念，比方說「BMW」跟「賓士」都是「進口車」，相異處是不同的公司製造。思考要注意相同還是相異處，依照實際的問題或狀況而定。白人跟黑人因膚色的關係，適合的服裝顏色或許不同。但如果只願意賣房子給白人，不願意賣給黑人，那就是「歧視」了。所以要注意，千萬不要說兩類事物「就是一樣」或「就是不一樣」。在各種不同的情況中，要自己去進一步辨別事物間的異同究竟在何處。

各位可以與孩子一起練習8.5的猜樸克牌遊戲，練習8.5能直接感受到「樹狀結構」對搜尋答案的幫助。各位可以很快地找到標準的問法。首先是確定最大的類：「顏色」，然後確定「花色」，再確定數字是比7大還是比7小，如果比7大就問「比10大還是比10小」，如果比7小就問「比4大還是比4小」，依此將數字對半類推。反覆操作的結果：最多6次一定能確定答案。越抽象的分類包含了越多的成員，也因此在開始時要最先排除，因爲它一次能排掉最多的錯誤狀況。

等到大家了解前一個遊戲的遊戲規則之後，可以嘗試8.6的猜物品遊戲，想像任一類「可以用感官辨認的外物」，然後請孩子猜猜看是什麼。孩子一樣只能透過「是否」問題來確認這類事物是什麼。相同道理，要能越快找出對方所想的類，要盡可能從最大的分類開始問。比方說「X是自然形成的嗎？」「X是人造的嗎？」「X在地球上的嗎？」「X是固體嗎？」「X是生物嗎？」等大家熟悉了玩法之後，用來猜的類甚至可以包括抽象概念（比方說「質數」）。

這個樹狀思考結構也是心靈面對世界的思考地圖，當心靈面對任何新的事物時，試圖去理解它的時候，我們就是試著把這些事物歸進已經有的思考地圖之中。成功的理解就是把事物安置在這個樹狀圖裡，而理解上的困難往往來自於我們不知道把這個語詞代表的事物放在原有樹狀圖的哪裡。這是下一課的主題。

課後練習

練習8.1

以下這些分類語詞依照外延的多少重新排列。

1. 4的倍數，16的倍數，8的倍數，整數，偶數。
2. 岩石行星，行星，星球，太陽系的岩石行星。
3. 地球人，小學生，臺北市內小學六年級的學生，學生，小學六年級的學生。
4. 脊椎動物，靈長類，生物，動物，人類，哺乳類。
5. 山脈、陸地地形、亞洲的山脈、臺灣的山脈、廣義中央山脈、玉山山脈。

練習8.2

試圖把以下語詞依分類的階層填入左列的樹狀圖中

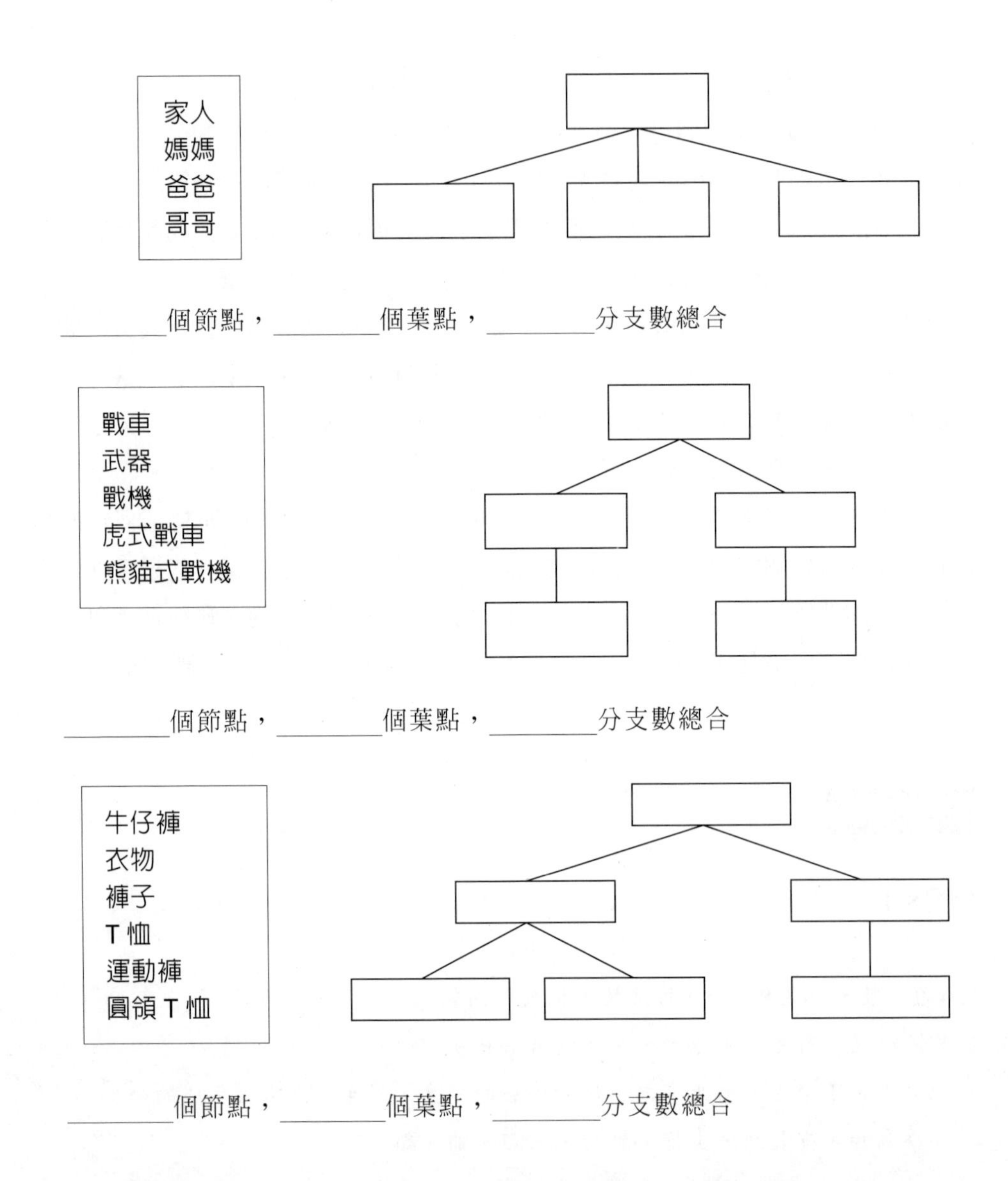

________個節點，________個葉點，________分支數總合

________個節點，________個葉點，________分支數總合

________個節點，________個葉點，________分支數總合

4. 自己試著畫出一個有一個根點，8個節點，4個葉點的樹狀框架。（不需要填入概念）

5. 自己試著畫出一個有一個根點，10個節點，3個葉點的樹狀框架。

練習8.3

生物分類法：

下列物種名稱是部分臺灣瀕臨絕滅的動物：

石虎、雲豹、臺灣黑熊、水獺、黑面琵鷺、熊鷹、草鴞、黃鸝、金絲蛇、臺灣山椒魚、莫氏樹蛙、大紫蛺蝶、臺灣寬尾鳳蝶

1. 哪些物種包含於貓科
2. 哪些物種包含於食肉目
3. 哪些物種包含於鳥綱
4. 哪些物種包含於昆蟲綱
5. 哪些物種包含於脊索動物門
6. 哪些物種包含於節肢動物門

物種名稱	界	門	綱	目	科
石虎	動物界	脊索動物門	哺乳綱	食肉目	貓科
雲豹	動物界	脊索動物門	哺乳綱	食肉目	貓科
臺灣黑熊	動物界	脊索動物門	哺乳綱	食肉目	熊科
水獺	動物界	脊索動物門	哺乳綱	食肉目	貂科
黑面琵鷺	動物界	脊索動物門	鳥綱	鸛形目	䴉科
熊鷹	動物界	脊索動物門	鳥綱	隼形目	鷹科
草鴞	動物界	脊索動物門	鳥綱	鴞形目	草鴞科
黃鸝	動物界	脊索動物門	鳥綱	雀形目	黃鸝科
金絲蛇	動物界	脊索動物門	爬蟲綱	有鱗目	黃頷蛇科
臺灣山椒魚	動物界	脊索動物門	兩生綱	有尾目	小鯢科
莫氏樹蛙	動物界	脊索動物門	兩生綱	無尾目	樹蛙科
大紫蛺蝶	動物界	節肢動物門	昆蟲綱	鱗翅目	蛺蝶科
臺灣寬尾鳳蝶	動物界	節肢動物門	昆蟲綱	鱗翅目	鳳蝶科

【行政院農委會特有生物保育中心：臺灣生物多樣性網絡 http：//www.tbn.org.tw/】

練習8.4

辨別相同相異處

1. 紅燈跟綠燈相同處是都是<u>燈號</u>，不同處是一個<u>燈是紅的</u>，一個<u>燈是綠的</u>。
2. 白板跟黑板相同處是都是<u>教具</u>，不同處是一個<u>板子是白的</u>，一個<u>板子是黑的</u>。
3. 桌子跟椅子相同處是都是________，不同處是一個________，一個________。
4. 白人跟黑人相同處是都是________，不同處是一個________，一個________。
5. 鳥跟魚相同處是都是________，不同處是一個________，一個________。
6. 鋼琴跟吉他相同處是都是________，不同處是一個________，一個________。
7. 電風扇跟電視機相同處是都是________，不同處是一個________，一個________。
8. 可樂跟奶茶相同處是都是________，不同處是一個________，一個________。
9. 麵包跟蛋糕相同處是都是________，不同處是一個________，一個________。
10. 烏龜跟青蛙相同處是都是________，不同處是一個________，一個________。
11. 獅子跟老虎相同處是都是________，不同處是一個________，一個________。
12. 暴龍跟雷龍相同處是都是________，不同處是一個________，一個________。

練習8.5

猜撲克牌遊戲，老師任意抽出一張撲克牌，請同學透過「問問題」來猜。同學可以任意問Yes／No問題，來增加猜中的資訊，例如：

這張牌是黑桃嗎？

這張牌是花牌嗎？

這張牌的數字比五小嗎？

請老師注意同學問了幾個問題，請他們試著用最少的問題，猜出答案。

練習8.6

猜分類語詞的遊戲

家長或老師可以陪孩子玩以下的遊戲。任意設想一些常識就知道的分類用的語詞，可以是大家都知道的生物、自然景物或物品，比方說「房子」、「汽車」、「沙漠」、「森林」、「學校」、「老師」、「電影」、「繪畫」、「毛衣」等，讓孩子透過問問題猜猜看你想的是什麼。孩子可以任意提問Yes／No問題，比方說「這東西是可以吃的嗎」，師長必須正確回答Yes／No問題，但不可以回答What的問題，例如那個東西在哪裡之類的問題。比方說以下是一個進行遊戲的例子。

甲：（先設想榕樹）

乙：你想的東西是自然的還是人造的？

甲：那東西是自然的。

乙：那東西比人還大嗎？

甲：通常比人還大。

乙：你想的東西是有生命的嗎？

甲：是，是有生命的東西。

乙：所以是比人大的生物嗎？

甲：沒錯。

乙：那是一種動物嗎？

甲：不是動物。

乙：所以是植物嗎？

甲：是植物。

乙：是樹嗎？

甲：對。

乙：是常見的樹嗎？

甲：對。

乙：是榕樹嗎？

甲：答對了。

乙總共花了九個問題問出答案，盡可能用越少的問題猜到答案。

玩這個遊戲時請注意以下三件事：

確定你設想的是代表一個以上對象的語詞，比方說「恐龍」或「老師」，不要混入「莎士比亞」或「紐約自由女神」這類指涉語詞。

盡可能用舉世聞名的，不要用有特定知識才知道的分類語詞。比方說「陰極射線管」或「皮金龜」就會比較冷門一點。

確定自己回答的答案是正確的。如果不知道就說不知道，甚至有時可以說不重要。

如果孩子問的問題離題了，可以稍微提醒他，比方說上題中如果乙問：「這東西貴還是不貴？」你可以回答：「這個問題不重要」，來幫助他更快猜出問題。

第九課　在思考中精確歸類

當思考面對陌生的事物時，試圖去理解它的時候，思考是試著把這些事物歸進已經有的思考樹狀圖之中，在大多數的情況中，當對某個分類語詞（或指涉語詞）提出「這是什麼」的問題時，我們尋找的答案其實就是如何將這些語詞所代表的事物安置在原有思考的樹狀圖裡。

把一個新事物安置在原有思考原有的樹狀圖裡，一個常見的方式是透過「類」與「種差」的夾擊並用。這說法聽來抽象，先舉個實際的例子。

誰是「阿毛」？

「阿毛」是隻小貓咪啦！外婆養的。

什麼是「圓規」？

「圓規」是一種文具，專門用來畫圓的。

我們把這個解釋拆成兩半來看，先看前半劃線部分。在這兩個例子裡，解釋的人先告訴對方，那個他提問「什麼」或「誰」的東西是「哪一類」的東西。了解「是什麼」的入口就是在原有思考中「歸類」。當我們不懂某個東西「是什麼」的時候，我們首先要在思考中找到一個大類把它歸進去，這就是「歸類」。

也因爲類概念具有樹狀結構，所以當把某個東西或較小的類歸到一個大類時，會有「精準與否」的問題。前兩個句子的歸類部分都還算精準。舉兩個不精準例子。

什麼是「威士忌」？

威士忌是一種液體。

誰是「愛因斯坦」？

愛因斯坦是住在地球上的人類。

這些人的歸類並沒有錯，威士忌的確是種液體，愛因斯坦也的確是地球人，但卻不夠精確。「精確」有助於對理性的理解與判斷。思考的目地不只是真假，精準與否也很重要。把釘書機歸入「物品」一類並沒有錯，但在解釋時卻是過於粗略的，在解釋時說它是「文具」是更精準的。說威士忌是一種「液體」也沒有錯，但也是過於粗略的，在解釋時說它是「酒類」或「含有酒精的飲料」是更精準的。把火龍果歸入「水果」或「熱帶水果」是可接受的，但歸入「食物」就不夠精確。在解釋分類情況時，一定要盡可能使用「精確」的類。

談完了前半，解釋後半還會指出事物的特點。

「阿毛」是隻小貓咪啦！外婆養的。

什麼是「圓規」？

「圓規」是一種文具，專門用來畫圓的。

指出某些類的特點也應盡量精準。假設有個外國朋友問我什麼是「火龍果」。以下這個句子可以初步回答這個問題。

火龍果是一種熱帶水果，特點是酸酸甜甜的。

火龍果是一種熱帶水果，特點是紅皮白肉。

第二個解釋中後半的「特點」就比第一個來的明顯，用樹狀結構來看會更清楚一點。酸酸甜甜的熱帶水果實在太多，比方說鳳梨也是酸酸甜甜的，所以這並不算是很清楚的特色。

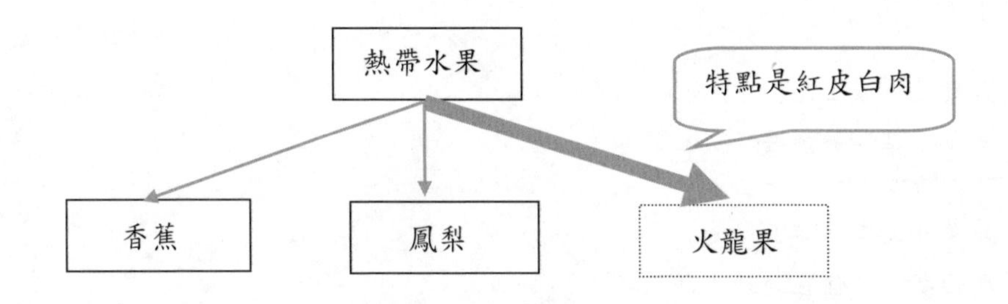

用「紅皮白肉」說明火龍果的特點，算是一種初步的解釋。至於火龍果到

底有沒有特殊品種（非紅皮白肉的品種），他喜不喜歡這種味道，產地哪裡，價格如何等，營養成分等等都是以後的事。當標定出位置之後，他就知道怎麼在自己的思考裡把火龍果歸類。等他對火龍果有更多的理解，他就越能越能把火龍果跟與它相似與相近的事物分開。

所以透過「歸類」與「指出特點」，我們能把某一個事物在我們的思考中安置妥當。邏輯把歸類獲得的概念叫做「類」，把特點的概念叫做「種差」，理解某個事物是什麼就是替這個事物找到精準的類與種差。我們看最後一個例子。

甲說：「什麼是二極體？」

乙說：「二極體是一種電子裝置，有特定功用。」

丙說「二極體是種只有兩個電極的電子裝置，只允許單向電流通過。」

丙的解釋比乙的解釋好，乙的解釋過於粗略模糊，但丙的類與種差都比乙提供的更精確。很多時候了解某類事物，就等於用更精確方式去標示與區分它。平常人分不清楚「皮金龜」跟「球金龜」的異同，但昆蟲專家可以，昆蟲專家有更精確的知識。越深入的理解，就越能將某一事物精準地歸類，並且越能把特定分類，跟與它相似與相近的類分開。

隨著知識的增加或研究進展，不管是人類或個人都會在學習中慢慢修正自己對事物「相同點」與「相異點」的了解，調整對事物分類的結構與位置。理解的精確與否是個程度的問題，而非眞假兩極的問題。說話時我們要注意，當介紹某個人，說明某個東西的特點時，要注意自己使用的概念否夠精確，才有助於對方的理解。千萬不要說，只要我說的是對的就沒有問題。

課後練習

練習9.1

在選項中圈選出最「精準」的「歸類」。

1. 老虎是一種身上有條紋的（1.生物 2.動物 3.肉食性動物 4.物品）

2. 烏龜是一種有殼的（1.動物 2.兩棲類 3.物品 4.生物）
3. 電腦是一種可以用來處理資訊的（1.物品 2.生物 3.電器4.人造東西）
4. 貓咪是一種小型的（1.貓科動物 2.生物 3.動物 4.貓咪）
5. 電燈是一種以電力為能源的（1.物品 2.東西 3.生活用品 4.照明用具）
6. 漱口水是一種液狀的（1.液體 2.東西 3.生活用品 4.口腔清潔用品）
7. 發電機是一種可以產生電力的（1.固體 2.機器 3.物品 4.用具）
8. 車輛是一種依靠輪子行走的（1.交通工具 2.物品 3.人造物 4.固體）
9. 慢跑鞋是一種設計用來慢跑的（1.物品 2.人造物 3.日用品 4.鞋子）
10. 水壺是種用來裝水的（1.容器 2.固體 3.日用品 4.物品）
11. 保溫壺是一種用來保溫的（1.容器 2.水壺 3.日用品 4.物品）
12. 桌子是一種設計用來承載物品的（1.家具 2.人造物 3.日用品 4.物品）
13. 汽水是一種含有氣泡的（1.物品 2.食物 3.液體 4.飲料）
14. 表哥是一種（1.人類 2.動物 3.親戚 4.朋友）
15. 字典是一種紀錄文字形音義的（　　　　　　　　　　）
16. 獵犬是一種幫助狩獵的（　　　　　　　　　　）

練習9.2

在選項中圈選出最「精準」的「特點」。

1. 棒球是一種球類運動，特點是（1.很多人玩 2.很好玩 3.九人一隊，會用到球棒 4.跟棒子有關）
2. 火龍果是一種熱帶水果，特點是（1.好吃 2.不甜 3.水果4.紅皮白肉）
3. 椅子是一種家具，特點是（1.可以用來坐 2.設計用來坐 3.四隻腳 4.人造物）
4. 車輛是一種交通工具，特點是（1.能移動 2.可以坐四個人 3.有輪子 4.物品）
5. 自動車是一種車輛，特點是（1.能移動 2.自己具有動力 3.有輪子 4.物品）
6. 汽車是一種自動車，特點是（1.能移動 2.固體 3.有輪子 4.不用軌道行駛）
7. 字典是一種書，特點是（1.記載字詞的形音義2.物品 3.很厚 4.可以當枕頭）
8. 警察是一種公職人員，特點是（1.穿制服2.以維護治安為任務 3.走來走去 4.會打架）

9. 汽水是一種飲料，特點是（1.白色透明 2.檸檬口味 3.有氣泡4.二十塊錢）

10. 電視是一種電器，功能是（1.發出聲音 2.顯示影像跟聲音 3.顯示影像4.擋住視線）

11. 手機是一種可攜帶的電子裝置，特點是（　　　　　　　　　　　　）

12. 養樂是多一種飲料，特點是（　　　　　　　　　　　　）

練習9.3

試著把以下不精準的介紹改得更精準一些。

1. 這是牛頓先生，他是一個生物。

2. 這是愛因斯坦先生，他曾住在地球上。

3. 這是莫札特先生，他是一個男性。

4. 這是居里夫人，她是一位女性。

5. 這是哥倫布，他是人類。

練習9.4

以下是一些不夠精準的解釋，想想看以下的解釋不好在哪裡，自己試著把它改得更好。

1. 羽毛衣是一種用羽毛作成的物品。

2. 棒球是一種很多人一起玩的球類。

3. 電視是一種能發出聲音的電器。

4. 電冰箱是一種儲存食物的東西。

5. 傘是一種用來遮雨的用具。

6. 鼓是一種敲擊可以發出聲音的東西

7. 窗子是一種可以打開通風的房屋結構。

練習9.5

自己試著用「類」與「種差」並用的方式，解釋三個以上的名詞或名詞短語。

第十課　使用分類語詞時的討論範圍

目前爲止，我們舉的例子都是分類語詞比較嚴謹的使用，但在生活中還有種更靈活的形式。我們會直接使用分類語詞，來代表「某一個範圍之內」想思考或討論的東西。雖然這是很不嚴謹的，卻是很常見的使用。

女孩在運動鞋店裡邊逛邊說：紅色的運動鞋比較好看。

寵物店員對著另一位店員大喊：貓咪都洗好澡了!

這裡的狀況跟使用某些分類語詞指涉特定物類似，我們「用字」挑出「想講的那一類」。「紅色的運動鞋」在思考中應該代表「所有紅色的運動鞋」，但在以上的例子中，它用來代表的僅僅是那家店裡的紅色運動鞋。「貓咪」在思考中應該代表「所有貓咪」，不過在以上的例子中，它指的是那家寵物店裡的貓咪。這些概念在還沒被「使用」的情況下，代表的是所有符合這個概念的事物。不過在實際使用時，有時會有一個特定的「討論範圍」（domain of discourse）。

女孩在運動鞋店裡邊逛邊說：「紅色的運動鞋比較好看。」

女孩使用「紅色的運動鞋」時「討論範圍」：這家店裡的鞋子

寵物店員對著另一位店員大喊：「貓咪都洗好澡了！」

寵物店員使用「貓咪」時「討論範圍」寵物店裡的動物

跟指涉的概念一樣，雖然「討論範圍」的使用稀鬆平常，但爲了追求思考的精準，我們還是要盡量用更清楚的方式來表述想討論的事物，以上兩個例子可以用以下方式表述：

女孩在運動鞋店裡邊逛邊說：「這家店紅色的運動鞋比較好看。」

寵物店員對著另一位店員大喊：「我們店裡的貓咪都洗好澡了！」

這樣說其實就不用去特別設定「討論範圍」了。這樣說不但比較清楚，也比較不容易引起誤會，比方說，剛剛一旁的男生可能因爲討論範圍的不同，而認爲這個女生覺得所有的紅色運動鞋都比較好看，事實上，她只是比較喜歡「這間店」的紅色運動鞋而已。所以比較以下兩個分類語詞。

這家店紅色的運動鞋

紅色的運動鞋

雖然在實際使用時兩者可能指「同一群鞋子」，但前者還是比後者增加了更多的辨識出「討論範圍」的資訊。跟指涉語詞情況類似，辨識資訊是爲了輔助溝通或澄清思考而用，跟能不能代表那一群事物無關。既然兩句想講的那群鞋是一樣的，這兩個分類語詞的使用在外延的成員上並無二致。不過把事情「講清楚」還是很重要的，所以還是希望各位盡可能直接用清楚語詞來標出討論範圍。

日常生活中很多爭論來自於兩人設想討論範圍的不同。

女孩在運動鞋店裡邊逛邊說: 紅色的運動鞋比較好看。

男孩回道：「我家那雙紅色運動鞋就不好看。」

教師A：「這次考試學生們都叫苦連天。」

教師B：「我們班不會啊！」

教師A：「我說的是我們班。」

這都說明了清楚指出討論範圍其實是很重要的。最後，分類詞語跟指涉語詞一樣。相同的分類語詞，在不同的情況下可以代表不同的群體。不同的分類語詞，在某些情況下可以代表相同的群體。把辨識討論範圍的資訊說清楚，也可以避免這種多對多使用產生的困惑。

也因爲在一般的情況中，把話說得清楚明白只有好處沒有壞處。所以還是希望大家盡可能用辨識資訊將討論範圍說明清楚，特別在越重要的場合越需要這樣做。在思考訓練的一開始，我們一定要明白這一點。

課後練習

練習10.1

說出以下分類語詞使用時的「討論範圍」。

1. 魚販拍著胸跟媽媽說：「魚都是今天現抓的。」
   魚販用「魚」這個字的討論範圍：我攤子上的魚。
2. 媽媽看著花博會場的花園說：「花兒眞是美麗。」
   媽媽用「花兒」這個字的討論範圍：
3. 桌上有個放著許多蘋果的水果籃，奶奶走過去一聞說：「蘋果好香啊！」
   奶奶用「蘋果」這個字的討論範圍：
4. 弟弟看著散落一地斷掉的鉛筆芯，用快哭出來的聲音說「鉛筆芯都斷了啊！」
   弟弟用「鉛筆芯」這個字的討論範圍：
5. 姊姊看見有人跑進院子偷摘桑葉，大喊「小鬼！不要跑！」
   姊姊用「小鬼」這個字的討論範圍：

練習10.2

想一想，以下這些語詞，依照提供辨識資訊的多少重新排列它們。

1. 注意以下三個分類語詞①那群人　②那群男人　③那群黑白上衣的男人
   依辨識資訊由少到多順序是：　<　<　（填編號就好）
2. 注意以下三個分類語詞①那個國家的人　②美國人　③那個美洲國家的人
   依辨識資訊由少到多順序是：　<　<　（填編號就好）
3. 注意以下四個指涉詞①那種藥碇　②那種補充營養的藥碇　③那種很好買的用來補充營養的藥碇　④維他命C碇
   依辨識資訊由多到少順序是：　>　>　>　（填編號就好）
4. 注意以下四個分類語詞①那些抗議的人　②那些人　③那些走上街頭抗議的人　④那些戴著黃布條，走上街頭抗議的人
   依辨識資訊由多到少順序是：　>　>　>　（填編號就好）
5. 阿弟做了以上幾個問題，便說「所以字越多的，辨識資訊就會越多。」你覺得他說的對嗎？爲什麼？

練習10.3

把以下情況中主角所說的話改成清楚說出討論範圍的句子。

1. 阿毛看著他們家後院的一群鴨子大喊：「鴨子肚子餓了！」

2. 阿毛看著他們家隔壁的阿雄的一群鴨子大喊：「鴨子肚子餓了！」

3. 阿毛看著他們家隔壁的阿雄前院的一群鴨子大喊：「鴨子肚子餓了！」

4. 老闆指著一堆鐵觀音茶說：「茶一斤500元。」

5. 老闆指著一堆綠色包裝的高山烏龍茶說：「茶一斤500元。」

6. 顧客看著精品店一系列的洋裝嘆了一口氣道：「洋裝太貴了。」

7. 小毛看著二手書店的書道：「書好便宜喔！」

8. 小毛在店裡說：「手電筒好貴。」

9. 小毛走出豪哥的店，然後說：「手電筒好貴。」

10. 阿珍看著2013年的獅子座流星雨大喊：「流星好漂亮！」

練習10.4

有兩個人在爭論。

A：「男生比較愛亂花錢絕對是對的，我家裡的男生每個都超愛亂花錢的。」

B：「女生比較愛亂花錢才絕對是對的，我家裡的女生不管那一個都超愛亂花錢的。」

你覺得他們爭論的原因是什麼？討論中哪個字有爭議？你覺得誰對？

第十一課　集合的概念

從這一課開始，我們要邁進「現代邏輯」的領域了。分類語詞的「外延」是滿足概念條件的東西，通常不只有一個。我們可以設想這些東西構成一個群體，而邏輯把這種包含許多東西的群體叫一個「集合」。

如果說指涉事物的語詞代表的是「那個東西」，那我們可以這樣想，分類語詞代表的是一個個的「集合」，分類名詞或名詞短語，只要不是專門用來指涉某一個特定物，都可以被視爲「集合」。集合裡面的東西不管多少，都可以被稱爲「集合」。

「臺北市居民」是一個集合

「亞洲人」是一個集合

「地球人」是一個集合

「偶數」是一個集合

「正整數」是一個集合

集合是外延構成的群體，外延是這個集合的成員之一。千萬不要混淆了，周杰倫是「歌星」這個分類語詞的外延，但周杰倫不等於「歌星的集合」。集合包含的東西，可以多也可以少。上面這幾個集合越往下，裡面包含的東西越多。最後兩個集合裡面的數，其實有「無限多個」。分類語詞都代表集合，集合是分類語詞的外延構成的群體，在腦袋中放在一起，不是實際上放在一起。

不過，除了結構比較簡單的分類名詞以外，「設定出條件」的名詞短語也可以代表某個集合。舉個例子：

「考90以上的人」都可以蓋章。

「不聽話的人」都要罰抄課文。

「5歲以上的小朋友」都要注射疫苗。

這三句話框起來部分是「滿足某個條件的人」，這是一個名詞短語，當中還包含了一些用來陳述條件用的動詞與形容詞。我們再看一些例子，在以下這幾句話中引號內都是名詞短語，代表滿足某些條件的一群東西。

「是流氓的人」都不好惹。

「比我長得高的人」都是壞人。

「有四條腿的動物」都跑的比人快。

「住在臺北的人」都不算南部人。

「跑的比機車快的交通工具」都算快。

框起來的名詞短語也跟分類語詞一樣代表「集合」，只是比較長一點，字多一些。而且在這些短語中，都會有大量的形容詞語動詞的出現，作爲條件的構成要素之一。只要是運用一串短語清楚說明出某群事物的條件，就可以用這個短語代表它們，也因此可以說短語代表的是一個「集合」。

動詞與形容詞，雖然在生活的使用中感覺是不同於名詞的東西，不過在邏輯的角度來看，這些語詞可以訂定出不同的條件，其實都是幫我們對事物進行更仔細的分類。所以在目前的討論中，我們是把它們視之爲各種名詞的構成元素，而不是獨立出來討論。未來，或許在學習了更複雜的邏輯概念之後，可以慢慢把這些語詞特出之處做更細節的討論。

不過也有時候，我們嫌這種短語的說法太累贅，會省略掉後面的尾巴，用更簡短的名詞短語。舉個例子：

「考90以上的」可以蓋章。

「不聽話的」要罰抄課文。

「是流氓的」都不好惹。

「比我長得高的」都是壞人。

「有四條腿的」都跑的比人快。

「住在臺北的」都不算南部人。

「跑的比機車快的」都算快。

以上這七個短語是沒寫完整的名詞短語，但我們還是了解這些話在說些什麼。將整個短語寫得完整清楚，是最好的情況。但也因爲省略寫法的確情有可原，在邏輯中還有種折衷的寫法，就是用X代替後面「那一類」。我們也把所有「滿足某些條件的X」視爲一個集合，這種說話方式也並不是不可以理解的。

「考90以上的X」可以蓋章。
「不聽話的X」要罰抄課文。
「是流氓的X」都不好惹。
「比我長得高的X」都是壞人。
「有四條腿的X」都跑的比人快。
「住在臺北的X」都不算南部人。
「跑的比機車快的X」都算快。

能說清楚「的」字的後面是哪一類的時候，還是說清楚更好。一個簡便的方法就是把它當成X，X就是某個類，我們發現句中沒有說清楚，但應該可以「想成」是某個類時，我們就會用X代替。用X加入之後看起來更像代表某個集合的名詞短語。

整理一下，以下三種語詞在邏輯中都代表集合：

1.分類語詞（或普通名詞）：椅子、桌子、鉛筆、老師、學校、蜜蜂等等。
2.設定條件的完整名詞短語：「是流氓的人」、「比我長得高的人」、「有四條腿的動物」、「住在臺北的人」、「跑得比機車快的交通工具」
3.設定條件的名詞短語最後加上X：「是流氓的X」、「比我長得高的X」、「有四條腿的X」、「住在臺北的X」、「跑得比機車快的X」

下一課我們再來介紹代表集合的邏輯符號。

課後練習

練習11.1

判斷以下名詞或名詞短語中，哪些用來指涉單一的事物，哪些用來代表集合。

1. 愛迪生
2. 國小學生
3. 餅乾
4. 愛吃餅乾的人
5. 莫扎特
6. 水星
7. 太陽系的行星
8. 萬里長城
9. 不喜歡洗澡的人
10. 美國
11. 彗星
12. 6778
13. 6778的因數
14. 三角形
15. 這邊這一個三角形

指涉單一事物的語詞：
代表集合的語詞：

練習11.2

以下句子中的短語可以代表集合，但其實說得並不完整，試著幫它補齊該有的資訊，讓它成爲代表集合的名詞短語。（本題不可以使用X，而且要盡量使用精準的類別）

1.「喜歡吃魚的」當然是肉食動物。

2.「參加比賽的」都很強壯。

3.「會捉老鼠的」就是好貓。

4.「在臺上的」都是通過預賽的人。

5.「有特色的」才能入選世界名建築。

6.「顏色太鮮豔的」常常是有毒植物。

練習11.3

以下句子中的短語其實是代表集合，但其實說得並不完整，試著使用加入X的方式，幫這句話中的短語改成更清楚的代表集合的語詞。

7.「喜歡吃魚的」當然是肉食動物。

8.「參加比賽的」都很強壯。

9.「會捉老鼠的」就是好貓。

10.「在臺上的」都是通過預賽的人。

11.「有特色的」才能入選世界名建築。

12.「顏色太鮮豔的」常常是有毒植物。

練習11.4

以下三種語詞在邏輯中都代表集合，各舉三個你自己想到的例子：

普通名詞：

設定條件的完整名詞短語：

設定條件的短語最後加上X：

第十二課　代表集合的邏輯符號

第十二課的主題是分類語詞的形式化。目前爲止，代表集合的分類語詞有三點值得檢討。首先，第十課提到生活中使用分類語詞時有「討論範圍」的問題，要盡量把討論範圍說清楚，才能避免錯誤。其次，第二課提到生活中使用的語詞，往往要看前後文才能知道某個名詞用來指涉還是分類，這也是一個小小的缺陷。最後，第十一課告訴我們，除了分類名詞以外，能說清楚條件的名詞短語也代表集合。爲此，我們要介紹代表集合的邏輯符號，來解決以上三個問題。

邏輯是個簡單精確的語言，專門設計用以嚴格的推理思考，它有很多爲了正確推理精心的設計。邏輯特別設計代表集合的符號，完整地避免掉前三個問題。首先，代表集合的邏輯符號會有一個公開預設的討論範圍，比較容易避免爭議。再者，邏輯將指涉與分類兩種不同功能的語詞用不同外觀的邏輯符號表示，所以可以從符號外觀就辨認出符號是用來指涉還是分類。最後，這一課要學的是「代表集合」的邏輯符號，前一課三類語詞都可以算作其中部分。

在邏輯中，用來代表集合的符號，總是會用大寫正體的字母，你以後會常看到以下這個表格：

代表集合的語詞
Cx：椅子 Dx：桌子

後面的x這個符號，是爲了看起來跟指涉語詞更爲不同，x表明它裡面是有包含許多東西的「集合」。這表格就是告訴你，我想用邏輯符號Cx代表椅子的集合，想像透過我對椅子概念的了解，想像所有椅子的集合，再設定用邏輯符號Cx代表椅子的集合，而且不會作其他的使用。大寫正體字母加上一個小寫的x就是代表集合的邏輯符號。除之之外，這表格也告訴你我們將使用邏輯符號Dx代

表桌子的集合，想像我透過對桌子概念的了解這樣設定，邏輯符號Dx以後就代表所有的桌子，而且不會作其他的使用。一定要能清楚了解分類語詞的「概念」或「概念」，才能設計專門代表集合的邏輯符號。

代表集合的邏輯符號的「討論範圍」都是所有的東西，而且它與指涉的小寫符號有明顯的不同。最後，所有代表集合的名詞短語，都可以使用這類符號來代表集合，只要它一開始設定好。

代表集合的語詞
Cx：椅子
Dx：桌子
Fx：有六條腿以上的椅子
Ox：在臺北的人
Hx：有椅背的 x
Tx：這家店裡賣的 x

總而言之，大寫字母加x就是代表集合的符號，因此可以用專門代表集合的邏輯符號。再對照一次代表集合的語詞與指涉事物的語詞。

指涉事物的語詞
a：這一張椅子
b：莎士比亞
c：萬里長城

代表集合的語詞
Cx：椅子
Fx：有六條腿以上的椅子
Ox：在臺北的人
Hx：有椅背的 x
Rx：好喝的 x

弄清楚我們使用的語言，在容易出錯的地方制定嚴格的使用原則，是清楚思考的第一步。

另外，利用英文字母總有用完的一天，這時候我們可以在下面加上數字來標訂，例如P_1x，P_2x，M_1x，M_2x等，可以一直延伸下去使用。這樣就完全不用害怕用完了，因爲數字是可以無限延伸下去的。

這一課介紹代表集合的語詞定邏輯符號，第二單元還會教各位如何用這些符號組成句子。邏輯追求清晰無誤的思考，設定專用的符號對理性思考有很大的好處，因此讓我們透過練習來熟悉它。

課後練習

練習12.1

判斷以下邏輯符號的設定是否正確。

1.

指涉事物的語詞	代表集合的語詞
a：仙杜瑞拉	Fx：女生
b：仙杜瑞拉的後母	Mx：男生

2.

指涉事物的語詞	代表集合的語詞
a：仙杜瑞拉	Fx：女生
b：仙杜瑞拉的後母	Mx：男生

3.

指涉事物的語詞	代表集合的語詞
a：仙杜瑞拉的朋友	Fx：女生
b：仙杜瑞拉的夥伴	Mx：男生

4.

指涉事物的語詞	代表集合的語詞
a：仙杜瑞拉	Fx：哆啦 A 夢
b：仙杜瑞拉的後母	Mx：野比大雄

5.

指涉事物的語詞	代表集合的語詞
a：野比大雄	Ex：小學生
b：多拉 A 夢	Cx：機器貓

練習12.2

自己爲以下集合設定好自己的邏輯符號（邏輯符號不可以重複）。

1. 大象
2. 烏龜
3. 有潛力的人
4. 亞洲人
5. 岳飛
6. 能溶解黃金的x
7. 亞瑟王
8. 科學家的父母
9. 科學家
10. 偶數
11. 在美國的人
12. 舊金山
13. 在美國的x
14. 蕨類植物
15. 恆星

練習12.3

依照自己的喜歡以及邏輯符號的規則，爲以下邏輯符號寫上它們應該代表的東西。

指涉事物的語詞	代表集合的語詞
a：	Cx：
b：	Fx：
c：	Ox：
d：	Hx：
e：	Gx：
f：	Kx：
g：	Lx：
h：	Mx：
i：	Px：
j：	Nx：
a：	Rx：
m：	Cx：

第十三課　文氏圖（一）

本課介紹一個簡單的邏輯圖：文氏圖（Venn Diagram）。這是個邏輯學家常用的幫助思考的圖形工具，文氏圖是可能世界的縮圖，它把幾個不同的名詞代表的「物」或「集合」畫在同一張圖中，藉此清楚展示它們關連的情況。就好像畫「樹狀圖」能幫我們把集合的關係展示得更清楚一樣，文氏圖也是幫助思考的圖形工具。

我們有稍稍改良文氏圖的設計，加入了代表個體事物的圓圈圖形，但不至於違背它原有思考模式。經過前幾課的討論，大家應該了解代表事物的語詞有兩種，一種一代表單一對象，也就是指涉單一對象的語詞。另一種則是代表一群或一類對象的語詞，我們之稱爲代表集合的語詞。

在邏輯裡用來「指涉」的語詞指著「單一物」（object），而用來「分類」的語詞代表「集合」（set）。我們先教大家如何畫出這兩者的文氏圖。

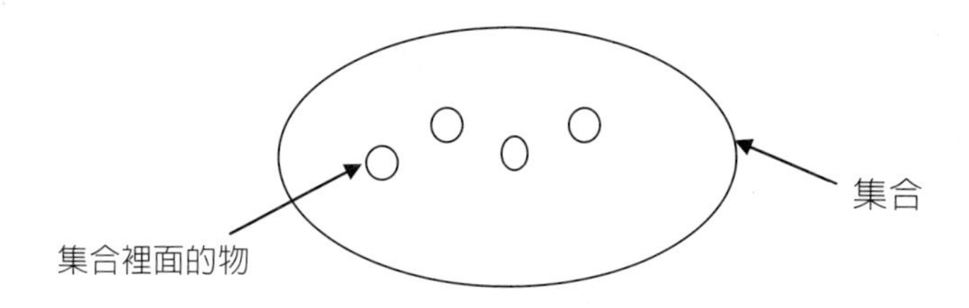

我們用大型的橢圓形來代表一個集合，用小圓圈來代表裡面的東西。文氏圖表現的適語詞的「外延」，也就是語詞所代表的「物」或「集合」。上一課我們學到，這兩者各有不同的邏輯符號。

指涉事物的語詞	代表集合的語詞
a：團團	Px：在臺灣的熊貓
b：圓圓	
c：圓仔	

我們知道在我們所住的這個世界中，這些語詞所指的事物關係如下。

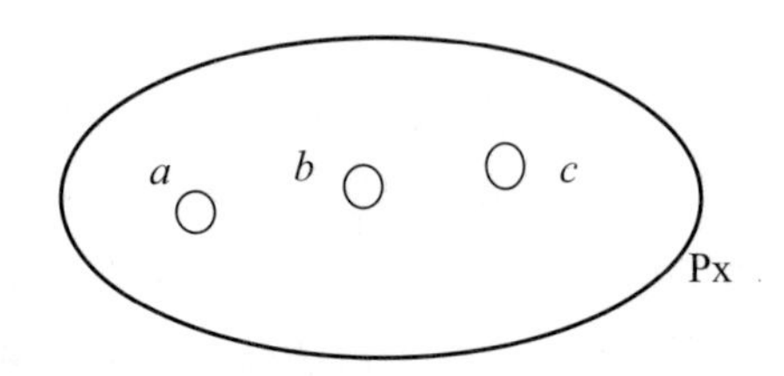

文氏圖是世界的縮圖，以上這幾個圈，連一隻熊貓都畫不出來，哪能代表三隻熊貓。它是簡化版的圖形，把世界中我們想關注的情況圖示出來。「在臺灣的熊貓」是一個集合，包含了三隻熊貓。文氏圖較常跟邏輯符號一起使用，當然該圖本身也可以獨立出來，比方說你可以用中文來畫文氏圖。

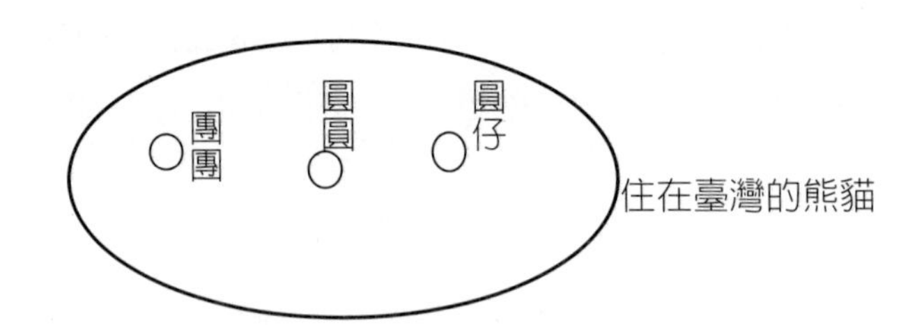

這樣也是可以的。這圖形就是這幾個語詞的文氏圖，我們把它們所指的對象清楚地畫在一張圖上，便於我們分析比較。以上這張圖還是依照現實情況畫的圖，事實上在臺灣的熊貓就是這三隻，雖然不「必然」如此。邏輯會利用這些圖幫助我們思考，有時故意畫出跟現實不同的可能情況，也有益於思考訓練。

剛畫的圖裡剛好有三隻熊貓，但文氏圖其實並沒有要求一定要把集合裡每一個東西都畫出來，我們了解一個代表的集合的語詞時，並不需要認識裡面每個東西。

指涉事物的語詞
a：周杰倫

代表集合的語詞
Sx：臺灣歌星

現實世界中這兩個語詞的關係如下。

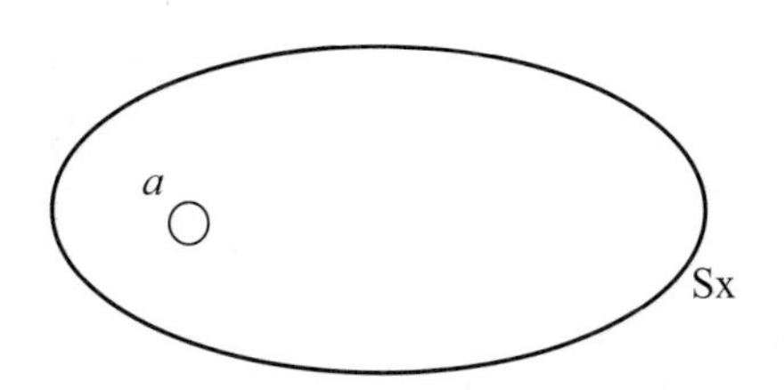

臺灣歌星除了周杰倫之外還有很多人，沒畫的部分不代表沒有，只代表我們沒有一個一個指出來而已。如果每一個都要畫齊，我們根本不可能依照現實狀況圖示以下這個數的集合。

指涉事物的語詞	代表集合的語詞
a：2	Ox：偶數

依照眞實情況畫出這些語詞的文氏圖就會像這樣。

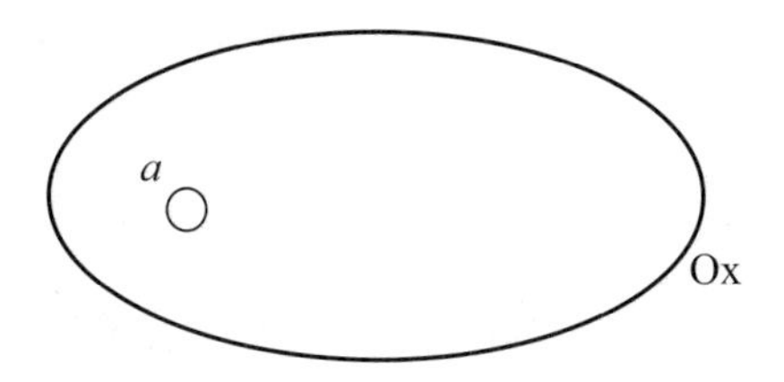

偶數有無限多個，我們要畫裡面的東西根本畫不完，我們只會一輩子都在畫圈圈。標出裡面的東西只是爲了引人注意，或者這東西我們剛好有取名字而已。

文氏圖是個微縮的世界模型，可以清楚展示物與集合之間的關聯。單只畫一個語詞的文氏圖可以說沒什麼意義，但是當語詞越來越多時，這個圖就能幫我們在混亂中保持清楚的思考了。邏輯的特色是基本概念清楚，再怎麼增加複雜度都不怕，所以我們加進一點點東西來擴充一下剛剛的圖。

指涉事物的語詞

a：團團
b：圓圓
c：圓仔
d：華美
e：基努李維

代表集合的語詞

Px：在臺灣的熊貓
Fx：母的熊貓
Ax：在美國的 x

我們把現實世界縮影成以下的文氏圖。

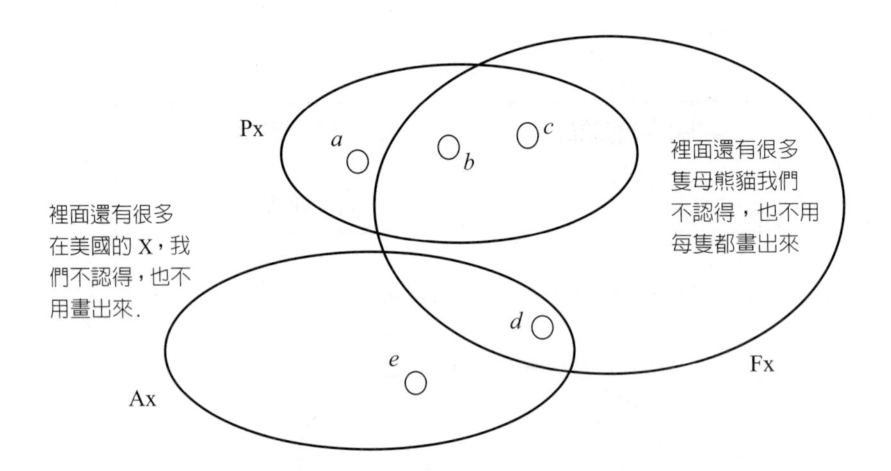

只有圓圓跟圓仔是在臺灣的熊貓。華美就不是在臺灣的母熊貓，而且這裡面還可能有很多其他的母熊貓，但我們不知道名字，甚至也不知道幾隻。就跟我們之前說的一樣，並不是每個東西都會起一個專有的名字，這樣名字太多了，我們根本記不住。沒起名字的熊貓無法用指涉的方式去討論她，但是她還是可以被包含在一個集合裡，被我們提到。當用「熊貓」代表一個集合時，集合裡其實包含了很多我們根本不認識的熊貓。

隨著語詞的慢慢增加，文氏圖也會慢慢變複雜。幾個圓圈交疊之後，我們便很容易搞混或開始弄錯。這時，耐心的把幾個相關的圓圈像上圖一樣畫好就很重要了。文氏圖非常簡單，能在弄清楚複雜問題時派上用場，我們下一課討論文氏圖更細節的部分。

課後練習

練習13.1

1. 依你所知的事實畫出邏輯符號設定的的文氏圖

　範例：

指涉事物的語詞

a：總統府
b：臺北一〇一

代表集合的語詞

Tx：在臺北的建築

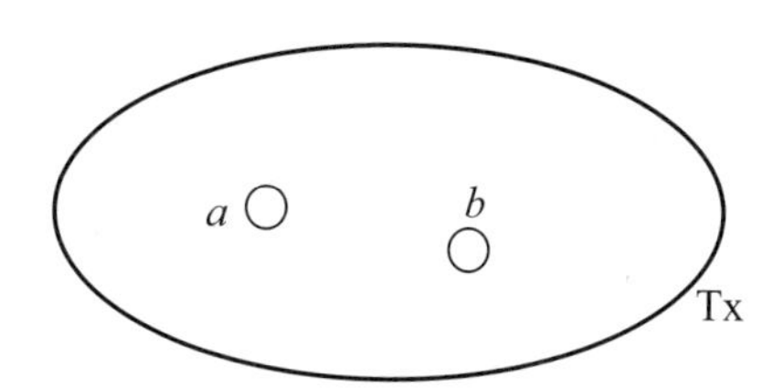

2. 依你所知的事實畫出邏輯符號設定的的文氏圖

指涉事物的語詞

a：總統府
c：臺中市政府大樓

代表集合的語詞

Tx：在臺北的建築

3. 畫出依照以下邏輯符號設定的的文氏圖

指涉事物的語詞
d：赤崁樓
c：臺中市政府大樓

代表集合的語詞
Tx：在臺北的建築

4. 畫出依照以下邏輯符號設定的的文氏圖

指涉事物的語詞
d：赤崁樓
e：臺中市政府大樓

代表集合的語詞
Tx：在臺北的建築
Nx：在臺南的建築

5. 畫出依照以下邏輯符號設定的的文氏圖

指涉事物的語詞
a：總統府
b：臺北一○一
c：臺中市政府大樓
d：赤崁樓
e：安平古堡

代表集合的語詞
Tx：在臺北的建築
Nx：在臺南的建築

6. 畫出依照以下邏輯符號設定的的文氏圖

指涉事物的語詞
a：牛頓
b：愛因斯坦
c：歐巴馬

代表集合的語詞
Mx：男性
Sx：科學家

7. 畫出依照以下邏輯符號設定的的文氏圖

指涉事物的語詞

a：牛頓
b：愛因斯坦
c：歐巴馬
d：居禮夫人
e：南丁格爾

代表集合的語詞

Mx：男性
Sx：科學家
Fx：女性

練習13.2

自己設定一組以下邏輯符號的現實世界的對應物，讓以下的文氏圖表現事實。

1. 範例：

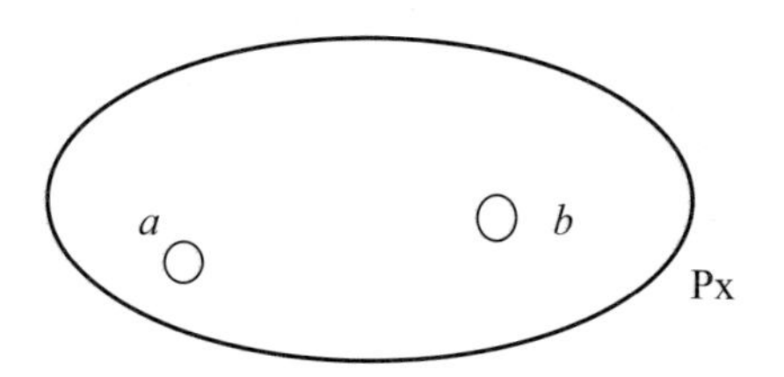

指涉事物的語詞

a：牛頓
b：愛因斯坦

代表集合的語詞

Px：物理學家

2.

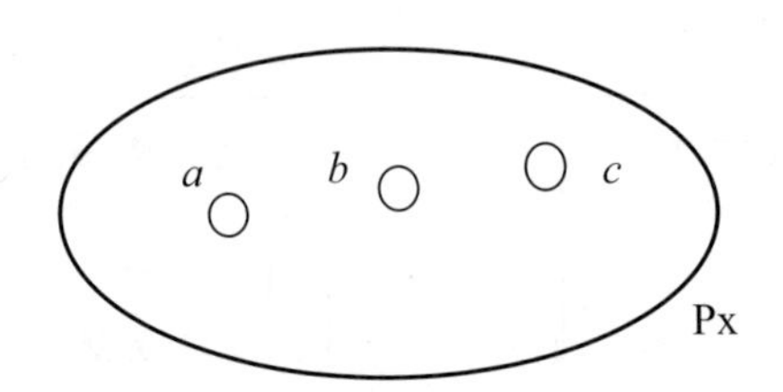

指涉事物的語詞
a：
b：
c：

代表集合的語詞
Px：

3.

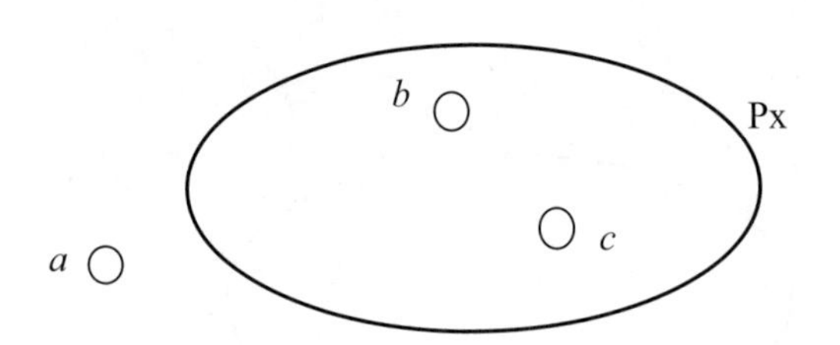

指涉事物的語詞
a：
b：
c：

代表集合的語詞
Px：

4.

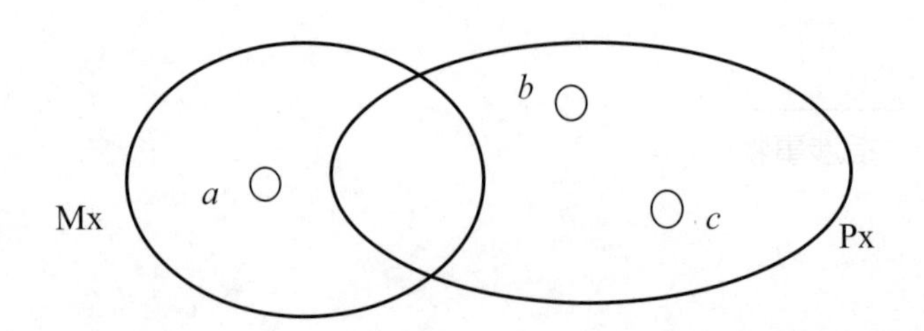

指涉事物的語詞
a：
b：
c：

代表集合的語詞
Px：
Mx：

5.

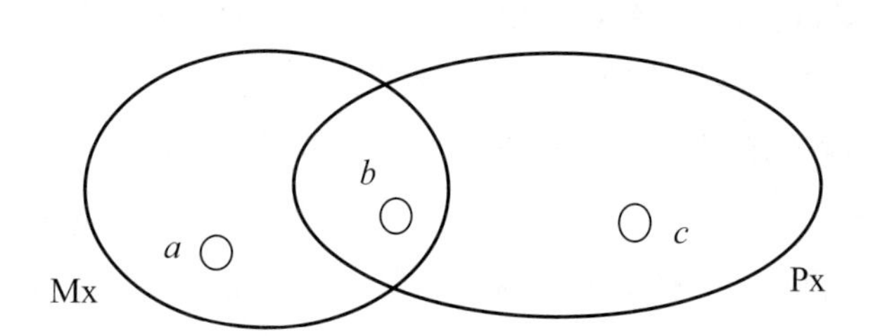

指涉事物的語詞
a：
b：
c：

代表集合的語詞
Px：
Mx：

6.

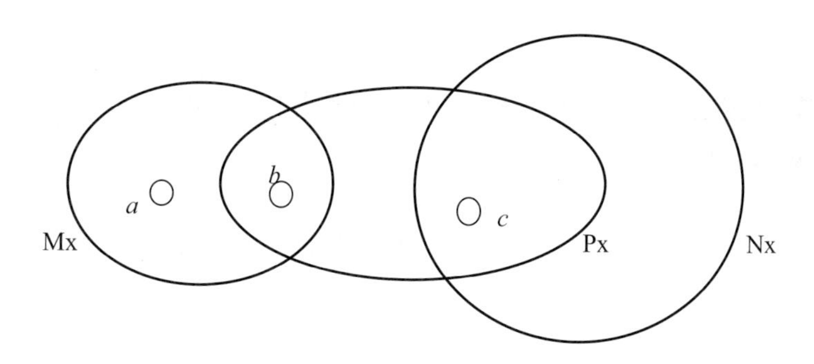

指涉事物的語詞
a：
b：
c：

代表集合的語詞
Px：
Mx：
Nx：

第十四課　文氏圖（二）

文氏圖會把數個不同的語詞所代表的事物，畫在同一張圖裡，這時圖上的事物彼此會產生一些「關係」，我們很籠統地把這些稱爲文氏圖所表現的「情況」。以下兩堂課討論三種由文氏圖表現的「情況」。

第一種情況是代表事物語詞可能恰恰好代表「同一個」東西。舉個例子，平常一個人就有可能有兩個名字，這時我們就會說這兩個名字指的人是「同一個」。文氏圖是世界的縮影，所以在它上面畫出的圓圈或個體，要設想成是語詞代表的「東西」，而不是語詞本身。所以，如果有「同一個」東西有各種不同的語詞代表時，我們會在同一個圈圈上邊寫兩個名字，而不是把兩個圓圈當成兩個不同的名字。

我們已經教過各位，邏輯符號中代表個體物的是小寫斜體的英文字母。畫成圖就會變成這個樣子

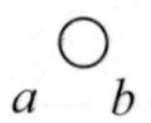

至於兩個不同代表集合的語詞，事實上（或在圖中）代表的是同一群東西時，我們也可以仿造上述辦法，用相同的方式畫在同一個橢圓旁。

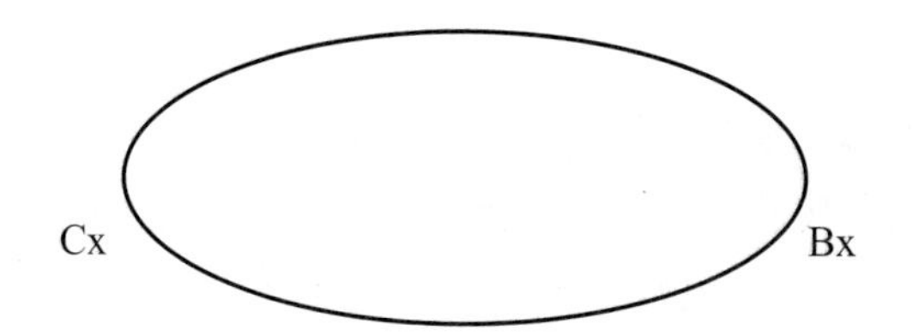

集合圖形範圍往往較大，比較容易搞混，所以有時可以加點箭頭來幫助辨識。這就是兩個語詞所代表的事物「相同」的情況。

當把分類語詞跟指涉語詞畫在同一張文氏圖上時，有種特別的「情況」，叫「屬於」關係。當一個東西是某個集合的一份子的時候，我們說這個東西「屬於」（belong to）這個集合，或這個東西是這個集合的「成員」（member）。舉個例子，丁丁屬於天線寶寶這個集合，但老皮不屬於這個集合。

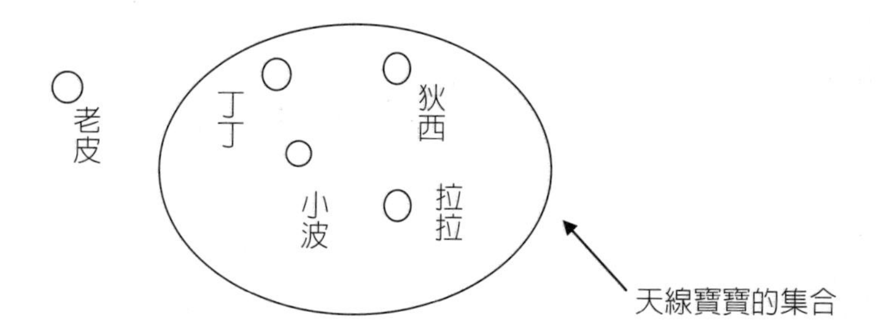

當我們說在日常生活中，當我說某個東西是某一類C的時候，我的意思是a的確是Cx這個集合中的成員。我們用這個符號「∈」來代表「屬於」。

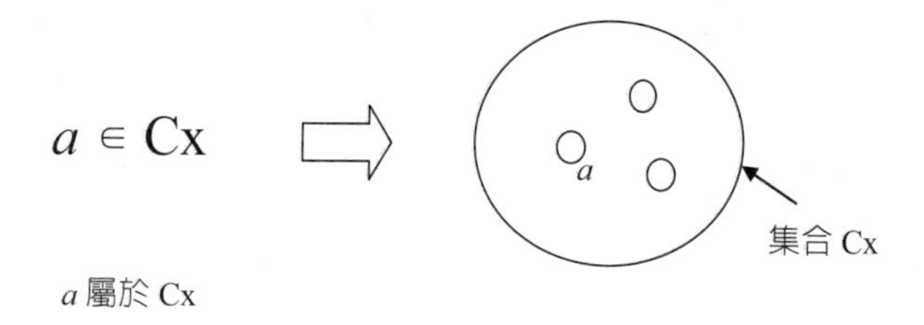

上面這段念作a屬於Cx。它指的就是某個指涉符號代表的物恰恰好在另一個集合的範圍之內，當這種情況出現，我們就會說$a \in$ Cx。不要被符號的樣子嚇著，「屬於」的概念在我們思考中原來就有，並沒有到完全不可理解的程度。設計專屬符號來代表它，以後在做更進階的組合中會很有用。舉個例子，如果我說「丁丁是天線寶寶」這個句子描述的情況就是丁丁所指的東西屬於天線寶寶這個集合。

丁丁∈天線寶寶

畫成文氏圖就如以下。

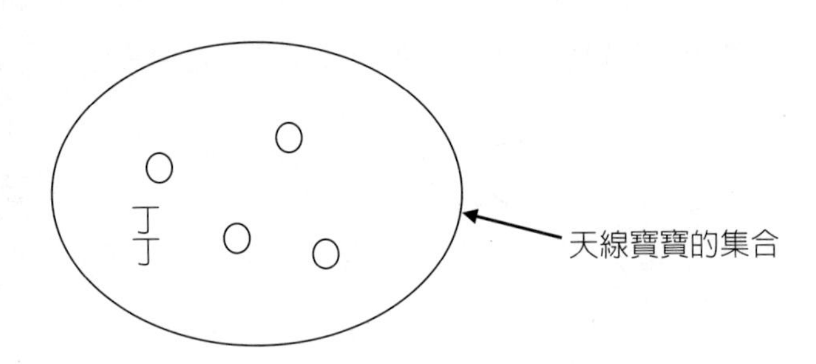

如果丁丁事實上屬於天線寶寶的集合的話，那麼這句話為眞，反之則為假。下面這一段符號加上撇掉的一畫。念作a不屬於Cx。

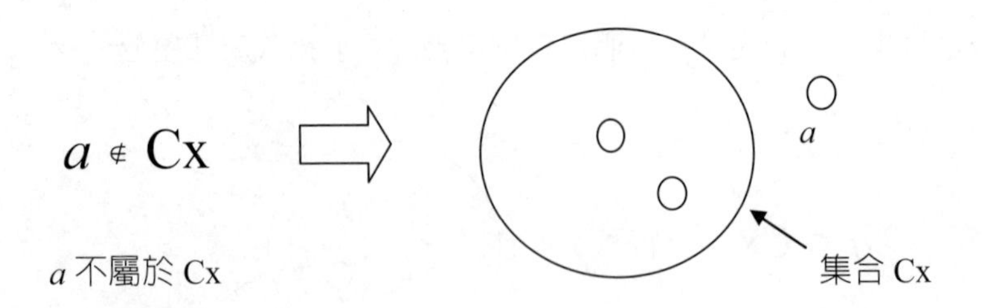

其實就是a在Cx的範圍之外。

以上範例都是單一條件的圖，我們也可以畫出滿足兩種以上情況的文氏圖，我們會把兩種以上的狀況，用逗點隔開。

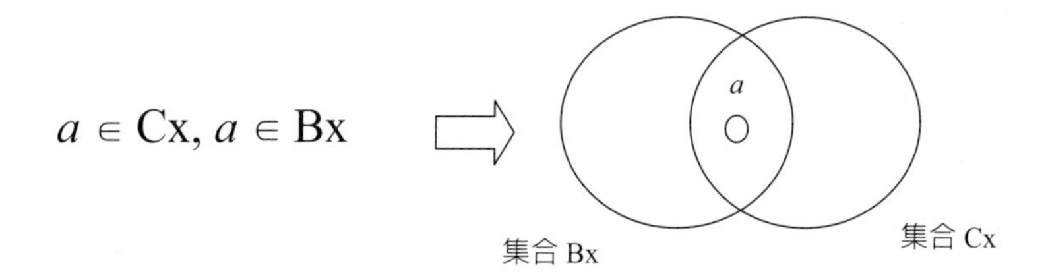

也可以有這樣的圖型：

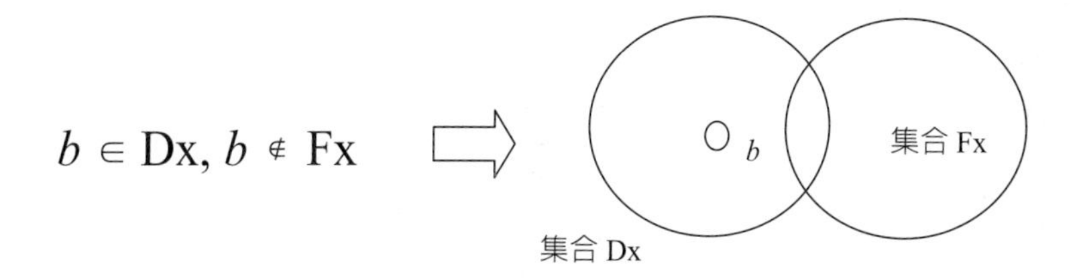

雖然範例中的例子都很簡單，但隨著狀況的可能性增加，畫出的圖也會越來越複雜。不過「萬丈高樓平地起」，只要從最基本的概念開始弄清楚，保持耐心，再複雜的問題也能迎刃而解。

課後練習

練習14.1

判斷以下話語中所說的「是」，到底是「同一個」還是「屬於」的關係。

1. 這支筆就「是」我上次借給你那一隻。
2. 這支筆「是」鋼筆。
3. 這支鋼筆「是」高級品。
4. 這支高級的鋼筆就「是」爸爸第一次送給我考第一名的獎品。
5. 陳小民「是」男生。
6. 陳小民「是」全部滿分的學生。

7. 陳小民「是」今年唯一全部滿分的學生。

8. 原來我昨天看到那個翻牆過去的人「是」你們班的。

9. 原來我昨天看到那個翻牆過去的人就「是」你。

10. 我就「是」傳說中的綠巨人浩克。

練習14.2

畫出符合以下情況的文氏圖。

1. $a \in Cx$　範例：

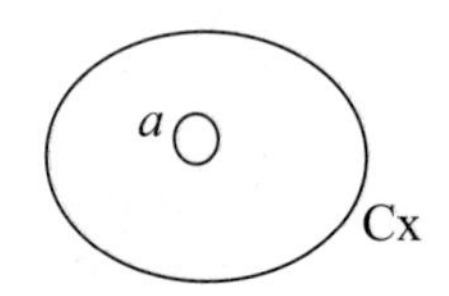

2. a跟c指同一個東西
3. $b \in Ax$
4. $c \in Kx$
5. d跟k指同一個東西
6. $a \notin Bx$
7. $a \in Ax$
8. a跟c指不同東西
9. $Hx \in Kx$
10. $Hx \notin Kx$

練習14.3

畫出同時滿足每題所提到所有情況的文氏圖。（逗點用來隔開兩種以上的情況）

1. $a \in Cx$，$a \in Bx$
2. $b \in Cx$，$a \in Bx$
3. $b \notin Cx$，$b \notin Bx$
4. $b \notin Cx$，$b \notin Bx$，$b \in Bx$

5. a∈Cx，a∈Bx，a∈Ax

練習14.4

參照文氏圖回答問題填入○或╳表示所說的情況是否出現。

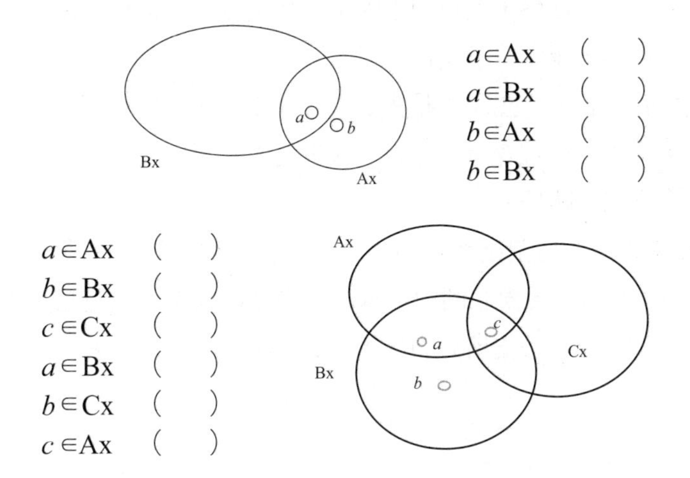

第十五課　文氏圖（三）

前一課學到的是指涉語詞代表的個體物，與代表集合的語詞所代表的集合之間的關係。除了這個之外，文氏圖中的集合與集合之間也有關係，這是一種新的情況，這是本周的主題：「子集合」關係。

文氏圖中的集合除了包含個體物之外，大集合裡面還「包含」有小的集合。比方說下這種大集合裡含有小集合。這也是樹狀圖中包含較多成員的集合與它分支出的集合之間的關係。

在一個大集合裡，切割出部分的小集合，我們稱這個小的集合爲爲大集合的「子集合」（subset）。樹狀圖中，越上面的分類也就是說是範圍越大，成員越多的大集合，以下所有分支出去的分類都是上面類的子集合。

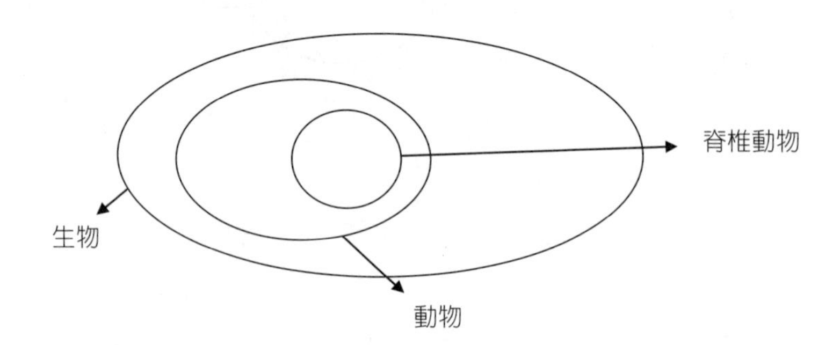

當講到所有具有生命的個體時，「動物」是「生物」的子集合，而「脊椎動物」則是「動物」的子集合，而且我們也可以說「脊椎動物」是「生物」這個大集合中的子集合。子集合的在集合論中的邏輯符號如下：

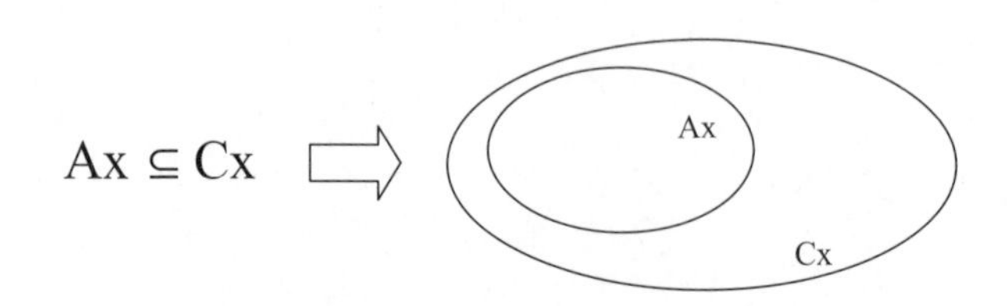

當一個集合Ax是集合Cx的子集合，我們也可以說集合Cx包含了集合Ax，或者集合Ax被集合Cx所包含。你可以把它想像爲比較小的意思，但是千萬記住，我們談的是整個集合被包含在另一個集合中，而不是純粹比數字。很多時候我們說不出數目卻可以有子集合關係的概念，比方說我們知道「亞洲人」包含了「日本人」，但是其實我們不太清楚這兩個數目字。

以上的子集合符號中也有「等於」的概念，那就是一個集合本身可不可以算做自己的子集合之一，當然，這會是最「大」的子集合。「$\subseteq$」這個符號允許與自身相等的集合算做子集合關係的。如果你覺得這一點眞的很奇怪，覺得子集合一定是比較小的意思，那你想像的子集合是以下這個符號。

$$Ax \subset Cx$$

就是去掉一橫的「等於記號」而已，去掉就代表不能等於的意思。我們接下來用這個比較符合常識的記號。不管是這兩個記號中的哪一種，都不允許Ax得超出Cx的範圍之外。當Ax有超出Cx的範圍之外，不論多少，我們都說集合Ax不是集合Cx的子集合，我們會用以下的邏輯符號來表示

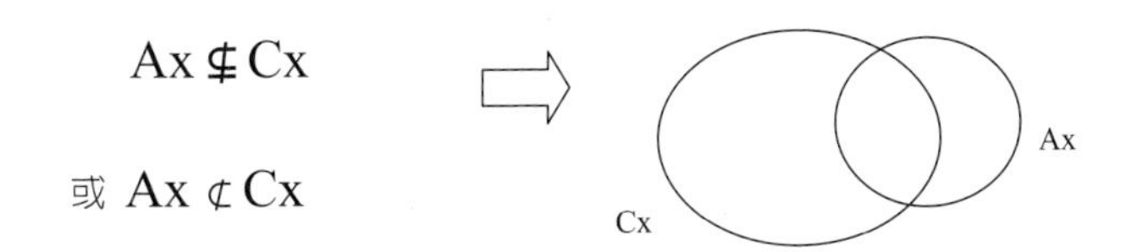

可以看到Ax明顯跑出了Cx的範圍之外。第二單元會更進一步解釋集合與集合之間可能有的幾種關係。目前我們只是爲了展示文氏圖怎麼畫，因此先介紹一些常用的符號。

最後附帶介紹宇集合的概念。有時候我們會畫出某個集合或某幾個集合的共同背景，先看實例。

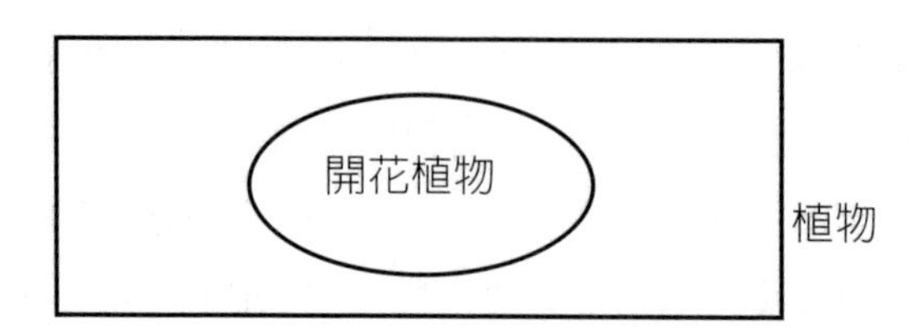

外側方塊也是一個集合，跟圓圈代表集合並沒有太不同，只是它通常表示討論時「最外面」的集合，也就是整個討論的「背景」，也就是第十課提到的「討論範圍」，又叫「宇集合」。某段討論中所有提到的集合都會是宇集合的子集合。

畫出宇集合其實是為了不在集合內的那一塊，這一塊我們叫這個集合的「補集」。這張圖中雖然只畫了兩個形狀，卻可以表現三個集合，分別是「開花植物」、「植物」以及「非開花植物」。有了宇集合，討論集合補集就會很方便。不過現在這個功能對我們的幫助並不大，我們會到第二單元的第29課之後才會遇到它。但無論如何，先跟新鄰居見面總是好的。

這些概念我們的思考中其實原來就有。現在只是將這些原有的概念，轉成精確嚴格的符號或圖型。思考中原有的概念，雖然比較熟悉，但遇到特別複雜或講求精確的情況卻容易出錯。當寫成符號，畫成式子或圖形之後雖然一開始比較不親切，但遇到前述這兩種情況時，利用這些工具能大幅增加精確而且不容易錯誤。

目前為止有關於基本邏輯概念的單元已經完結了。我們學習用來建構句子的材料已經夠了。下一課我們要開始善用之前的材料，開始進入各種不同邏輯句型的世界吧。

課後練習

練習15.1

畫出符合以下情況的文氏圖。

1. $Ax \subset Cx$
2. $Cx \not\subset Bx$
3. $c \not\subset Cx$
4. $Ax \in Bx$
5. $Dx \not\subset Ax$

練習15.2

畫出同時滿足每題所提到所有情況的文氏圖。（逗點用來隔開兩種以上的情況）

1. $Bx \subset Cx$，$Bx \subset Ax$
2. $Bx \subset Cx$，$Bx \not\subset Ax$
3. $Bx \not\subset Cx$，$Bx \not\subset Ax$
4. $Bx \not\subset Cx$，$Bx \not\subset Ax$，$Bx \subset Dx$
5. $Bx \not\subset Cx$，$Bx \not\subset Ax$，$Bx \subset Dx$，$Cx \subset Dx$

練習15.3

參照文氏圖回答問題填入○或╳表示所說的情況是否發生。

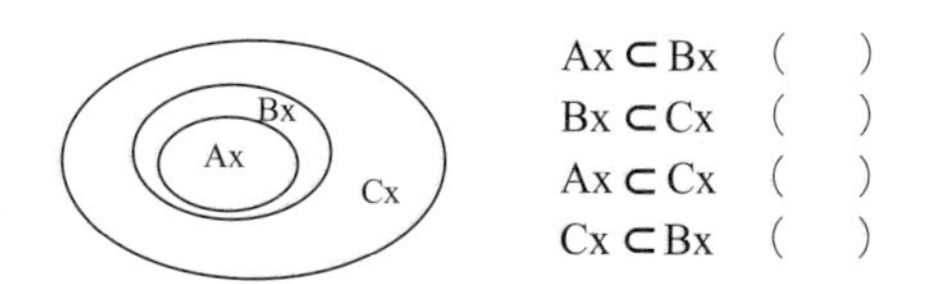

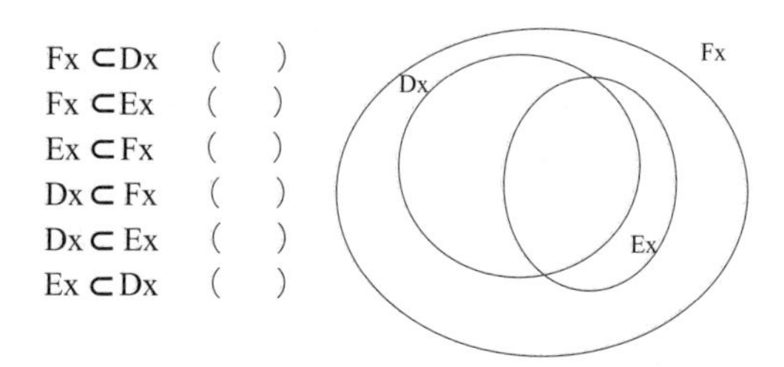

練習15.4

試圖用表現「情況」的符號：(與(，儘可能描述出以下文氏圖中各種可能的關係。

1.

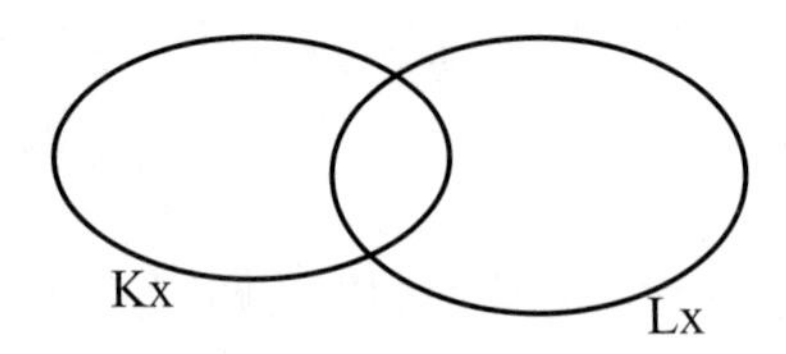

2.

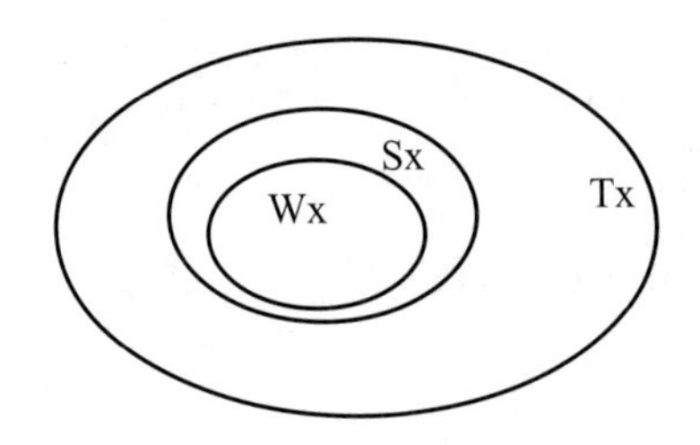

第十六課　完整的句子

我們已經深入討論了語詞的「指涉事物」與「代表集合」兩種邏輯功能，這兩者是形成知識不可或缺的「前置工作」，但畢竟仍算是前置工作。若要形成知識，必須以它們爲材料，主動思考去「比較」它們。當我們拿兩個代表事物的語詞（不管是代表一個還是多個）來進行「主動的比較」時，我們開始有了句子（或述句）的概念。

句子的概念是由語詞的「比較」而來。舉個例子。當我把某個用來指涉的語詞，跟某個用來分類的語詞放在一起，加上一個代表比較關係的「是」這個字，就形成了一個簡單的句子。

這杯咖啡是卡布奇諾。

這是一個完整的句子，雖然句子本身並不長，但這個句子很清楚地表述出這兩個語詞所代表的事物之間的關係，它說「這杯咖啡」屬於「卡布奇諾」這個類。也因爲這個「比較」，開始有了「眞」與「假」的概念。「眞假」是比較兩個代表事物的語詞之後得來的，如果這杯咖啡是依照卡布奇諾的作法製成的，「這杯咖啡」事實上屬於「卡布奇諾」這個類，那麼這句話就是眞的。但如果最後加入了大量的巧克力醬，那這杯咖啡就是屬於「摩卡」這個類，那麼這句話就是假的。

具有眞假可言的句子是「主動思考」的基本單位，這裡要特別注意「主動」這兩個字。在使用句子時，我們「主動」在「同一個世界中」比對兩者代表的事物，要看看「這杯咖啡」能否算在「卡布奇諾」的分類之中。我們或許在不同時間點認識到這兩個不同語詞代表的事物，但正因爲如此，這樣的比較才有意義。將不同語詞代表的事物畫在同一張圖中比較其中一個到底是否在另外一個的範圍之中。句子是主動思考的開端，語詞比對就是我們主動建立思考地圖的表現。

最簡單的句子都至少都包含兩個以上語詞代表事物的「比較」，只包含單一語詞不比較就不能稱之爲句子，我們來看例子解說。

第一個片段：這隻小狗！

第二個片段：好可愛啊！

第三個片段：這隻小狗好可愛啊！

在以上三個個片段當中，只有第三個片段是字面上完整的句子。第一句話指涉到某隻小狗，但什麼也沒說。第二句話提到「好可愛」這個代表集合的語詞，但什麼也沒說，但沒提它說的是哪一個。只有第三句話，同時提到兩個不同的語詞而且比較了它們的眞假。所以只有第三句話，是一個完整的句子。完整的句子一定不能只提到一個東西，而是要「比較」兩個語詞，才叫完整的句子。

我們平常講話時有時會省略到一些片段，比方說以下的例子。

小明抱著一隻小狗，對醫生說：「受傷了！」

小明用「受傷了！」的意思是「他抱的這隻小狗受傷了」這就是省略掉句子前半這個指涉小狗的名詞，再看另一個例子。

醫生問小明說：「受傷的小狗是哪一隻？」

小明：「這隻！」

小明用「這隻！」的意思是「他抱的這隻小狗受傷了」這就是省略掉句子後半這個代表一個類的名詞。事實上，在這兩個例子中，我們只是用省略的方式代表一個完整的句子，在思考中的句子其實是完整的。

我們再看最後兩個例子。

第四個片段：西瓜甜甜的。

第五個片段：甜甜的西瓜。

第四句有比較「西瓜」與「甜甜的」這兩個語詞，但第二句只是提到一個比較複雜的語詞「甜甜的西瓜」，但還沒有拿來跟其他的語詞比怎麼樣。所以第一句是完整的句子，具有眞假可言，但第二句不是。完整的句子不只「提到」某個東西，還會說這個東西「怎麼樣」。完整的句子才具有眞假可言。

我們把字面上牽涉到兩個語詞的「比較」，因而具有眞假的句子叫做「完整的句子」。光只有字詞，這時思考所做的事情比較多呈現在「被動」的一方面，完整句子能夠進行推論，判斷眞假，是主動思考的基本單位。我們要養成以一句一句話思考，以一句一句話做判斷的好習慣。盡可能以「完整的句子」來論述自己的想法，計畫自己的寫作，來吸取報章雜誌中的資訊。可以避免零碎、片面與矛盾，培養推理與整合資訊的習慣，是鍛鍊邏輯思考最重要的一步。盡可能用邏輯的句子當思考單位時，離獨立思考與優質思考便更近了一步。

課後練習

練習16.1

試著將以下的對話中主角所說的話，改成一個有眞假而且意思完整的句子：

1. 媽媽摸小明的頭說：「眞乖！」
   用完整的句子，媽媽應該說＿＿＿＿＿＿＿＿＿＿＿＿＿＿＿＿
2. 爸爸指著媽媽說：「好辛苦！」
   用完整的句子，爸爸應該說＿＿＿＿＿＿＿＿＿＿＿＿＿＿＿＿
3. 小花拿起一條裙子說：「不好看！」
   用完整的句子，小花應該說＿＿＿＿＿＿＿＿＿＿＿＿＿＿＿＿
4. 奶奶看了一臺電視機的價錢說：「好貴！」
   用完整的句子，奶奶應該說＿＿＿＿＿＿＿＿＿＿＿＿＿＿＿＿
5. 小華猜拳猜輸了大喊：「不算！」
   用完整的句子，小華應該說＿＿＿＿＿＿＿＿＿＿＿＿＿＿＿＿
6. 小青指著動物園裡的一隻動物大喊：「獅子！」
   用完整的句子，小青應該說＿＿＿＿＿＿＿＿＿＿＿＿＿＿＿＿
7. 大熊指著家裡的椅子大喊：「這把椅子！」
   用完整的句子，大熊應該說＿＿＿＿＿＿＿＿＿＿＿＿＿＿＿＿

8. 爸爸問小明誰打破碗了，小明回：「小英！」

用完整的句子，小明應該說＿＿＿＿＿＿＿＿＿＿＿＿＿＿＿＿＿＿＿＿

9. 爸爸問小明誰打破碗了，小愛回：「不是我！」

用完整的句子，小愛應該說＿＿＿＿＿＿＿＿＿＿＿＿＿＿＿＿＿＿＿＿

練習16.2

練習描寫跟前一題類似的情況，某個人在某些情況下說了一個不是完整的句子，再解釋他應該怎麼說才是完整的句子。

不完整句子的情況：

前一種情況中，他應該怎麼說才完整？

練習16.3

小朋友要練習，盡可能把所有想講的想法，都用完整的句子講出來。

1. 寫一個超過5個字的完整的句子。

2. 你覺得字數多的是不是代表一定是句子？

3. 你覺得字數少的是不是代表一定不是句子？

4. 盡可能寫出最少字的完整句子。

練習16.4

從你的課本裡或任意的書裡，找到兩個完整的句子，以及一個不完整的句子，把他抄寫下來。

第十七課　非描述性句子（一）

前一課提到句子有眞假才算完整，這聽來似乎是對句子的最低要求，但在國文課或生活中學到或用到的句子並非如此。在語文學習或生活實用中不見得所有的句子都有眞假，因爲使用語言的目的並「不只是」描述事情而已。描述事情是語言「最主要」的目的，但並不是唯一目的。這兩周我們會先花點時間在其他的目的上。

常用的句子又可以分成三個大類：述句、問句以及行動句，以下是這三大類型句的例子。

小熊和大家一起遊戲。（具有眞假的述句）

小熊和大家一起遊戲了嗎？（等待答案的問句）

小熊！來和大家一起遊戲吧！（用來引導或回應行動的句子，我們稱爲行動句）

具有眞假，本身可以被視爲是獨立資訊的稱爲「述句」。本身沒眞假，卻尋求一個有眞假答案的是「問句」。在說出之後期待對方做出回應，做出動作，或直接把說出的話當作動作的是「行動句」，「小熊！來和大家一起遊戲吧！」就是進行「邀請」的動作。

具有真假的述句
我今天沒有帶便當。 昨天的平均溫度是 25 度。 臺灣位於亞洲。

提出疑問的問句
我今天有帶便當嗎？ 昨天的平均溫度是幾度？ 臺灣是位於亞洲還是大洋洲？

用來引發行動的行動句

給我你的便當！
立刻向我報告昨天的平均溫度。
臺灣加油！

在這三類句子當中，前兩課提到的「具有眞假的句子」就是「述句」。述句是思考進行推論、吸收資訊、判斷眞假與傳遞知識的主要單元，是鍛鍊理性思考最重要的元素。述句也是三大類句子的核心，它一直是這本教材的主角，第十八課之後所有提到的句子都是述句，所以這兩課先關心一下其他兩位鄰居。

問句與行動句都是非描述性的語句，它們也是理性生活重要的工具。我們每天早上跟大家打招呼，打招呼是種行動句，表示問候。到學校會問同學功課寫了沒，昨天的卡通好不好看，這些是問句，尋求答案。了解這些句子，回應這些句子也都需要理性思考。但使用這兩類句子時，看重的是往往是對話過程中的人際互動，而不是理解或判斷的理性思考過程，所以我們叫它「非描述性的句子」。如果各位問了一個問句或使用了一個行動句，對方不回答或拒絕行動是很不禮貌的。比方說以下的例子：

A對B說：「你吃早餐了嗎？」	C對D打招呼：「你好！」
B過了一陣子仍沒有回應。	D完全沒有理會D。

問句或行動句都需要對方的「回應」，但告訴對方一個「述句」，對方可以是單純收到這個資訊：「對方『知道』這件事了」或「這個資訊『進入對方的思考』了」，而不需要有任何動作或回應（或者簡單回答「恩」，剛剛那兩個例子中這樣回答一樣是不禮貌的）。筆者常跟家裡的小貓說問句與行動句，看看牠會有何回應，但我很少跟小貓說需要思考的述句，因爲我知道牠無法理解。

相對於此，當家中有小嬰兒時你就會發現，我們很喜歡跟小嬰兒講述句：這是桌子，那是貓咪等。因爲我們期待小嬰兒將來有自己的思想，有自己思考的世界。問句與行動句讓我們互動，但對資訊的「知道」、「思考」以及「推論」，主要還是由述句來進行。各位也應該很少看到，整本都用「問句」寫的書。問句能引起我們興趣，但不是傳遞資訊的主要工具。

最後是一個對三種句子整理分析的簡單表格。

句型	功用	特點	例子
述句	描述事實	具有真假，述句通常是以句號結尾。	小明拿了第一名。
問句（非描述性）	提出疑問	問句以問號結尾。	小明拿第幾名？
行動句（非描述性）	與他人互動	常以驚嘆號結尾。而且常常可以用動作代替。例如：握拳為對方加油。	小明！加油！！

課後練習

練習17.1

請圈選出以下哪些是問句？哪些是述句？哪些是行動句？

1. 我想吃牛肉麵。

（1.述句　2.問句　3.行動句）

2. 你想吃牛肉麵嗎？

（1.述句　2.問句　3.行動句）

3. 我們一起去吃牛肉麵吧！

（1.述句　2.問句　3.行動句）

4. 你不想吃牛肉麵嗎？

（1.述句　2.問句　3.行動句）

5. 牛肉麵跟拉麵你想吃哪個？

（1.述句　2.問句　3.行動句）

6. 我不想吃牛肉麵。

（1.述句　2.問句　3.行動句）

7. 走吧！ 去吃牛肉麵。

（1.述句　2.問句　3.行動句）

8. 小毛說：「我們班明天有數學考試。」

（1.述句　2.問句　3.行動句）

9. 小毛說：「我們班明天沒有數學考試。」

（1.述句　2.問句　3.行動句）

10.小毛說：「我們班明天沒有數學考試嗎？」

（1.述句　2.問句　3.行動句）

11.數學老師說：「我正式宣布本班下次上課要進行數學考試。」

（1.述句　2.問句　3.行動句）

12.有一天，我問爸爸：「爲什麼您每天晚上，都要寫日記呢？」

（1.述句　2.問句　3.行動句）

13.妙麗看著我說：「你在國外看星星時，一定要想起我喔！」

（1.述句　2.問句　3.行動句）

14.有位同學說：「要是音速小子能上場，我們勝利的機會就更大了！」

（1.述句　2.問句　3.行動句）

15.有一位同學說：「要是音速小子能上場，我們勝利的機會會更大嗎？」

（1.述句　2.問句　3.行動句）

16.有一位同學說：「音速小子！ 換你了！ 快點上場！」

（1.述句　2.問句　3.行動句）

練習17.2

1. 什麼是述句？ 舉個你自己想到的例子並解釋之。

例子：

解釋：

2. 什麼是問句？自己舉一個問句的例子並解釋之。

例子：

解釋：

3. 什麼是行動句？自己舉一個行動句的例子並解釋之。

例子：

解釋：

4. 自己舉一個跟老師有關的問句。

5. 自己舉一個跟老師有關的述句。

6. 自己舉一個跟老師有關的行動句。

練習17.3

你覺得在以下場合中，你比較容易聽到哪一類句子。（注意是容易聽到，不是只會聽到。）而且舉出一個會聽到的句子範例。

1. 老師抽點學生測驗學會了沒。

ex：問句。「cat怎麼拼？」

2. 閱讀一本小說。

（1.述句　2.問句　3.行動句）

舉個例子：

3. 消防員指導大家怎麼使用滅火器。

（1.述句　2.問句　3.行動句）

舉個例子：

4. 老師帶大家做體操。

（1.述句　2.問句　3.行動句）

舉個例子：

5. 老師宣布大家的考試成績。

（1.述句　2.問句　3.行動句）

舉個例子：

6. 工讀生發問卷給大家填。

（1.述句　2.問句　3.行動句）

舉個例子：

7. 候選人出來拜票。

（1.述句　2.問句　3.行動句）

舉個例子：

8. 國家地理頻道介紹印加文明。

（1.述句　2.問句　3.行動句）

舉個例子：

9. 國家地理頻道介紹黑洞。

（1.述句　2.問句　3.行動句）

舉個例子：

10.猜謎大會。

（1.述句　2.問句　3.行動句）

舉個例子：

第十八課　非描述性的句子（二）

前一課提到三種不同的句子，分別是：(1)具有眞假的述句，(2)提出問題的問句，以及(3)用來進行動作的行動句，第一種是描述性的句子，後兩種是非描述性的句子。在概念上分清楚它們，是很基本的思考功夫。

但是這三者除了不同之外，三種句子之間也有非常密切的聯繫，從邏輯的觀點看來，三者中最爲基礎的是描述性的「述句」。問句所追求的答案往往是述句，或許我們可以這麼說，問句是從缺乏資訊的述句變化而來。舉一個例子給各位看。

小熊在洞裡過冬。

這是一個述句，我們可以用遮蓋的方式，把部分資訊遮起來，使之形成問句。

小熊在洞裡過冬。	小熊在洞裡過冬嗎？
____在洞裡過冬。	誰在洞裡過冬？
小熊______過冬。	小熊在哪裡過冬？
小熊在洞裡____。	小熊在洞裡做什麼？

其實以上這幾個只遮住一部分資訊所得到的問句，還算是比較完整的問句。比方說第一句我們也可以省略的問：

在洞裡過冬嗎？

但這樣的問句，並沒有說明被問到是否在洞裡過冬的動物是小熊，聽見這個問句的人也有可能誤以爲要問的動物是小老虎，而提出相反的答案。過於省略的問題有時反而容易引起更多的問題。因此，提問句時也要跟述句一樣盡量把句子說完整。這樣也讓回答的人能提供更精確的答案。

可以說問句就是缺了一部分資訊的述句。這代表了訓練思考時可以以述句爲先，當述句弄通了之後，對問句部分也能有所助益。不過遮住資訊不是唯一形成問句的方法。除此之外，我們還會將一些更複雜的概念與述句連結，形成更複雜的問題。

小熊爲什麼要在洞裡過冬？

小熊如何在洞裡過冬？

你怎麼知道小熊在洞裡過冬？

這些問句又牽涉到更複雜的原因、理由以及步驟的概念，這些概念在述句裡也都有，我們以後有機會再慢慢討論。總而言之，問句想得到的答案往往是「述句」。問句往往是由對述句部分資訊的「缺乏」而來。也因此邏輯會先集中研究述句，再藉著對述句的了解釐清問句的概念。

除了問句之外，行動句也與述句有很深的關連，比方說我們可以不說行動句，而用一種向對方「表明意圖的述句」來達到類似行動句的功用。

「關上窗子。」　（行動句）

「如果你關上窗子，那麼我會很感激你的。」　（述句）

「早安。」　（行動句）

「我誠心希望您有美好的一天。」　（述句）

轉化之後的兩句是與原來那句有類似功能的述句，它們都有眞假可言，只是行動句往往更直接、常用與簡潔。這就好像我們可以直接命令別人做事，也可以直接告訴別人不這樣做的結果，或許具有相同的功效，後者就是述句了。

「趕快吃飯！」

「如果你再不快點吃飯，我就要把飯收掉了。」

當把命令句改成「如果……那麼……」，我們就等於把要別人做事的要求，變成一個資訊告訴他，讓他自己考慮要不要做。我們都是有思考的人類，所以這樣感覺會比較委婉。述句原來就可以被視爲具有目的性的發言，例如，告訴對方「外面快要下雨了」也可以帶著請對方攜帶雨傘的意圖，只是行動句是這種意圖更直接的體現。分清楚這些細節，也能讓我們使用更熟練深入地使用語言。

述句、問句跟行動句彼此之間具有密切的關連，邏輯擅於建立眞假與推論的模型，所以我們會先專注討論「述句」。語言的確有許多不同的「層次」，等到我們資訊部分有了完整深入的理解，再進一步爲各位介紹與細分更多有趣的句子。

課後練習

練習18.1

幫以下問句與行動句補充內容，使它成爲更完整的問句與行動句。

行動句	問句
1. 快跑！	1. 沒回來？
2. 請！	2. 幾月幾號？
3. 走吧！	3. 誰？
4. 開窗！	4. 走嗎？
5. 開電腦！	5. 怎樣？

行動句

1.

2.

3.

4.

5.

問句

1.

2.

3.

4.

5.

練習18.2

莎士比亞是英國最偉大的文學家。以上這個述句可以當哪些問句的答案？

1. 誰是英國最偉大的文學家？
2. 莎士比亞是哪一國最偉大的文學家？
3. 莎士比亞是英國最偉大的什麼？

盡可能找出以下述句爲答案的問句。（越多越好）

1. 愛迪生發明電燈。
2. 烏龜是有殼的兩棲類。
3. 臺北一〇一位在信義商圈。
4. 豪哥穿黑色的夾克。
5. 歐巴馬2013年1月21日發表美國總統就職演說。

練習18.3

在述句加上「爲什麼」或「你怎麼知道」或「你眞的確定……嗎？」可以形成一個問句。

1. 自己造一任意的述句。

2. 把這述句前面加上「爲什麼」形成一個問句。（如果你答不出這個問句，那選一個你能答出這題的問句）

3. 試著回答自己提出的問句。

4. 把這述句前面加上「你怎麼知道」形成一個問句。

5. 試著回答自己提出的問句。

6. 把這述句前面加上「你真的確定……嗎」形成一個問句。

7. 試著回答自己提出的問句。

練習18.4

行動句

「關上窗子。」

可以用以下的述句來替代：

「如果你關上窗子，那麼我會很感激你的。」

試著把以下簡短的行動句，用一個較長的述句來代替。

1. 快跑！
2. 開電腦。
3. 千萬別動！
4. 出發吧！

第十九課　述句的眞假

前兩課介紹了三種句子，也說明了述句在當中較爲基本，從現在開始，我們的討論要專注在「述句」上。述句是具有眞假的句子，其眞假依照「事實」而定，而且「只」依照事實而定。爲了方便起見，從現在開始，我們所用到的「句子」都是指「述句」。

進入正題。句子（或完整的句子）具有眞假，並不是說這個句子就「一定是眞的」，句子之中也有假的句子，或者說假的句子也是句子。任何一對代表事物的語詞都可以被拿來比較，形成或眞或假的句子。並不能因爲一個句子所說的不是事實，或跟我們所知的不符，就說它不是句子。

臺灣位於南半球。

蜘蛛是一種甲蟲。

鴿子生活在水裡。

這三個都是句子，雖然它們都是假的句子，但我們都可以很清楚了解它們的意思，假的句子也能完整地表示出意思。千萬不要弄混「眞的句子」跟「句子」。

句子的眞或假是依照「事實」而定，而且「只」依照事實而定。一句話符合事實，我們便稱這是「眞」的句子，而當一句話所說的不符合事實的時候，我們說它是「假」的句子。邏輯中所謂的眞假，都是比對語詞的關係是否符合事實而定。

一句話的眞假只依照事實這點，可說是邏輯的基本精神。除了符合事實之外，眞假跟「這句話說了什麼」或者「這句話是被誰說」都沒有關係。並不是因爲專家說的一定是眞的，而是因爲專家說的比較有可能是眞的。讓一句話爲眞爲假的是「事實」，而非「身分」。如果兩人用一樣的句子作相同的判斷，比方說：

媽媽說：這種天氣不穿多一點很容易感冒喔！

醫生說：這種天氣不穿多一點很容易感冒喔！

這兩句話的眞假是一樣的，不能因爲醫生對人的身體比較了解，就說醫生說的是眞的，媽媽說的是假的。

第二個值得注意的點是，邏輯所謂眞假，只考慮符不符合事實，而不管價值（或好壞）的判斷。舉個例子：

小明是個誠實的人。

這句話對小明來說是否有正面價值，得視這句話的是否符合事實而決定，如果符合事實（這句話爲眞），那麼對小明來說就有正面價值，如果不符合事實（這句話爲假），那麼對小明來說就沒有正面價值。另一句話「小明是個小偷」跟前一句話完全相反，它只有假的時候對小明有正面價值。換言之，價值（或好壞）的判斷是視句子的內容來決定，而邏輯討論的只有眞假的問題，也就是句子符不符合事實，而不關心價值判斷的問題。

第三，一句話爲眞爲假與是不是「有很多人相信」無關。許多民族古代都認爲「地球是平的」，當時「大部分的人」，其中包括一些非常有智慧的人，也都相信「地球是平的」這句話。當時許許多多人相信，並不代表這句話就因此是眞的。古希臘人認爲地球是球型的，他們在那個時代畢竟是少數。我們後來發現，自己居住在一顆星球上，而是這個「事實」，而不是古希臘人，讓「地球是圓的」這句話爲眞。

第四，一句話爲眞爲假，與這句話是不是「有很好的理由」無關。有很好的理由支持的話，頂多能說是「合理的」，而不是眞的，一句話的眞假「只跟事實」有關。當伽利略提出地球自轉說時，大部分人都認爲以下這句話是眞的：

地球不會自轉。

有人認爲「地球看起來是靜止的」這點，就可以證明伽利略說的是錯的。但後來科學進展才發現，我們所居住的這顆星球，的確會由西向東自轉。以上這句話不符合事實，所以爲假。有時候，看起來合理的想法，並不代表事實必定如此。一定要在「合理的」與「事實」之間劃下一條清楚的界線，才是對邏輯有眞正的了解。

最後一點，有人認爲假的句子對我們來說「沒有用」或「沒有意義」，但其實並非如此。明白錯誤在哪裡，拆穿別人的謊言，還原事實的眞相，更正現有的錯誤，排除不可能的情況，這些都需要知道哪些句子「是假的」才能達成。第二單元還會學到，學到一個假的句子，同時也等於學到這句話的否定句是一個眞的句子。眞的句子跟假的句子之間是有非常密切的關連的。

總而言之，假的句子跟眞的句子一樣，都是生活進步的動力。

最後，我們稍微反省一下，大概就可以確知對於知識有限的我們來說，句子其實可以分成以下三類。

完整的述句

我們認為是真的句子
舉例：地球已經存在超過 40 億年了。

我們認為是假的句子
舉例：2013 年地球上的人類只有白人。

我們目前還不知道真假的句子
舉例：明年的聖誕節台北會下雨

知道爲眞跟知道爲假，其實都可以算在我們的知識範圍之內，但在這範圍以外還有很大我們不知道的空間。保持對這個界限的敏銳，是理性思考很重要的課題，不過這裡繼續的討論會太抽象了。我們直接來進練習吧！

課後練習

練習19.1

單選題

1. 邏輯認為一句話的眞假取決於(1)說這句話的人(2)這句話是在講什麼(3)這句話有沒有句點(4)這句話符不符合事實。
2. 以下對於假的句子所言，何者是對的。(1)假的句子沒有任何用處(2)假的句子是符合事實的句子(3)假的句子也有完整的意思(4)專家不可能說出假的句子。
3. 從邏輯的觀點來看，具有正面價值的話，(1)就一定是眞的(2)就一定是假的(3)就一定不知道眞假(4)有眞也有假。
4. 從邏輯的觀點來看，專家說出的話，(1)就一定是眞的(2)就一定是假的(3)就一定不知道眞假(4)有眞也有假。
5. 從邏輯的觀點來看，聽起來很難，聽不太懂的話，(1)就一定是眞的(2)就一定是假的(3)就一定不知道眞假(4)有眞也有假。
6. 從邏輯的觀點來看，具有正面價值的話，(1)就一定是眞的(2)就一定是假的(3)就一定不知道眞假(4)有眞也有假。
7. 從邏輯的觀點來看，說的人看起來很像壞人的話，(1)就一定是眞的(2)就一定是假的(3)就一定不知道眞假(4)有眞也有假。
8. 從邏輯的觀點來看，具有正面價值的話，(1)就一定是眞的(2)就一定是假的(3)就一定不知道眞假(4)有眞也有假。
9. 從邏輯的觀點來看，大多數人都覺得是眞的話，(1)就一定是眞的(2)就一定是假的(3)就一定不知道眞假(4)有眞也有假。
10. 從邏輯的觀點來看，大多數人都覺得是假的話，(1)就一定是眞的(2)就一定是假的(3)就一定不知道眞假(4)有眞也有假。
11. 從邏輯的觀點來看，有很好理由覺得是眞的話，(1)就一定是眞的(2)就一定是假的(3)就一定不知道眞假(4)有眞也有假。
12. 從邏輯的觀點來看，有很好理由覺得是假的話，(1)就一定是眞的(2)就一定是假的(3)就一定不知道眞假(4)有眞也有假。

練習19.2

以下五段文字中，到底有幾個句子？

(1) 2比5還大。

(2) 15

(3) 15與3與14與25還有38。

(4) 5比3更大。

(5) 10比（3+2）還要更大。

1. 以上總共有幾個句子？
2. 以上哪些是你認爲是「眞」的句子？ 哪些是「假」的句子？
3. 「眞的句子」的數目一定會比「句子」的數目多嗎？

練習19.3

思考以下人物在具體情況中所說的話，從四個選項中選擇你判斷的。

(A)沒有說出完整的句子。(B)說出了完整的句子，此句爲眞。(C)說出了完整的句子，此句爲假。(D)說出了完整的句子，但我們不知道眞假。

1. 阿德大聲說：「雪是白色的。」
2. 索隆大聲說：「吼~~~~吼」
3. 阿德小聲說：「雪不是白色的。」
4. 爸爸說：「下個星期四會有寒流來。」
5. 天氣專家說：「下個星期四會有寒流來。」
6. 小華回媽媽的話：「白色」
7. 阿貓說：「魚是在天上飛的。」
8. 阿貓說：「魚是在水裡游的。」
9. 畢達哥拉斯說：「三角形有三個角。」
10. 畢達哥拉斯說：「三角形只有兩個角。」
11. 小華回媽媽的話：「花瓶不是我打破的。」

練習19.4

句子依現有知識的標準可以分成三類，各自舉一個例子。

1. 舉一個依常識來說是眞的句子。

2. 舉一個依常識來說是假的句子。

3. 舉一個依常識來說不知道眞假的句子。

4. 舉一個曾被許多人相信，後來卻發現不符合事實的句子。

貳、邏輯句型分析

第一課　各種述句

當把代表事物的名詞或名詞短語相互比較時，我們開始有了「句子」的概念。從這裡開始所有提到的「句子」都是「述句」。不過前一句的說法指的是「最簡單的句子」，並非「所有」的句子。因爲句子（或述句）有許多不同的「類型」。

最簡單的句子可以說是「典型」的句子或句子的「典型」。舉個例子，「桌子」是由一個承載平面加四隻腳組合而成的，這是桌子的「典型」，但並非「所有桌子」都只是如此。有些桌子附抽屜，接在牆壁裝潢上的桌子可能沒有腳，有些桌子有一個以上的承載平面。句子跟桌子都是人設計的東西，所以很容易在基本「典型」上增加變化。這些變化籠統地說，就是後來會分出很多不同的「類型」。

句子也有許多不同的「類型」，把句子的類型分清楚是邏輯的首要工作，邏輯對句子的分類也被稱爲「邏輯句型」。因爲是邏輯分的，所以叫邏輯句型，不需要因專有名詞而害怕。第二單元討論不同邏輯句型，深入分析句子理性思考的意義。或許，對簡單的邏輯句型來說，我們的討論好像是重複已知的事實，不過語詞與句子組合之後，複雜度增加很快，這時就得看基本功夫否紮實了。

這一課我們要先瀏覽一下以後會學到的不同類型的句子，共有七類。又可以再分爲「簡單句」（simple sentence）兩種；「複雜句」（complex sentence）四種，以及「量化語句」（quantify sentence）。簡單句與複雜句的區別是，簡單句只由「語詞」組成，而複雜句是由「句子+語詞」或「句子+句子」甚至更複雜的方式組成的。只要組成元素裡「不包含」句子的，就叫做「簡單句」。只要組成的元素裡包含句子的，就叫做「複雜句」。

含有量限語詞的語句是量化語句，這類語句的結構比起前兩種又更複雜一些，所以不算是這本教材主要介紹的東西，我們只介紹其中一種，全稱句。不過放在最後一部分作爲對照，也能讓主題更爲清楚。

簡單句有兩類，第一種是由兩個指涉的語詞所構成的等同句，直接看例子。

「電影第一滴血的男主角是席維斯史特龍」

「電影第一滴血的男主角是阿諾史瓦辛格」

這是個等同語句，前後兩個語詞都是「指涉語詞」。說兩個指涉語詞所指的對象是「同一個」的就是等同語句，它是一種結構非常單純的語句。除了等同語句之外，另一種更「典型」的簡單句是原子句，就是第一單元介紹過的語句，以以下兩句爲例。

「席維斯史特龍是男演員。」

「阿諾史瓦辛格是男演員。」

這兩句都是原子句，用「指涉語詞」指著特定的對象，然後把所指的對象歸入某一「類」是原子句。這兩類不同點在於有沒有用到分類語詞，有的話是原子句，沒有的話就是等同句。

前兩位都是簡單句，簡單句自然比較短，因爲構成結構中「沒有」句子。接下來開始瀏覽複雜句，我們以後會慢慢分析討論。首先是否定句，否定句是否定另一個句子的句子。

「席維斯史特龍不是男演員。」

「阿諾史瓦辛格不是男演員。」

否定句是最簡單的複雜句，因爲它只跟一個句子結合而已。我們不要討論太多，先有個印象就好。接著是常用來提出「條件」的條件句。

「如果席維斯史特龍算是男演員的話，阿諾史瓦辛格也是男演員。」

「如果阿諾史瓦辛格算是男演員的話，席維斯史特龍也是男演員。」

以「如果」或「假如」開頭的是條件句的標誌。不過我們先看看例子就好，這一課可以先停留在「感覺」階段。接著是同時肯定一個以上子句的連言句。

「席維斯史特龍跟阿諾史瓦辛格都是男演員。」

「席維斯史特龍跟阿諾史瓦辛格都不是男演員。」

連結兩個句子的方式並不只有「同時肯定」一種。說兩句話中「至少」有一句「爲眞」的選言句：

「席維斯史特龍或阿諾史瓦辛格至少有一個人算是男演員。」

「席維斯史特龍跟阿諾史瓦辛格至少有一個人不算是男演員。」

最後一個是表面結構看起來很簡單，但實際邏輯結構卻非常複雜的全稱句：

「所有名字叫『席維斯史特龍』的人都是男演員。」

「所有名字叫『阿諾史瓦辛格』的人都是男演員。」

「所有」是一種量限語詞，含有量限語詞的句子是量化語句，這是一種結構非常複雜的句子。

目前各位對各類句子仍有許多疑惑，請先保留這些疑惑，這一課的任務是很快瀏覽。給大家一個基本印象。每一種類型的句子，我們都會花3～5課（大部分是4課）的篇幅討論解說。目前各位只要稍稍去「感覺」句子有許多不同種類的「類型」，就夠了。不同的語句類型就是不同組織語句的方式，也是不同組織思考的方式。了解它們可以幫助我們把自己的思考，特別是比較複雜的思考，弄得更清楚一點。我們再來列一次表。

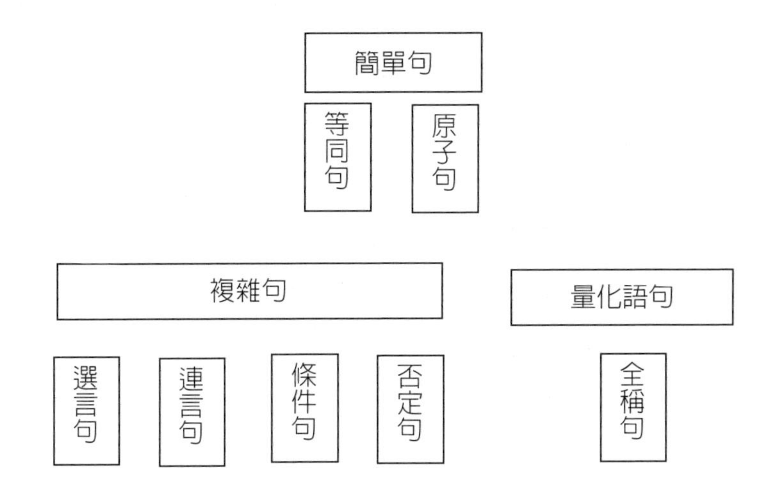

句子類型	組成	例句
原子句	簡單句	這隻皮卡丘的主人是小智。
等同句	簡單句	這隻神奇寶貝是噴火龍。
否定句	複雜句	這隻神奇寶貝並不是噴火龍。
條件句	複雜句	如果這隻神奇寶貝的主人是小智，那麼它一定是皮卡丘。
連言句	複雜句	這隻跟那隻神奇寶貝都是噴火龍。
選言句	複雜句	這隻跟那隻神奇寶貝中至少有一隻是噴火龍。
全稱句	量化語句	所有的皮卡丘都可以進化成雷丘

課後練習

練習1.1

還記得用簡圖分出的七種句子嗎？看著簡圖填入。

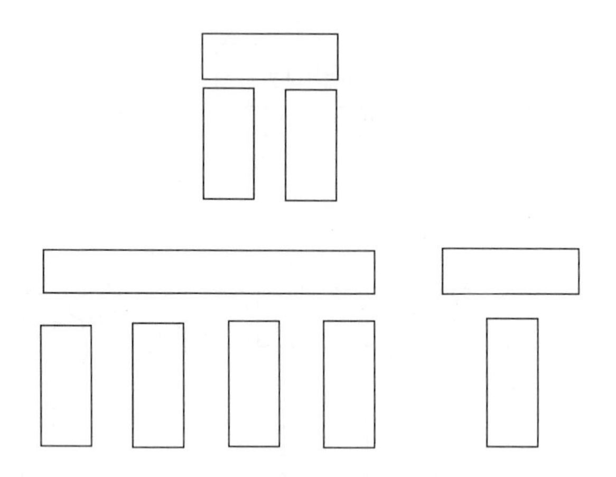

練習1.2

試著將以下述句依之前的印象歸類。

1. 如果剛斷掉，躺在地上的，叫做「倒木」。

2. 哪裡來的小狗？

3. 阿豪眞是有愛心的孩子。

4. 如果想把書借回家，只要到服務臺辦理借書手續就好了。

5. 絕對不可以不吃飯就看卡通。

6. 莫札特是音樂家。

7. 莫札特就是阿瑪迪斯。

8. 莫札特不是有錢人。

9. 如果莫札特不叫做音樂家，那就沒人能被稱爲音樂家了。

10.莫札特和貝多芬都永垂不朽。

11.莫札特或貝多芬中至少有一個人永垂不朽。

12.所有學音樂的人都希望自己是莫札特。

練習1.3

以下是由七個句子組成的一段話，試著把每個句子的類型辨認出來。

這一位是牛頓先生。（________句）牛頓先生是一位物理學家。（________句）

他不是普通的物理學家。（________句）如果你沒聽過他的名字，你可能不懂物理學。（________句）牛頓先生既是物理學的宗師，又是微積分的創造者。（________句）古典物理學或微積分至少有一個可以超越諾貝爾獎。（________句）

所有念物理學的人都希望自己是牛頓。（________句）

第二課　原子句的概念

第二單元介紹各種邏輯句型，透過對各種邏輯句型的認識，培養運用語言清晰思考的能力。本課主題是「原子句」（atomic sentence），原子句是所有邏輯句型裡最短、最簡單也是最「典型」的句子。它的邏輯符號結構簡單，是其他句型的基礎，從它開始也等於從基礎把自己的思考澄清整修一遍。

原子句是把某個指涉語詞指著的事物歸入某一類（或集合）的句子，回到我們之前的例子。

這隻神奇寶貝是噴火龍。

「這隻神奇寶貝」是用來指涉事物的語詞。「噴火龍」則是某一「類」的神奇寶貝。當句子只是把某一個對象歸入某一類，而不做任何其他事的時候，就是原子句。

不過我們要小心陷阱，看以下例子。

這朵是水仙花。
玉山是臺灣第一高峰。
偶數就是能被二整除的數。
大黃蜂具有主動的攻擊性。

這四個句子的結構其實都還滿簡單的，但只有前兩者是原子句。只有前兩句的前半部是指涉語詞，後兩句的前半部的是「分類語詞」，整個句子也都是在講分類之間的關係，而沒有包含任何的指涉語詞。原子句一定含有指涉語詞。

這朵是水仙花。	原子句（○）
玉山是臺灣第一高峰。	原子句（○）
偶數就是能被二整除的數。	原子句（╳）
大黃蜂具有主動的攻擊性。	原子句（╳）

在談話中分清楚一句話用到的語詞是指涉單一的事物還是分類，是很重要的一件事。原子句除了一定要包含「指涉語詞」之外，還有另一個條件，就是原子句中不能含有「否定」的概念，舉個例子：

莎士比亞是美國人　　原子句（○）
莎士比亞不是美國人　　原子句（╳）
日本是島國　　原子句（○）
日本不是島國　　原子句（╳）

第二句跟第四句我們往後課程中會稱爲否定句，否定句是具子加上否定符號形成的。原子語句是「簡單句」，句子的組成部分「不」含有句子。原子句是由指涉事物語詞加上代表集合的語詞所構成的，這兩者都還只是語詞而不是語句，原子句是由這兩個語詞的「比較」形成的。

指涉事物的語詞＋代表集合的語詞

完全沒有指涉語詞的句子就不會是原子句，但是完全沒有代表集合的語詞的句子也不是原子句。原子句就是這兩者簡單的結合。「原子句」是句子中結構最簡單的，它被視爲是其他句子的「原子」，大部分其他種類的句子，都是由原子句的組合或變化而來的。理解原子句，是讓我們進入複雜句子理解的第一步。

課後練習

練習2.1

判斷下列文字段落是否是「原子句」。

1. 我是一條愛寫生的小河。
2. 我不是一條愛寫生的小河。
3. 蜜蜂是花的好朋友。
4. 蛋糕是點心。

5 蛋糕不是點心。

6 醬油很鹹。

7 莎士比亞是英國最偉大的文學家。

8 莎士比亞並不是英國最偉大的文學家。

9 熱熱的包子很好吃。

10.爺爺也在醫院當志工。

11.太陽是恆星。

12.太陽不是恆星。

13.行星是繞著恆星旋轉的星星。

14.安平就成了軍事要地。

15.鹿港的九曲巷除了能防風，還能防盜。

練習2.2

1.「獅子是貓科動物」這句話不是原子句是因爲：

（1.指太多隻獅子　2.含有否定　3.結構太複雜）

2.「莎士比亞不是法國人」這句話不是原子句是因爲：

（1.指太多個人　2.含有否定　3.結構太複雜）

3.「老虎是貓科動物」這句話不是原子句是因爲：

（1.指太多隻老虎　2.含有否定　3.結構太複雜）

4.「莎士比亞不是女性」這句話不是原子句是因爲：

（1.指太多個人　2.含有否定　3.結構太複雜）

5.「鹿港的九曲巷除了能防風，還能防盜。」這句話不是原子句是因爲：

（1.指太多條巷子 2.含有否定　3.結構太複雜）

練習2.3

1. 自己舉一個原子句的例子。

2. 把你造的原子句的指涉語詞保留，換一個分類語詞，一樣造成一個原子句。

3. 把你造的原子句的分類語詞保留，換一個指涉語詞，一樣造成一個原子句。

4. 把你替換掉的分類語詞與指涉語詞結合，一樣造成一個原子句。

※在每個例子，都要幫孩子把語句潤得通順一點，並且跟他說這樣的改動沒有關係。

第三課　原子句的符號化

前一課我們學習了如何辨認出原子句，這是理解原子句概念的第一步，這一課我們將學習如何將原子句「符號化」。「符號化」指的是使用邏輯符號將中文語句改寫成邏輯符號組成的語句。

學習符號化能培養抽象思考的能力，透過操作符號養成不怕符號的習慣。其實對數學家或邏輯學家來說，符號原本就是思考「以簡馭繁」的工具，只是許多人在學習過程中不熟悉，等到大了之後懼怕感已經形成。熟悉符號的操作不但能培養以簡馭繁的思考，也有益於接受符號相關的科學。

我們將由兩個方向來培養使用符號的技巧。一是將中文語句轉成邏輯符號組成的邏輯語句。另一個則是將邏輯符號轉成中文語句。這裡直接用簡單的例子來做練習：

這張椅子是壞的。→這張椅子　是　壞的

指涉語詞　分類語詞

用邏輯符號來代替當中的語詞

這張椅子	是	壞的
指涉語詞		分類語詞
a		Px

假設a代表「這張椅子」，Px代表「壞的x」這個集合，邏輯會把以上這個原子句寫成：

$$\mathrm{P}a$$

依照這個前後的順序排列，並且把x填入a這個語詞，那就是句子裡的「是」的意思。這個由邏輯符號組成的句子叫作邏輯語句。要注意，使用符號一定要注意組成的規則與順序，寫成aP或Pax或Pax或Px或P-a或P(a)或P　a都不是一個正確的句子。

除了必須依照規定排列順序之外，組合方式也必須依照嚴格規定，分類語詞一定要跟指涉語詞結合才會變成原子句，所以PxMx、PxM、MPx這些不但不是原子句，在邏輯中甚至連句子也稱不上。同樣的，*aa*、*ab*、*ba*這些也都不是句子。邏輯中對於如何結合是一個句子有完整而的規則，一旦開始使用邏輯符號，就要遵循嚴格的規則使用。

我們再假設*b*代表主語：「那張桌子」，Px保留代表分類語詞：「壞的x」，那麼在邏輯中「那張桌子是壞的」可以經過以下的步驟轉成邏輯語句。

那張桌子是壞的	→那張桌子	是	壞的
	指涉語詞		分類語詞

那張桌子	是	壞的
指涉語詞		分類語詞
a		Px

所以這一句會寫成：

P*b*

假設Mx代表分類語詞：「新的x」，M*b*代表「那張桌子是全新的」。

那張桌子是 新的	→那張桌子	是	是全新的
	指涉語詞		分類語詞

那張桌子	是全新的
指涉語詞	分類語詞
b	Px

請務必要確定從中文句子翻成邏輯語句，以及邏輯語句翻成中語句都沒問題。我們以後的邏輯設定，都會用以下這種表格設定好。

指涉事物的語詞
a：這張椅子 *b*：那張桌子

代表集合的語詞
Px：壞的 x Mx：新的 x

記得順序，左邊的是指涉語詞，右邊的是分類語詞。在邏輯中小寫符號只代表單一對象。另外右邊的符號的細節：代表集合的符號是大寫字母加x，Px，旁邊的小x不要忘記。

我們以上的設定中還有一個小點需要注意。不管將中文句子翻成邏輯語句，或者將邏輯語句翻回中文，爲了語氣順暢起見，很多時候都會省略到中間那個「是」以及結尾的「的」。我們來舉個例子。

指涉事物的語詞
a：這張椅子 *b*：那張桌子

代表集合的語詞
Fx：超過 50 年的 x

F*a*可以被翻爲　1.這張椅子是超過50年的家具。

2.這張椅子是超過50年的。

3.這張椅子超過50年。（省略「是」跟「的」）

其實1-3都是可以接受的翻譯，只是3最簡潔。使用形容詞與動詞時，設定邏輯符號時加進的「的x」通常都是原來中文語句沒有的，因爲這樣講話實在有點累贅。我平常講話追求簡潔，中間連詞是否有「是」也是看加入之後的語句順不順，當後面代表集合名詞是普通名詞時通常會加，「……的x」的語詞通常就可以省略。遇到類似的狀況，也要會自己調整。

將中文語句轉換爲邏輯語句時，可以讓問題變得比較單純。我們也可以從邏輯構句中清楚看到「組合」（composition）的概念。邏輯符號一旦設定完畢，就可以算出有幾種原子句的組合。比方說在以上設定下，可以組合出來的原子句數目，總共有四句。如果一個人了解的語詞只有以上四個，又會把它們組合成句子，那麼他能眞正有概念的原子句總共只有4個。

$$Pa \quad Pb \quad Ma \quad Mb$$

不可能有其他的原子句了，除非我們增加指涉語詞與分類語詞。可以想見，如果我們一開始設定的指涉語詞有n個，而分類語詞有m個的話，那麼組合出來的原子句個數會是$m \times n$。

目前爲止學習資訊應該夠了，進練習吧！

課後練習

練習3.1

挑出以下符號化邏輯語句的錯誤，簡述之。

1. P-a

   錯誤：

2. P：b

   錯誤：

3. Q(b)

   錯誤：

4. MMc

   錯誤：

5. Ma

   錯誤：

練習3.2

利用下列設定，將原子句符號化。

指涉事物的語詞
a：我
b：奶奶

代表集合的語詞
Px：喜歡吃辣的 x
Mx：喜歡甜食的 x

1. 奶奶喜歡吃辣。
2. 我喜歡甜食。
3. 我喜歡吃辣。
4. 奶奶喜歡甜食。
5. 你覺得還有其他種簡單句的組合嗎？

練習3.3

小王信中寫道：「……新學校除了有寬大的花園，還有高大的樹木，空氣也很清新。」

請注意以下的邏輯符號設定。

指涉事物的語詞
a：小王的新學校
b：小王的新學校的空氣

分類語詞
Px：有寬大花園的 x
Qx：有高大的樹木的 x
Rx：很清新的 x

1. 「新的學校除了有寬大的花園，還有高大的樹木，空氣也很清新。」可以被寫成哪三句話？

2. 將以上三句話符號化。

練習3.4

將下列文章中框起來的句子依設定符號化。

指涉事物的語詞
a：阿豪 b：爸爸

分類語詞
Px：翻開爸爸的相簿的 x Qx：正在學走路的 x Rx：從校長手中領取畢業證書的 x

阿豪翻開爸爸的相簿。 相片中， 爸爸正在學走路。 旁邊的相片，爸爸從校長的手中領過畢業證書。

練習3.5

邏輯語句翻成中文通常會再分類語詞前加上「是」，注意這一點，並將以下邏輯語句翻成通順的中文句子。

指涉事物的語詞
a：阿明 b：小莉

代表集合的語詞
Px：警察 Ox：警官 Cx：警察眷屬

1. Pa

   中文的句子：阿明是警察

2. Cb

   中文的句子：

3. Oa

   中文的句子：

4. Ca

   中文的句子：

5. Pb

   中文的句子：

練習3.6

在邏輯中，當用邏輯符號代表「某某特性的x」所代表的集合時，翻成中文通常會「直接省略後方的x」，前面也可以不加「是」。注意這一點，並將以下邏輯語句翻成通順的中文句子。

指涉事物的語詞	代表集合的語詞
a：阿明	Px：很帥的 x
b：小莉	Ox：吃了不少月餅的 x
	Cx：當上了警察的 x

1. P*a*

   中文的句子：阿明很帥

2. C*b*

   中文的句子：

3. O*a*

   中文的句子：

4. C*a*

   中文的句子：

5. P*b*

   中文的句子：

練習3.7

小明透過邏輯符號的設定，把以下句子翻成邏輯語句了，請你回答他的邏輯設定是如何設定的呢？

(1)「李白是中國詩人」被翻譯爲邏輯語句：M*a*

(2)「杜甫是中國詩人」被翻譯爲邏輯語句：M*b*

(3)「莎士比亞是文學家」被翻譯爲邏輯語句：P*c*

(4)「杜斯妥也夫斯基是文學家」被翻譯爲邏輯語句：P*d*

1. 請寫出小明的邏輯設定。

2. 請列出依照這個邏輯設定可以構作的所有原子句。

3. 請問你以上的原子句中，有哪些你認爲是眞的，哪些你認爲是假的。

4. 算一算，你認爲眞的句子比較多，還是假的句子比較多？

第四課　原子句的眞值條件

我們先用白話來解釋一下什麼是「眞值條件」。我們生活中理解的每一句話，不管其是眞是假，都可以想像這句所說的內容是思考中的某一幅圖畫。我們知道「明天會下雨」這句話的「意思」，不管這句話是眞是假，我們都可以根據這句話在思考中畫出的圖做出準備。事實上，明天可能下雨也可能天晴，但事實可以決定句子的「眞假」，卻不是決定句子的「意思」，並不會因爲明天沒下雨，這句話就沒有意思了。

眞值條件的概念其實就是從一句話在思考中的圖像這個想法而來。只是生活實際使用的語言中，「思考中的圖像」是個不太精確的概念，而且這個概念的模糊與不精確，跟語言本身結構的模糊與不精確也有關。邏輯會使用構句清楚精確的形式語言來取代我們平常用的語言，而這種形式語言中邏輯語句所說的意思，在思考中所畫出的圖像，就是邏輯所謂的「眞值條件」。

a，*b*，*c*，*d*，……*a*1，*a*2……這些符號是用來代表某「一個東西」，也就是指涉語詞的邏輯符號。而Px，Qx，Mx……這些符號是用來代表某一個「集合」，也就是分類語詞的邏輯符號。那麼原子句P*a*的眞值條件，就是第一單元最後部分提到的*a*屬於Px：

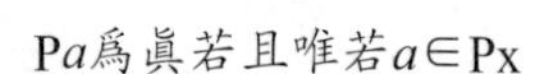

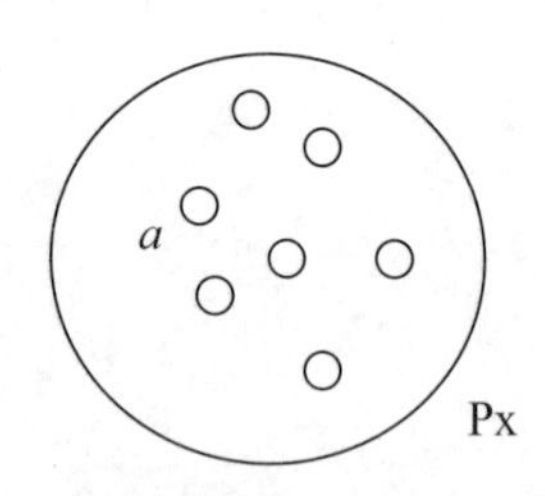

P*a*要說的就是，*a*所指的對象是Px所代表的集合中的一份子，讀作*a*屬於Px。這是所有眞假概念中最簡單的：某個對象是否「屬於」我們分出來的那一類。這句話的眞假僅僅跟這兩個語詞有關，跟任何其他的事物都無關。而且我們在構作句子之前，這些邏輯符號代表的事物都已經設定好了，所以一個句子是否爲眞，是要看在這些設定下，事實上到底是不是這樣。當「事實上」*a*的確屬於

Px時這個句子爲眞，反之當a「事實」上不屬於Px時這個句子爲假。

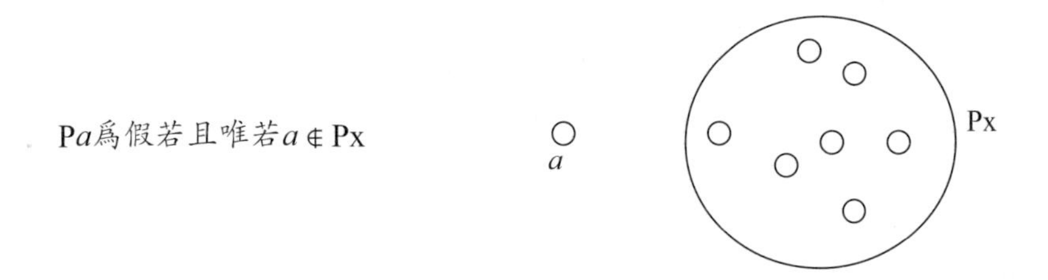

特別要注意，「只看」這一點而已，跟其他任何因素都無關。不要把事實跟思考之間的關係弄得一團混亂。原子句的眞假只看主詞所指的那個東西，不是算在分類語詞所分出的那一類裡面，其他因素都不重要。

這也就是第一單元最後提到的語句的眞假要看「事實」而定，而且「只看」事實而定。a是否屬於Px不只是符號設定的問題，而是說當符號設定好了之後，得看看「事實上」到底是否如此。學邏輯永遠要記得句子的眞假和看事實而定。

在英文中，某個句子S爲眞時，我們說S is true；某個句子S爲假時，我們說S is false。所以我們通常會用T來代表一句話爲「眞」，用F來代表一句話爲「假」。當S所說的符合事實時，S is true，或者說S的眞假值是T。當S所說的不符合事實時，S is false，或者說S的眞假值是F。我們有時也會寫成以下這樣的表。

Pa：T

Qb：F

一個原子句的眞假值到底是T還是F，完完全全的只跟事實有關。人的想法其實並不能改變事實，特別是已經發生的事實。一個人再怎麼聰明，再怎麼愚笨，都不能保證他說的話一定是眞的（或對的），或一定假的（或錯的）。這一點是邏輯最核心的概念，大家一定要隨時放在心上，甚至要身體力行。

最後一點，原子句構成的元素只有兩個，也因此任何原子句的意義上的爭議，必定來自於指涉或分類語詞其中有一個，甚至兩個意義不明。有時指涉的攏帶的辨識資訊不足導致對象難辨別，比方說光只是用「他」很難知道指誰，有時分類語詞或概念不夠清楚明確時，就會出現模稜兩可的情況，比方說「好人」是個很模糊易起爭議的字眼。所以當原子句出現爭議時，可以想想是否語詞的使用有模糊不清的地方。將簡單句拆解爲兩部分，方便我們查知問題出在哪裡。

課後練習

練習4.1

依常識判定以下原子句的眞假

1. 莎士比亞是男性。
2. 莫札特是18世紀的音樂家。
3. 哥白尼主張日心說。
4. 月球是用起士作成的。
5. 萬里長城在臺灣。
6. 愛迪生是法國人。
7. 成吉思汗統一了當時蒙古各個部族。
8. 凱薩大帝曾征服日本。
9. 歐洲曾有黑死病的流行。
10. 美國總統歐巴馬是白人。

練習4.2

依照以下原子句的眞假設定畫出相應的文氏圖。

1. M*a*爲眞

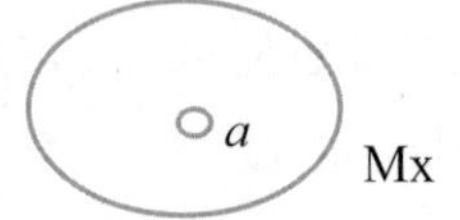

2. M*a*爲假

3. M*a*，M*b*皆爲眞。

4. Ma，Mb皆為假。

5. Ma，Mb，Pa，Pb皆為眞

6. Ma，Mb，Pa，Pb皆為假

練習4.3

依以下設定的圖，判定以下簡單句的眞假。

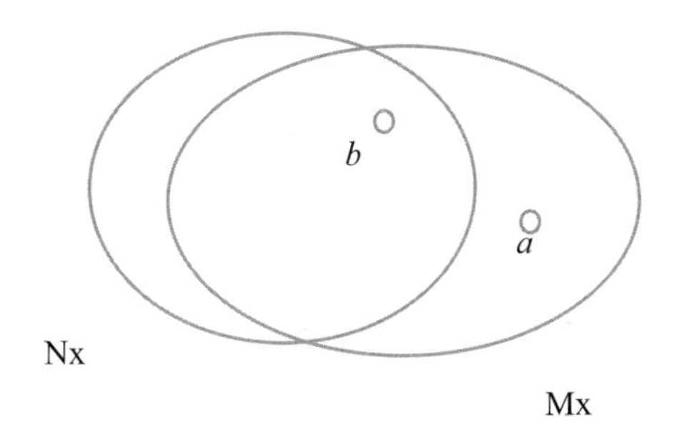

圖形一

Ma：

Nb：

Na：

Mb：

（塡入T或F代表眞或假）

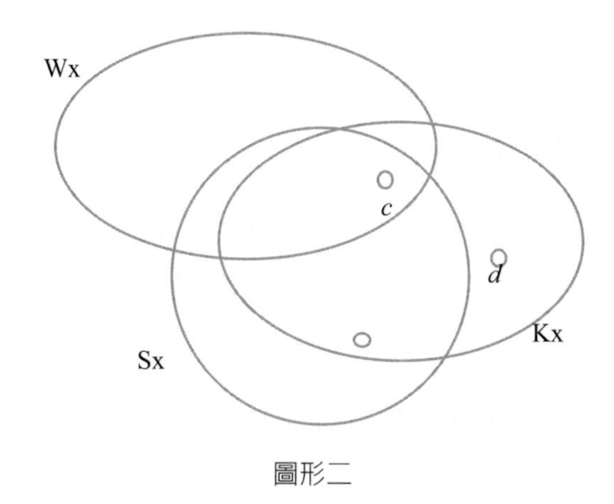

圖形二

K*c*：

S*d*：

W*c*：

S*c*：

W*d*：

K*c*：

（填入T或F代表眞或假）

練習4.4

以下是一些說得不夠清楚的原子句，想想看可以改進的是前半指涉語詞，還是後半代表集合的語詞。並試著自己將它改成更清楚的句子。

1. 那個林什麼的，曾在臺灣起義。

   更清楚的句子：

2. 那一個50元。

   更清楚的句子：

3. 貝多芬這首命運交響曲OK。

   更清楚的句子：

4. 萬里長城很好。

   更清楚的句子：

第五課　原子句眞假的可能情況

邏輯有個很重要的基本設定。邏輯中每個原子句的眞假都是「邏輯上」不相關的，每個原子句的眞假都是原則上獨立。我們不能從任何一個a屬於Mx推出b也屬於Mx，或從a屬於Mx推出a也屬於Px，每一個原子句的眞假，都要看一個一個確認「事實」而定。

舉個例子來說，我們可能認爲從「約翰身價上億」可以合理推論出「約翰是個有錢人」。這個生活中合理的推理卻非邏輯中思考本身的定律，它要看「事實」而定。如果一個國家通膨嚴重，當萬元變成像10元甚至1元那麼小的時候，上億家產也只是普通人。甚至就算單位沒問題，有錢人是個「比較」的概念，我們還得看其他人是不是也一樣身價上億。如果其他人身價都百億，那約翰也不算「有錢人」。

邏輯會用條件句來表現這種跟事實的有關的推論，但不會把這些推論當成邏輯規則，因爲把它當成邏輯規則是不適當的。我們這一課會順著這種原子句之間的獨立不相關，介紹一個接下來會用到的表格工具。

假設我們有一個指涉語詞，一個代表集合的語詞，那麼，只有一個邏輯結構無誤的原子句。

Pa

在我們沒有了解事實以前，Pa的眞假我們都還不知道。它們有可能眞，也有可能假。我們要確認這兩個語詞：Px跟a到底對應到哪些對象與概念，然後再考察事實看是否該句爲眞。但是，在我們還沒有說明P跟a對應哪些對象與概念的時候，這個句子眞假都有可能。兩種可能都應被排除，我們將它列表。第一種情況表示事實讓Pa爲眞，而第二種情況表示事實讓Pa爲假，總共兩種情況。

	Pa
1	T
2	F

這裡總共有兩個橫列（不包含句子那一列），每一橫列，我們把它叫做一種「情況」。情況一就是讓P*a*為眞的那種情況，情況二就是讓P*a*為假的那種情況。現實生活只可能是兩種其中一種，不可能兩種都是。畫出兩種是因為在沒有說明P跟*a*對應哪些對象與概念時，我們只能假定不知道P*a*為眞還是假，但我們知道「只有兩種可能」。進一步的資訊得看情況而定。

讓我們再增加一個代表集合的語詞。這時所能構成的原子句數量變成兩個。

P*a*

M*a*

在我們沒有設定以前，P*a*或M*a*眞假我們都還不知道。有可能P*a*眞與都M*a*眞，P*a*眞但M*a*卻假，P*a*假但M*a*眞，也有可能P*a*與M*a*都假。總之，這四種可能性都無法被排除。不會說因為P*a*是眞的，所以M*a*就一定是眞或假，這都要看事實或實際的文氏圖而定。

我們可以把剛剛講這四種可能情況用張表列出來，就會變成以下這樣：

	P*a*	P*b*
1	T	T
2	T	F
3	F	T
4	F	F

第一種情況P*a*眞M*a*都眞，第二種情況P*a*眞但M*a*假，第三種情況P*a*假但M*a*眞，最後一種狀況P*a*與M*a*都假。我們可以想像，如果我們所有能說的話就是這兩句，那麼這四種情況就是所有可能情況，不可能有更多的情況了，再多情況也與句子的眞假無關。世界可能性的複雜度，其實是會隨著原子句的多寡而增加的。這種表在接下來將在語句的推理中起很大的作用。

一個句子有兩種可能的情況，那兩個句子就有2乘以2種，也就是4種，可能的情況。那如果有三個句子：

Pb

Pa

Mb

跟剛剛一樣，在我們沒有設定以前，這三個句子的眞假我們都還不知道。它們有可能眞，也有可能假。所有可能性應該就會是2乘以2乘以2=8種。

	Pa	Ma	Ka
1	T	T	T
2	T	T	F
3	T	F	T
4	T	F	F
5	F	T	T
6	F	T	F
7	F	F	T
8	F	F	F

看起來很驚人，但其實畫起來很容易。教各位一個簡單的好方法。首先畫4個T，再畫4個F，然後畫2個T，再畫2個F，畫2個T，再畫2個F。最後是畫1個T，再畫1個F，一直這樣畫直到塡滿，一定不會產生重複的情況。所有可能的情況都是二的倍數，只要從第一列開始不斷每次都對半下去就可以了。

我們就不一一列舉八種情況，總之，每種情況中都有些句子眞，有些句子假。最多眞的情況是三個簡單句都眞，最多假的情況是三個原子句都假。那麼再加一個新的代表集合的語詞，我們會有多少情況呢？ 我們再來看最後一個複雜，但卻一樣有規律的例子。

	P*a*	M*a*	K*a*	S*a*
1	T	T	T	T
2	T	T	T	F
3	T	T	F	T
4	T	T	F	F
5	T	F	T	T
6	T	F	T	F
7	T	F	F	T
8	T	F	F	F
9	F	T	T	T
10	F	T	T	F
11	F	T	F	T
12	F	T	F	F
13	F	F	T	T
14	F	F	T	F
15	F	F	F	T
16	F	F	F	F

教各位畫這種把所有簡單句眞與假的可能組合列出來的表格，是爲了以後分析複雜句時會用到這類表格。邏輯推理不能只考慮「現實」的狀況，要把「所有可能的狀況」都仔細考慮一遍才行。舉個例子，如果我從今天早餐吃了漢堡，推出我隔壁的同學今天沒寫數學作業，即使他眞的沒寫，也不代表我的推理是正確的。推理要把各種「可能性」都考慮進來，否則只會是矇對的，稱不上是理性。

這就是邏輯設定各種原子句之間是獨立的主要原因。理性的人不能只考慮一種可能，要把各種可能性都考慮進來才行。當覺得兩個原子句之間事實上有關連時，邏輯中會用「條件句」來表述。條件句能表述出「事實」的關連，而不是「概念」上的關連。舉最後一個例子，在臺灣男生要當兵，所以「小明是男生」

跟「小明要當兵」有事實上的關連，我們以後會用條件句來表現這個事實的關聯，但這跟「邏輯」或「概念」無關，這只是「臺灣當地法律使然」而已，其他國家不一定如此。分清楚哪些是「邏輯推理」的問題，哪些是「事實」的問題，能讓思考更有系統性。

了解簡單句畫出的各種可能性僅僅是分析的第一步，從簡單句開始，我們希望孩子了解，這個世界上並沒有眞正困難到不可理解的東西，只有你還沒找到方法簡化的東西而已。找到最簡單的基本元素，先考慮單純的例子，然後再慢慢擴充，絕對是思考面對世界的最佳利器。

課後練習

練習5.1

「弟弟在家」跟「妹妹在家」是兩個原子句，考慮各種不同的「情況』，例如：情況一：兩個人都在家，所以兩句話皆爲眞。

1. 把剩下幾種可能的情況列出來。

2. 把考慮的句子再加進「媽媽在家」，所以現在可能的情況總共有幾種？

3. 把考慮的句子再加進「媽媽在家」後的各種可能的情況列出來。

練習5.2

1. 假設我們只有一個指涉事物的語詞，一個代表集合的語詞，那這樣我們能組合出的原子句有幾個。

2. 假設我們只有兩個指涉事物的語詞，兩個代表集合的語詞，那這樣我們能組合出的原子句有幾個。

3. 假設我們只有三個指涉事物的語詞，三個代表集合的語詞，那這樣我們能組合出的原子句有幾個。

4. 假設我們只有*n*個指涉事物的語詞，*m*個代表集合的語詞，那這樣我們能組合出的原子句有幾個。

5. 接續前一題，假設你今天可以加近*K*個新的元素，這元素不管是指涉事物的語詞或代表集合的語詞都可以，你可以自己調整比例，你覺得要怎麼分配才會讓我們組合出的原子句數量最大化。

練習5.3

填入適當的眞假值，列出所有原子句眞假值可能的情況。

	P*a*
1	T
2	

	P*a*	P*b*
1	T	
2	T	
3	F	
4	F	

	Pa	Ma	Ka
1	T		
2	T		
3	T		
4	T		
5			
6			
7			
8			

	Pa	Ma	Ka	Sa
1				
2				
3				
4				
5				
6				
7				
8				
9				
10				
11				
12				
13				
14				
15				
16				

第六課　等同語句的概念

簡單句有兩種，原子句與等同語句，我們介紹完了前者，自然來到後者。原子句是用來將某個語詞所指的物「歸類」的語句，但有時候我們想說不是某個特定東西是不是「某一類」，而是想問某個東西是不是之前見過的「那一個」，舉個例子。

這位是我的高中同學。（原子句）

這位就是上次考試幫我惡補數學的那一位同學。（等同句）

第一句是把語詞指涉的事物歸入某類中的原子句。第二句中前後兩個語詞「這位」與「上次考試幫我惡補數學的那位同學」都是指涉用的語詞。這句話是說這兩個人是「同一位」，而不是「歸類」。等同語句就是說兩個指涉語詞所指的東西是「同一個」的語句。我們再看一些等同語句例子。

臺南就是古代的「東都明京」。

這一條船就是聖喬治號。

昨天半夜打電話來的那個人就是徐明京。

這三個句子都是等同語句，生活中等同語句常會被寫成以下的形式。

X就是Y。

確定X與Y前後兩個語詞都是指涉語詞，那這個「就是」的作用就很明顯了，其實改成「是」也可以，那個「就」似乎是加強語氣用的。邏輯中將兩個指涉語詞指同一個對象用「等於的符號」來表示。我們平常雖然不會直接用「等於」這個字，但意思卻不能說不是如此。以下是兩個等同語句。

孫文就是孫中山。

孫文等於孫中山。（比較不口語）

在邏輯來看，這兩句話的意思沒什麼差別，只是用字習慣或口語的差別。生活中最常使用「等於」的當然是數學，比方說以下的例子。

58 + 3 = 61

57 + 3 = 59

這兩個句子都是等同語句，等於符號的左半跟右半其實都是指涉語詞：（58+3）與（57+3）都是，不過這種指涉語詞的邏輯結構又更複雜了，我們先瀏覽就好。特別注意，即使第二句所說爲「假」，但它仍是「等同語句」。

不管是數學中得等式，或生活中我們說兩個名字指相同的事物，邏輯都把這種語句叫做等同語句。「等同」並沒有甚麼特別難理解的，它就跟我們生活中認定「同一個」的概念是一樣的。

最後與原子句的情況類似，否定等同語句的句子是否定句，不是等同語句，這點一定要記住才行。

孫文並不是孫中山。

孫中山又不是蔣介石。

這兩個句子都不是等同語句，而是否定句。這樣分，會讓我們整體思考比較清楚，等遇到否定句的專門討論後你就會更加清楚。

最後我們澄清一個等同語句常引起的概念問題。平常生活中用到的「相同」或「同一」或「一樣」這些語詞，有時指「性質上的同一」，也就是同一類；但有時卻指「事物的同一」，也就是同一個。我們舉個例子。

這兩支鉛筆「一樣」，它們是同一個牌子相同型號的鉛筆。

這支鉛筆跟我上次借你用那支鉛筆是「一樣」的。

這二句話中用的「一樣」這個字，第一句話的「一樣」指的是「同一類」，第二句話的「一樣」指的是「同一支」。我們這一課介紹的等同語句，其實是指「第二句話的一樣」，而第一句話所說的，其實是上一課原子句中的同一類。同一類可以用原子句表示，但同一個指的是等同語句，兩者千萬不可混爲一談。

千萬注意，我們平常使用語言，不管是名詞、動詞或關係詞，都有這種用「相同」的語詞，事實上卻表達「不相同」的意思的經驗，即使是抽象的語詞也是如此。大家一定要注意這種情況，不要覺得「一樣的字」一定會表達「一樣的意思」，這是很容易引起思考上的錯誤。

課後練習

練習6.1

注意以下句子中的「是」表示的是「等同」，還是「歸類」。

1. 阿里布達「是」個英雄。

（1 等同　2 歸類）

2. 阿里布達「是」個非洲人。

（1 等同　2 歸類）

3. 阿里布達「是」我最年長的哥哥。

（1 等同　2 歸類）

4. 臺南「是」以前的安平。

（1 等同　2 歸類）

5. 臺南「是」以前的臺灣府。

（1 等同　2 歸類）

6. 臺南「是」臺灣的都市。

（1 等同　2 歸類）

練習6.2

辨認以下語句是等同語句、原子句還是兩個都不是。

1. 阿里布達是個阿拉伯人。

（1 原子句　2 等同句　3兩者皆非）

2. 阿里布達不是個非洲人。

（1 原子句　2 等同句　3 兩者皆非）

3. 阿里布達是我的哥哥。

（1 原子句　2 等同句　3 兩者皆非）

4. 阿里布達不是我最年長的哥哥。

（1 原子句　2 等同句　3 兩者皆非）

5. 臺北市是臺灣的都市。

（1 原子句　2 等同句　3 兩者皆非）

6. 臺北市不是臺灣的首都。

（1 原子句　2 等同句　3 兩者皆非）

7. 臺北市是以前的大加臘堡。

（1 原子句　2 等同句　3 兩者皆非）

8. 臺北市是臺灣人口最多的直轄市。

（1 原子句　2 等同句　3 兩者皆非）

9. 臺北市是人口超過兩百萬的都市。

（1 原子句　2 等同句　3 兩者皆非）

10. 臺北市不是以前的大加臘堡。

（1 原子句　2 等同句　3 兩者皆非）

練習6.3

1. 自己舉出兩個「原子句」的例子。

2. 自己舉出兩個「等同句」的例子。

3. 你能用一句完整的話說明這兩者的不同嗎？

練習6.4

思考以下的對話。

A：「如果某個a其實是某b，某c也是某b的話，那麼某a跟某c不是就是同一個？」

B：「對」

A：「那我這樣說好了，人算是物體，對吧？」

B：「當然算。」

A：「那……，石頭也算是物體，對吧？」

B：「當然。」

A：「如果人是物體，石頭也是物體的話，那麼人不就是石頭。」

B：「當然不對~~~~因爲……」

幫B把「因爲」後面的話完整寫出來好嗎？

因爲：

第七課　等同語句的符號化

等同句跟原子句一樣也可以符號化，而且更簡單，因爲它不需用到分類語詞。邏輯中所謂「等於」、「等同」或「相同」，只會用在「指涉語詞」所指的「物」是否相同，不會用到分類的同一類上。這能讓思考變得更精確與單純，學習符號化也等於培養精確單純的良好思考習慣。

我們直接從例子開始對等同句的介紹，以下是一個生活中常見的等同句。

這張椅子是我上次坐的那一張。→這張椅子　是　我上次坐的那一張。

指涉語詞　　　　指涉語詞

以上等同句是由兩個指涉語詞的對比所構成，完全不牽涉分類語詞。符號化的方式，一樣參考之前學過的邏輯符號來進行代替。

這張椅子　是　我上次坐的那一張。

指涉語詞　　　指涉語詞

a　　　　b

假設a代表指涉語詞：「這張椅子」，b代表指涉語詞：「我上次坐的那一張」，邏輯會把以上這個簡單句寫成。

$$a=b$$

各位大概可以理解，爲什麼我們把這類語句叫「等同語句」了，因爲在邏輯中這個語句是用「等號」來表現。在邏輯中，「等號」絕對不會用在代表集合的分類語詞上，而只會用在代表「單一對象」的指涉語詞上。它跟歸類所使用的符號完全不一樣，絕不會弄混。

依照這個前後的順序排列，並且使用等號來連結a與b兩個指涉語詞，那就是句子裡的「是」的意思。使用邏輯符號一定要注意組成的規則與順序，寫成（$a=b$）或（a）=（b）或$A=B$或都不是正確的等同語句。

結合也必須依照嚴格規定指涉語詞與指涉語詞結合才會變成等同語句，Px=Mx、Px=a、b=Px也都不是等同語句。而且不只不是等同語句，這些根本是邏輯中沒有意義的句子，因爲它並沒有遵守構句組合的規則。一旦開始使用邏輯符號，就要嚴格的遵守組合的規則與方式。

最後，等同符號一定是連結「兩個」，不多也不少。a=或=b或a=b=c都是邏輯中不正確的寫法，雖然最後一種寫法在某些數學場合中可以使用，但邏輯講究使用語言精準，所以一旦一開始設定「等於符號」是兩個指涉語詞之間的關係，就只能放兩個指涉語詞。

但或許我們想說，三個語詞所指的東西是一樣的。這時候，我們需要兩句以上的話才能把這狀況說清楚。比方說我們可以新增一個指涉語詞c，c代表我們唯一的一張紅色椅子。那麼我們就可以構成一個新的句子。

我上次坐的那一張椅子	是	我們家唯一的紅色椅子
指涉語詞		指涉語詞
b		c

$$b = c$$

我們在一開始要盡可能遵守嚴格的符號使用規則，等到思考的習慣培養好了之後，再來慢慢放寬。

我們翻譯邏輯語句所做的設定，都會用以下這種表格清楚表明。

指涉事物的語詞
a：這張椅子 b：我上次坐的那一張

等同語句只需要設定指涉語詞就可以了。等同句的符號化一樣可以看到「組合」概念。指涉語詞的符號一旦設定完畢，就可以算出有幾種等同語句的組合。比方說在以上這個設定下，可以組合出來的等同句數目，總共有四句。

$$a=a \quad , \; b=b \quad , \; a=b \quad , \; b=a$$

不可能有其他的等同句了，除非增加新的指涉語詞。其中$a=a$或$b=b$或許很奇怪，這句話不就說一個東西跟它自己等同嗎？這樣說有什麼用？但在邏輯中，我們討論的是一句話描述的事情，即使沒有用的話，仍有其意義。這個語句有依照我們的構句規則組合，語詞的次序與位置也都正確，自然也是一個合格的等同句。可以推想，如果我們一開始設定的指涉語詞有n個，那麼組合出來的等同語句個數會是$n \times n$。

最後，提醒一個小問題，在邏輯中$a=b$ 跟 $b=a$是「不同」的句子，光看它們構成元素的順序不同就知道不一樣。我們下一課會學到，這兩個句子可以說意思一樣，或者可以說能「相互推論」，不過可以相互推論不代表句子「完全一樣」，要看「在哪種意義上一樣」。這也是思考問題時很重要的基本功，一定要弄清楚喔。

目前爲止學習資訊應該夠了，進練習吧！

課後練習

練習7.1

試著將以下的句子翻譯成邏輯的句子。你必須自己在右邊空格中設定邏輯符號，而且請使用不同的符號代表不同的名字指的對象。

1. 艋舺就是萬華。

2. 萬華就是艋舺。

3. 地球就是離太陽第三近的那顆行星。

4. 離太陽第三近的那顆行星就是地球。

5. 地球就是萬華。

6. 艋舺就是地球。

7. 艋舺就是離太陽第三近的那顆行星。

8. 離太陽第三近的那顆行星就是萬華。

指涉事物的語詞

練習7.2

依照以下邏輯符號的設定，將邏輯語句還原為中文句子。

指涉事物的語詞
a：太陽
b：地球
c：月球

代表集合的語詞
Ax：行星

1. Aa　中文句子：

2. $a=b$　中文句子：

3. Ab　中文句子：

4. $b=a$　中文句子：

5. $c=a$　中文句子：

6. A*c*　中文句子：

7. 你認爲這樣的符號總共能組合出多少個不同的等同語句？多少個原子句？

8. 你認爲這些句子中有眞的句子嗎？

練習7.3

由以下的邏輯設定回答一些問題。

指涉事物的語詞
a：太陽
b：地球
c：月球

代表集合的語詞
Ax：行星
Bx：恆星
Cx：衛星

1. 請問你以上的邏輯符號總共可以組合出多少種原子句？將這些原子句列出。

2. 請問你以上的邏輯符號總共可以組合出多少種等同句？將這些等同句列出。

3. 依照常識判定以上原子句有幾句是眞的？幾句是假的？

4. 依照常識判定以上等同句有幾句是眞的？幾句是假的？

第八課　等同語句的眞値條件與推論

我們又來到等同句的眞値條件這一個問題上。每種不同的句子所說的既然不同，其眞値條件不同當然是很自然的事。等同句的眞假取決於，我們用來指涉事物的語詞是不是指同一個對象。等同句$a=b$取決於它所指的事物是不是同一個，用我們之前學過的文氏圖來說明，也就是現實世界的圖是不是這個樣子。

如果兩個字「事實上」指同一個東西，那麼$a=b$這句話為眞，反之，如果

這樣的話，$a=b$這句話為假。

跟原子語句一樣，等同句的眞假「只看」這一點而已，跟其他「任何」因素都都無關。不要把事實跟思考之間的關係弄得一團混亂。等同的為眞，只看兩個語詞所指的東西是不是「同一個」。

在簡單的情況中，事實看起來好像一目了然，但在現實世界中不必然如此。天文史上曾有兩顆星星：長庚與啓明，是在不同時間出現的兩顆星星，一個在清晨出現，一個在傍晚出現，我們是透過許多觀測跟推理，才確定這兩者根本是同一顆星：金星。在警方、檢方或法庭的司法問題上，當爭論凶手是誰時，我們一樣在爭論「等同句」的眞假。「那個凶手」到底是不是「這個人」。

很多人看推理小說看得津津有味，因為推理小說會佈下很多疑陣，讓你一下覺得凶手是這個，一下覺得是那個，兩邊都是合理的推論，非常過癮。透過周邊各種線索、資訊與證據去確認某一個等同句的眞假，其實並不是一件無聊的事情。

確認等同句的眞假時進行的推理，都有用到一條等同句最基本的推理規則，其實這規則大家都懂。邏輯有把這條原則特別標明出來，這條規叫萊布尼茲律（Leibniz's law）。

如果$a = b$，那麼對任何的Px來說，如果Pa爲眞時，Pb也會爲眞。

嚴格來說，這只是原子句版本的萊布尼茲律，但我們先把情況設定簡單一點。這條規則的意思再簡單不過，如果$a=b$，那麼所有包含這兩個指涉語詞的原子句，都應該具有相同的眞假值。這就是我們能透過慢慢蒐集證據，抽絲剝繭，刪除不可能的情況，慢慢找出犯人到底是誰時最重要的基本規則。

任何人只要有理性能力，聽得懂講話，看得懂這本書，自然不會不懂這條規則。邏輯將這條規則列出來，不是爲了讓各位「學會」這條規則，這就好像每個人活著時心臟都會跳，也都會用手腳，但是了解心臟會跳的原理，了解手腳運動的原理，能讓我們醫學知識進步。邏輯要我們反省意識到思考的基本規則。在簡單的情況中，知道這些規則，不等於在所有情況中都能靈活應用，所以我們還是把這條規則清楚地列出來，當作一個重要的提醒。

除了自我提醒以外，今天如果我們想製造一臺會使用語言進行推理思考的電腦，那我們就會知道，這臺電腦需要有萊布尼茲律的這條規則，才能說是具有最基本的理性思考。所以各位千萬不要以爲原來就知道了的思考基本原則，就一定沒有任何意義喔！

課後練習

練習8.1

依照以下文氏圖，在括號中填入以下句子的眞假值。

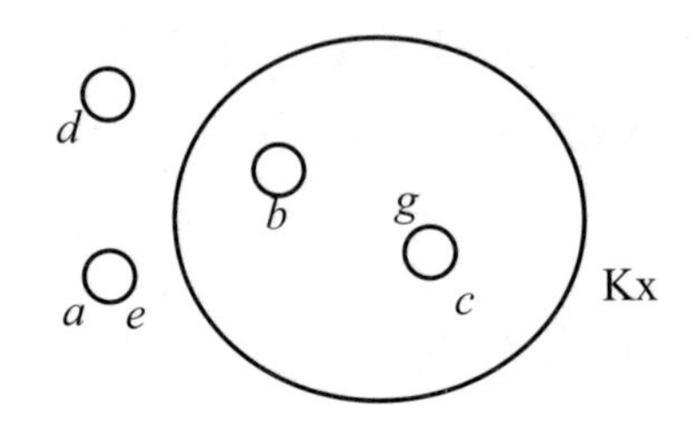

1. $a=b$　　（　　　）

2. $b=c$　　（　　　）

3. $c=\mathrm{g}$　　（　　　）

4. $\mathrm{g}=c$　　（　　　）

5. $b=\mathrm{d}$　　（　　　）

6. $a=\mathrm{e}$　　（　　　）

7. $a=\mathrm{g}$　　（　　　）

8. Kb　　（　　　）

9. Kg　　（　　　）

10. Ka　　（　　　）

練習8.2

畫出讓以下這些句子爲眞的文氏圖。（一題一題畫，如果一題中有兩個句子，就要畫出讓兩個句子「都爲眞」的圖）

1. $a=b$

2. $a=a$

3. $a=b$ ，$b=c$

4. $a=b$ ，$b=c$，Pa

5. $a=b$ ，Ma，Nb

練習8.3

剛剛學到的萊布尼茲律如下：

如果$a=b$，那麼對任何的Px來說，如果Pa爲眞時，Pb也會爲眞。

依照此條規律判斷，以下推論是否正確。（塡入○代表正確，或╳代表錯誤）

1. (　　) 從Pa跟$a=b$可以推出Pb。
2. (　　) 從Pa跟$a=b$可以推出Pc。
3. (　　) 從Pa跟$a=b$可以推出Pd。
4. (　　) 從$a=b$與Pb可以推出Pa。
5. (　　) 從$a=b$與Pb可以推出Pc。
6. (　　) 從$a=b$與Pa可以推出Pb。
7. (　　) 從Pa與Pb可以推出$a=b$。
8. (　　) 從Pa與Pb可以推出$b=a$。
9. (　　) 從Pa與Pb與Pc可以推出$a=c$。
10. (　　) 從$a=b$與$b=c$可以推出$a=c$。
11. (　　) 從Pa與$a=b$與$b=c$可以推出Pb。
12. (　　) 從Pa與$a=b$與$b=c$可以推出Pc。

練習8.4

自己舉出一個中文中爲眞的等同語句，盡量尋找你覺得有趣的。（例如長庚就是啓明）

第九課　否定句的概念

前幾課已經完整介紹了簡單句，簡單句是更複雜的句子的出發點，複雜句多半由簡單句中原子句的組合而來的（等同句也有，只是兩相比較原子句較常見）。本課介紹的「否定句」是複雜句中最簡單的，但千萬別把它看成「簡單句」，它們只是比較簡單的複雜句。任何的簡單句加上「否定語」即成爲否定句，這是生活中極常見的語句。先看例子：

湯姆不是壞孩子。

並不是湯姆吃光了蛋糕。

小紅帽有被大野狼吃掉才怪。

以上三者都是「否定句」。「否定句」是由「否定語」執行否定某個「句子」的動作而形成。特別注意「句子」這個字。

否定句	否定語	被否定的簡單句
湯姆不是壞孩子	不	湯姆是壞孩子。
並不是湯姆吃掉了蛋糕	並不是	湯姆吃掉了蛋糕。
小紅帽有被大野狼吃掉才怪。	才怪	小紅帽有被大野狼吃掉。

「不」、「並不是」、「沒有」、「才怪」、「是不對的」等詞，都是常見的否定語。常見的用法是將否定語放置在句子中的「是」或「有」或「在」的前面，變成「不是」或「沒有」或「不在」。當被否定的句子是簡單句時，中間位置的否定語都視爲否定整個簡單句。[1]另外，「並不是」與「才怪」雖然加在整句子一前一後，但意思與直接加在中間的否定語幾無分別。

單單只有「否定語」的不一樣，不會造成邏輯意義的不一樣。比方說以下

[1] 每種句子邏輯結構不相同，當否定句子是全稱句時，加在中間部分的否定，就不是否定整個句子了。詳見第三單元最後全稱句部分。

三個句子：

湯姆沒有偷吃蛋糕
並不是湯姆偷吃蛋糕。
是湯姆偷吃蛋糕才怪。

以上三個否定句，在邏輯上的意思是完全一樣的，它們僅僅影響語氣而不影響思考眞假的推理。三者中只要有一句是眞的，另外兩句也一定會是眞的。在生活中不管中文或英文，否定語的使用都很靈活多樣，甚至富藝術性的，但並非每種用法都與推理有關，邏輯只注意與「推理」與「眞假」有關的差別。

注意，並非每一個含有否定語的句子，都一定是否定句，必須用否定語來進行「否定」的動作才算。比方說以下範例就不是否定句：

「不是」這段話只有兩個字。
我這個暑假想去不丹。

這兩句子都只是包含了「不」這個字的簡單句。第一句中的「不是」是被引文框出來的文字，至於「不丹」一詞中的「不」，只是爲表音而使用。兩者都是圍繞著文字與聲音的特性，而不是用來「否定句子」。

有時候否定語否定的是原子句組成的「語詞元素」，而非「句子」。這非常容易引起混淆，千萬要分清楚。比較這三個不同的句子。

不交作業是一件壞事。
交作業不是一件壞事。
交作業是一件不壞的事。

這三句話裡雖然都有「不」這個字，但其實只有第二句話中的「不」是眞正用來否定整個句子的。第一句話的「不」是用來說「不交作業」這個行動，它是我們所說的事情的一部分。第三句話的「不」是用來跟「壞」連在一起，形成一個叫做「不壞」的類。以上三句話中，第一句話與後兩句的不同，應該是較容易理解的，但我們可能會覺得後兩句的意思很接近，不過並非每個例子都會如此。請注意以下兩個例子：

這塊東西不是好吃的食物。它根本不是食物。

這塊東西是不好吃的食物。它根本不是食物。

上下兩句話意思的不同很明顯。說第一句話的人，可以同時否認這塊東西是食物，說第二句的人這樣否認卻很奇怪，因爲他已經說了它是不好吃的食物，因此否認它是食物會造成了前後矛盾。由此可見，第二句話中的「是不好吃的食物」中間的「不」，其實是用來形構某個分類用的，而不是否定整個句子。所以千萬要注意否定符號到底是構成指涉或分類的部分，還是用來否定句子，只有後者才是眞正的否定句。

爲了讓這點更清楚，邏輯會說否定句中一定含有一個被否定的「句子」，我們得指出是「哪一個句子」才行，掌握這點，對清楚無誤地了解否定句是非常重要的。

課後練習

練習9.1

判斷以下句子是否是否定句：

1. 我不喜歡吃苦瓜。
2. 我喜歡別人說「不」。
3. 我不喜歡別人說「不」。
4. 我忘了怎麼寫「不」這個字。
5. 我不記得怎麼寫「不」這個字。
6. 這塊木頭不適合做家具。
7. 那位沒有雙手的人，也能寫作和作畫。
8. 那位沒有雙手的人，沒辦法寫作和作畫。
9. 成功的人常常是讓自己立於不敗之地，才能勝過其他人。

10.你還眞是不見棺材不掉淚。

練習9.2

請寫出以下句子的否定句：

1. 小熊在洞裡等待。

2. 老闆的拿手菜是擔仔麵。

3. 我害小明受傷了。

4. 鼻頭角是大自然的戶外教室。

5. 小熊吃飽了。

6. 那隻白色大狗。

練習9.3

說明以下否定句中的否定語以及所否定的句子：

1. 他不是三年級的學生。

   否定語：

   否定的句子：

2. 我沒有吃過苦瓜。

   否定語：

   否定的句子：

3. 小獅子不知道鴕鳥變成大白鵝的原因。

   否定語：

   否定的句子：

4. 我知道你吃過晚飯了才怪

否定語：

否定的句子：

5. 並非臺灣人喜歡只吃米。

否定語：

否定的句子：

6. 並非臺灣人沒有反抗日本。

否定語：

否定的句子：

練習9.4

注意以下句子中「否定語」的位置，判斷句子是否爲否定句：

1. 刷牙是一件好事。
2. 不刷牙是一件好事
3. 刷牙是一件不好的事
4. 刷牙不是一件好事
5. 不刷牙不是一件好事
6. 不刷牙不是一件不好的事
7. 不刷牙是一件不好的事才怪
8. 不刷牙不是一件不好的事才怪
9. 你覺得以上哪些語句的意思是接近的。

練習9.5

和朋友兩人一組，說出一個句子，請朋友判斷是不是否定句，如果是的話，請朋友說出被否定的原始句；如果不是，請他說出該語句的否定句。

第十課　否定句的符號化

本課主題是學會寫出否定句的「邏輯語句」。邏輯語句雖然在一開始看起來麻煩而且無用，卻能在更複雜易錯的情況中，發揮澄清問題的功效，所以還是要學會才好。

先從否定語的概念開始。生活中的「否定語」有許多不同的種類，但邏輯中的否定符號只有一個，邏輯對不同的否定語一視同仁，只要它們否定的句子相同，形成的就是相同邏輯意義的否定句。舉個例子：

否定句	否定語	被否定的簡單句
豪哥沒有去上班。	沒	豪哥有去上班。
豪哥並沒有去上班。	並沒	豪哥有去上班。
豪哥有去上班才怪。	才怪	豪哥有去上班。

三句都是否定句，而且否定的句子都一樣。它們的意思在推論與眞假上沒有差別，只要其中一句爲眞，另外兩句也會爲眞。它們三者轉換成邏輯語句時，沒有任何差別[2]，會寫成完全一樣的邏輯語句。直接使用實例來看如何操作。

我們先設定好以下邏輯符號代表的事物，試著把中文語句用邏輯符號來重寫：[3]

[2] 但因爲組成字詞不同，所以仍是不同句子。各位要能辨別「句子一樣」與「句子在推論與眞假的意思上一樣」兩者。

[3] 這裡我們符號化時加入的「的x」在原來的中文原子句中沒有，省略方式可以參考第二單元第三課。

爸爸掃地寫成	媽媽掃地寫成
N*a*	N*b*
爸爸沒掃地寫成	媽媽沒掃地寫成
¬N*a*	¬N*b*

我收了玩具寫成	媽媽收了玩具寫成
Nb	Pb
我沒收玩具寫成	媽媽沒收玩具寫成
¬P*c*	¬P*b*

其中符號「¬」是代表「否定」的意思，而且它否定的是一個完整的句子。否定邏輯符號的位置，固定加在它所否定的句子的前面。所以千萬記得，「否定」這個邏輯符號，一定是用來否定句子的，如果沒有完整的句子可以否定，就不要使用否定符號。

邏輯對符號的使用較為嚴格，「¬」一定要寫在整個句子的最前方，以下幾種寫法都是錯誤的：

N*a*¬：不可以寫在後面

N¬*a*：不可以用來否定主語

¬（N*a*）：不用加括號

¬N（*a*）：被否定的簡單句不用加括號

-Na：這是減號或負數記號，跟否定句子的邏輯符號完全不一樣。

一定要記得，邏輯符號有嚴格規定的寫法，只要有任何不符合設定的符號規則，都是不被允許的。注意否定符號的位置，不要任意加括號。操作符號就是依照設定的規則嚴格使用符號。

回到本課一開始的例子，用以下的設定：

指涉事物的語詞
a：豪哥

代表集合的語詞
Dx：有去上班的 x

否定句	被否定的簡單句	邏輯語句
豪哥沒有去上班。	豪哥有去上班。	¬Da
豪哥並沒有去上班。	豪哥有去上班。	¬Da
豪哥有去上班才怪。	豪哥有去上班。	¬Da

三句都翻成一樣的邏輯語句。

當然，否定符號也可以用在等同語句上

指涉事物的語詞
a：豪哥 b：昨天載我去上學的司機

$\neg a = b$豪哥不是昨天載我去上課的司機。

這個句子也是否定句，不再是等同語句。因為否定等同語句很常出現，所以也可以寫成以下這個便利的符號：

$$a \neq b$$

除了以上特性以外，邏輯中的否定符號有個更有趣的特點，那就是任何「完整的句子」，只要確定是完整的句子，其實都可以否定。否定句自己也是一個完整的句子，所以當然也能加上否定。在我們生活中也是如此。以下是筆者某次在路上行走時，偷聽到前面兩位小朋友的談話。

男生：你是笨蛋！

女生：才怪！

男生：才怪！

女生：才怪！

男生：才怪！

女生：才怪！才怪！才怪！才怪！才怪！才怪！才怪！才怪！才怪……

男生：才怪！才怪！才怪！才怪！才怪！才怪！才怪！才怪！才怪……

這兩個小朋友就這樣「才怪」個不停。到何時才會觸及使用「才怪」這個否定語的「底」呢？

這裡沒什麼底的問題，到他們高興不玩爲止，使用「才怪」根本沒有底可言。我們能把原本不是否定句的句子加上否定語，讓該句子變成否定句，也能把否定句加上否定語，讓該否定句變成一個新的否定句，甚至我們還能不斷的使用否定語來形成一個更長的否定句，然後一直下去。

我們來嘗試把剛剛那兩個小朋友的對話轉成符號。

指涉事物的語詞	代表集合的語詞
a：你	Px：笨蛋

你是笨蛋	Pa
你是笨蛋才怪	$\neg Pa$
你是笨蛋才怪才怪	$\neg\neg Pa$
你是笨蛋才怪才怪才怪	$\neg\neg\neg Pa$
你是笨蛋才怪才怪才怪才怪	$\neg\neg\neg\neg Pa$

這裡代表集合的符號本身是普通名詞，所以對應中文語句中間通常會加個「是」。其中從第三句開始前面的否定符號，都是用來否定前一個否定句。這時否定號否定的雖然不是簡單句，但它否定的仍然是一個句子，所形成的仍是一個

否定句。我們可以不斷的否定前一句來形成新的否定句。而這些使用否定的句子，不管重複使用幾次，仍屬於否定句。

在邏輯中，我們把簡單句直接加上「一個」否定的句子，稱作「簡單否定句」。簡單否定句是否定句的一種，但不是所有否定句都是簡單否定句。

學會了如何用符號表示，下一課來討論否定句的眞值條件吧！

課後練習

練習10.1

利用給出的設定將下列的否定句符號化：

指涉事物的語詞	代表集合的語詞
a：我	Px：聽到雨聲的 x
b：阿豪	Qx：找的到橡皮擦的 x
c：小毛	Rx：進的去巨人花園的 x
	Sx：踢倒寶特瓶的 x

1. 我沒聽到雨聲。
2. 阿豪找不到橡皮擦。
3. 阿豪進不去巨人的花園。
4. 阿豪無法進入巨人的花園。
5. 小毛沒有踢倒寶特瓶。
6. 阿豪沒有踢倒寶特瓶。
7. 小毛找不到橡皮擦。

練習10.2

挑出以下符號化的錯誤：

1. ¬P（a）

   錯誤：

2. Pa¬

   錯誤：

3. P¬a

   錯誤：

4. ¬（Pa）

   錯誤：

5. ¬¬ aP

   錯誤：

6. ¬¬（¬¬Pa）

   錯誤：

7. ¬¬Paa

   錯誤：

8. ¬　　Pa

   錯誤：

練習10.3

小英透過邏輯符號的設定，把以下句子翻成邏輯語句了，請你回答他的邏輯設定是怎麼一回事好嗎？

(1)「李小龍不是美國人」被翻譯爲邏輯語句：¬Ma

(2)「李小龍不是香港人」被翻譯爲邏輯語句：¬Ha

(3)「賈伯斯不曾去過印度」被翻譯爲邏輯語句：¬Ij

(4)「姚明不曾去過印度」被翻譯爲邏輯語句：¬Id

(5)「孔子是值得讓人景仰的人」被翻譯爲邏輯語句：→Rc

1. 請寫出小英的邏輯設定。
2. 請列出依照這個邏輯設定可以構作的所有原子句。
3. 請問你以上的原子句中，有哪些你認爲是眞的？哪些你認爲是假的？哪些不確定？
4. 算一算，你覺得眞的句子比較多，還是假的句子比較多？

練習10.4

依照以下的邏輯符號設定，把每題的邏輯語句還原成中文的句子。這裡注意符號化時加入的「的x」在原來的中文原子句中可以被省略，關於省略的說明可以參考第二單元第三課。

指涉事物的語詞
a：三隻小豬的老大
b：三隻小豬的老二
c：三隻小豬的老三

代表集合的語詞
Px：用茅草蓋房子的 x
Qx：用木頭蓋房子的 x
Rx：用磚頭蓋房子的 x

1. $\neg \mathrm{P}b$

   中文句：

2. $\neg \mathrm{Q}a$

   中文句：

3. $\neg \mathrm{P}c$

   中文句：

4. $\neg \mathrm{R}b$

   中文句：

5. $\neg\neg\neg \mathrm{Q}c$

   中文句：

6. $\neg\neg\neg \mathrm{R}a$

   中文句：

7. 假定以上語句皆爲眞，你知道三隻小豬各自用什麼材料蓋房子嗎？（如果他們只能用茅草、木頭或磚頭這三種其中一種材料來蓋房子，而且彼此的材料不會相同的話）

第十一課　否定句的眞值條件與推論

了解簡單句，也就是原子句與等同句的「眞值條件」[4]後，我們可以試著猜想否定句的眞值條件如何設計。簡單句的眞值條件是說Pa的眞假取決於a是否「屬於」Px，我可能自然推想，¬Pa的眞假應該會取決於a是否屬於Px。我們初步的猜想如下：

若$a \notin$P，則¬Pa爲眞

若$a \in$P，則¬Pa爲假

事實上，這猜想完全沒錯，它能完全適用於否定原子句的否定句，但卻不夠「通用」。因爲否定句並不只有否定原子句的否定句而已，前一課已討論過這點。在邏輯上有個巧妙的設計，使得我們可以毫不費力地判斷多重否定句。否定句眞值條件設計如下：

對任意否定句¬S而言，如果S爲眞，那麼¬S爲假

如果S爲假，那麼¬S爲眞

這個設定巧妙之處，在於可以適用於任意句子上，這裡的任意句子S可以是：

如果Pa爲眞，那麼¬Pa爲假

如果Pa爲假，那麼¬Pa爲眞

如果¬Pa爲眞，那麼¬¬Pa爲假

如果¬Pa爲假，那麼¬¬Pa爲眞

如果¬¬Pa爲眞，那麼¬¬¬Pa爲假

如果¬¬Pa爲假，那麼¬¬¬Pa爲眞

[4] 不了解或忘記「眞值條件」這個語詞的讀者，可以參考第二單元第四課最後一部分，雖然聽起來抽象，但實際上不難懂。

依此類推下去，不管多麼複雜的否定句都能適用，這就是這個設計最巧妙之處。所有多重否定句最後的眞假，經過抽絲剝繭後，最後還是取決於原子句的眞假之上。

這個設計對所有其他邏輯類型的句子也適用，下兩課我們會學到兩種新的邏輯句型，而這些新的邏輯語句產生的否定句，也適用於否定句設定的眞值條件。這個設計能把較長句子的眞假，用更簡短的句子的眞假來解釋。

如果讀者的觀察力不錯，應該可以發現P*a*其實和¬¬P*a*的眞值條件是相同的。也就是：

如果P*a*爲眞，那麼¬P*a*爲假，那麼¬¬P*a*爲眞

如果P*a*爲假，那麼¬P*a*爲眞，那麼¬¬P*a*爲假，那麼¬¬¬P*a*爲眞

從這裡，我們可以很清楚觀察到一個規則：「任何包含連續兩個連在一起的否定符號的句子，其實會跟沒有加這兩個否定符號的眞值條件一樣。」假若S代表任意的句子，那麼：

¬¬S跟S的眞值條件相同

¬¬S跟S在或眞值條件上並無不同，它們所描述的狀況相同，在只考慮眞假問題的邏輯中，可以任意替換兩者。我們也可以說，¬¬S跟S可以互相推理。意思是如果其中一個是眞的，就可以推出另一者也是眞的。這叫作雙重否定規則（DN）。

¬¬S跟S可以相互推論

通常運用情況是把¬¬S中的兩個否定「移除」，因爲太長的句子容易出錯。這個規則也剛好跟兩位小朋友的吵架相吻合，他們正是使用這個規則在遊戲，只是他們需要注意是奇數還是偶數而已。

請注意的是雙重否定規則是用在句子上的邏輯規則，不是用在「數字」上。所以千萬不要跟「負負得正」搞混了，那是數的運算規則（乘法或減法），兩者應用領域完全不同。眞值條件經組合之後千變萬化，以後會有更多更有趣的

故事發生。

總結來說，邏輯將否定句一層一層的抽絲剝繭，最後回歸到簡單句描述的事實上。我們是由簡單句的眞值條件，一步步建構出複雜句的眞值條件。從簡單部分開始，一層一層解決複雜的問題；這也是許多邏輯規則的共同精神。

最後再次回顧提醒：簡單句的眞假是依照「事實」而決定的，否定句的眞假，在剝除了層層的邏輯符號之後，最後也是依照事實而定。簡單句的眞假看事實，否定句的眞假看所否定的句子，所有句子的眞假最終都依照事實而定。

課後練習

練習11.1

依照你的常識判斷下列否定句的眞假。

1. 孔子不是中國人 (　　　)
2. 孔子不是美國人 (　　　)
3. 愛迪生不是美國人 (　　　)
4. 愛迪生不是中國人 (　　　)
5. 陽明山不在臺北 (　　　)
6. 陽明山不在臺中 (　　　)
7. 地球不是銀河系的一份子 (　　　)
8. 地球不是太陽系的一份子 (　　　)
9. 5+2的那個數不是奇數 (　　　)
10. 5+2的那個數不是偶數 (　　　)

練習11.2

依照右邊的文氏圖判斷左側句子的眞假，然後在句子中填入T或F。

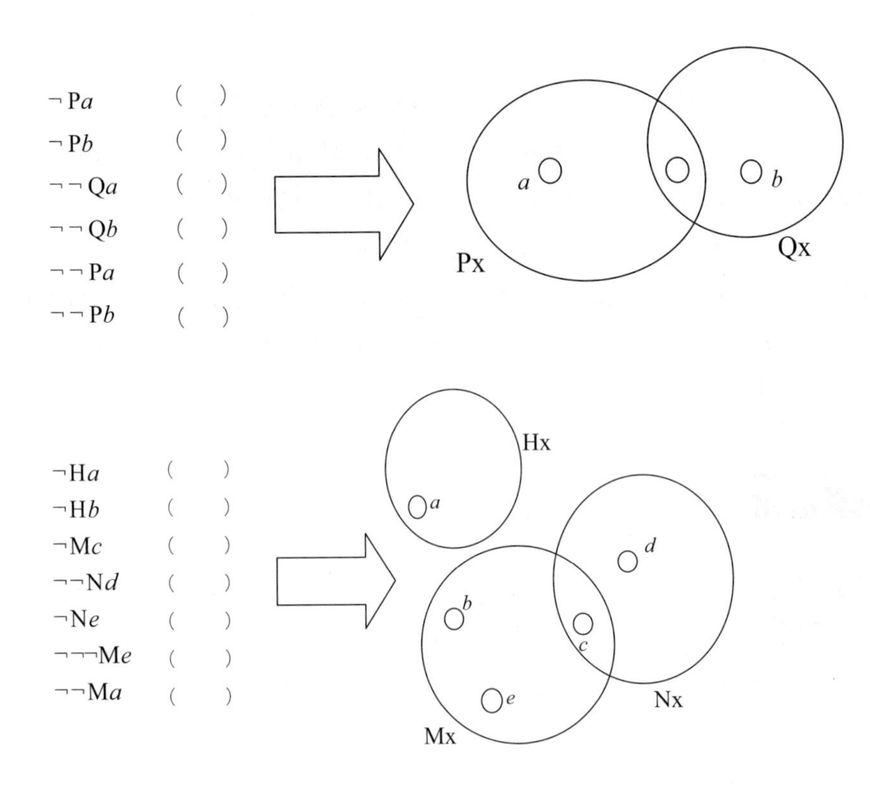

練習11.3

請畫出讓以下包含一個以上句子的「句組」中的句子皆為眞的文氏圖。（不同句子間會以逗=點隔開）

1. P*a*，¬P*b*，¬M*a*，M*b*

2. ¬P*a*，¬P*b*，P*c*，M*a*

3. ¬P*a*，¬P*b*，¬P*c*，M*a*，M*b*，¬M*c*

練習11.4

1. 比較一下11.3第一題你畫的圖型，跟同學畫的圖型，是不是一樣？如果一樣，想一想爲什麼。如果不一樣，而且兩個都是對的，想一想爲什麼。

2. 比較一下11.3第二題你畫的圖型，跟同學畫的圖型，是不是一樣？如果一樣，想一想爲什麼。如果不一樣，而且兩個都是對的，想一想爲什麼。

3. 比較一下11.3第三題你畫的圖型，跟同學畫的圖型，是不是一樣？如果一樣，想一想爲什麼。如果不一樣，而且兩個都是對的，想一想爲什麼。

練習11.5

使用雙重否定規則（DN）的概念重新改寫以下句子，使之成爲通順的中文語句。

1. 他並不是不願意帶你去。

2. 我並非不願意承認。

3. 我希望你不要不守信用。

4. 你可以不要不要不吃飯嗎？

第十二課　否定與矛盾

第十一課我們學到，否定句的眞值條件如下：

一句話爲眞時，它的否定句爲假。

一句話爲假時，它的否定句爲眞。

眞值條件的概念還可以用來解析一個常見的重要邏輯概念：矛盾（contradiction）。

「矛盾」兩字並非只在邏輯課出現，生活中它也很常見。我們會說某人說話自相矛盾，發現兩個人的說法有矛盾，甚至感覺某種情緒很矛盾。生活中「矛盾」二字的使用是比較不嚴格的，某些談話內容有人覺得矛盾，也有人覺得不矛盾，有時這反而成爲爭執來源。爲此，我們要學習邏輯中矛盾的嚴格用法，才能眞正撥雲見日。

我們先從例子開始介紹邏輯的矛盾概念。

豪哥有去上班。（原子句）

豪哥沒有去上班。（否定前一個原子句的否定句）

如果把句子的環境細節，語詞的用法盡可能嚴格限定，那麼，這兩句話依照我們之前的解釋，應該是絕不可能同時爲眞才對。讓我們把這個觀察用以下這句話說清楚。

一句話跟否定這句話的否定句，不可能同時爲眞。

這是邏輯所謂「矛盾」最典型的例子。特別注意在判斷兩個句子是否矛盾時，要盡可能考慮清楚任何會造成眞假變化的環境細節，語詞的用法。比方說，如果那兩句話，一個指的是昨天，一個指的是今天，當然就沒有矛盾可言了。但補充清楚日期，仍然可以有新的矛盾的例子。

豪哥2013年1月15號有去上班。（原子句）

豪哥2013年1月15號沒有去上班。（否定前一句原子句的否定句）

或許有人還會爭辯，也許他去了半天班，且這只是語詞的問題，那我們仍然可以換更清楚一點的語詞。

豪哥2013年1月15號有上整天班。（原子句）
豪哥2013年1月15號沒有上整天班。（否定前一句原子句的否定句）

這兩句話就絕不可能同時為真，這就是邏輯概念中矛盾最典型的例子。

將這個例子往外延伸，當兩句話絕對不可能同時為真，我們就叫「矛盾」。這裡因為我們目前學到的句子還太少，只有兩種簡單句與原子句。等句子種類越來越多，矛盾的情況就會越來越多，也會越來越有趣。對邏輯來說，廣義的矛盾定義如下。

當兩句話，或三句話，或許多句話不可能同時為真時，我們說這些句子彼此矛盾。

「不可能同時為真」不只是事實的問題，而且是連想像它為眞都很困難，就好像我們第一個例子一樣。我可以想像我自己是跟現在完全不同的性別，但我不能想像自己同時是男生又不是男生，或者同時是女生又不是女生。我不能想像所有的桌子都是紅色（第一句），但某張桌子卻不是紅色（第二句）。這兩句一定有某一句不對。要沒辦法「想像」多個句子同時為眞，才能說這些句子含有矛盾。

我們平常所說的「矛盾」，很多時候是指對方說的話是「假」的，或是「不合理」的，很少嚴重到眞正矛盾。邏輯的矛盾非常嚴格，必須無法用理性做任何設想，才叫做矛盾。千萬不要把「假的句子」跟「矛盾」混為一談。一個人可以說出「假」的句子，頂多是所說與事實不符，「假」不等於「不可能」。批評別人矛盾比批評別人所言為假要嚴重許多。一定要分清楚「不可能」跟「不符事實」，才不會在推論判斷時產生不必要的混亂。理性追求眞理，也追求尊重各種可能性，所以學邏輯之後一定要對這兩者有所分辨與體認。

課後練習

練習12.1

以下情況中，分辨出豪哥前後的發言是有矛盾、沒有矛盾還是事實上明顯爲假。

1. 豪哥說月亮是正方型的，太陽是長方形的。

（1.有矛盾 2.沒有矛盾 3.事實上明顯爲假）

2. 豪哥說月亮是正方型的，但看到月亮時又否認這一點。

（1.有矛盾 2.沒有矛盾 3.事實上明顯爲假）

3. 豪哥曾說他大學念輔仁大學，但又說他從來沒念過輔仁大學。

（1.有矛盾 2.沒有矛盾 3.事實上明顯爲假）

4. 豪哥說臺灣位於歐洲，日本位於美洲。

（1.有矛盾 2.沒有矛盾 3.事實上明顯爲假）

5. 豪哥曾說他的出生地在臺灣，但又說他的出生地不在臺灣。

（1.有矛盾 2.沒有矛盾 3.事實上明顯爲假）

6. 豪哥說他念過輔仁大學，又說他沒念過臺灣的大學。

（1.有矛盾 2.沒有矛盾 3.事實上明顯爲假）

7. 豪哥說臺灣不是海島，而是跟中國大陸連在一起的。

（1.有矛盾 2.沒有矛盾 3.事實上明顯爲假）

練習12.2

以下是一些看起來說話有矛盾，但其實並沒有矛盾的情況。我問阿財說明天要上班嗎？他說「我要上班」。我又問阿財說後天要上班嗎？他說「他不要上班」。看起來這兩句話是衝突的，但只要把說話前後的資訊補足，就可以化解這種表面的衝突。

阿財明天要上班

阿財後天不要上班

以下每個例子中，試著用文字更完整地描述情況，讓兩個看似矛盾的句子成爲不矛盾的句子。

1. 阿財弄丟了鑰匙。阿財沒有弄丟鑰匙。

2. 阿財很餓。阿財不餓了。

3. 這裡賣東西是違法的。這裡賣東西是不違法的。

4. 男生有當兵的義務。男生沒有當兵的義務。

5. 阿財很想結婚。阿財不想結婚。

練習12.3

寫出與以下句子互相矛盾的句子。

1. 紐約在美國。
   與前一句話矛盾的句子：
2. 萬里長城在中國。
   與前一句話矛盾的句子：
3. 月球不是地球的衛星。
   與前一句話矛盾的句子：
4. 日本的人口數不超過十億。
   與前一句話矛盾的句子：
5. 比爾蓋茲是美國最有錢的人。
   與前一句話矛盾的句子：
6. 南非有大量的金礦。
   與前一句話矛盾的句子：

練習12.4

以下邏輯語句的句組中有矛盾嗎？

1. P*a*，¬P*a*

（1.含有矛盾　2.沒有矛盾）

2. P*a*，¬¬P*a*

（1.含有矛盾　2.沒有矛盾）

3. ¬P*a*，¬¬P*a*

（1.含有矛盾　2.沒有矛盾）

4. P*a*，¬¬P*a*，¬P*b*

（1.含有矛盾　2.沒有矛盾）

5. P*a*，¬¬P*a*，P*b*，¬¬P*b*

（1.含有矛盾　2.沒有矛盾）

6. P*a*，¬¬P*a*，¬P*b*，¬¬P*b*

（1.含有矛盾　2.沒有矛盾）

7. ¬¬¬P*b*，¬P*a*，¬¬P*c*，¬¬¬¬P*b*

（1.含有矛盾　2.沒有矛盾）

第十三課　條件句的概念

這一課討論條件句，條件句也是生活中常見與常用的句子，比方說：

如果你通過這次考試，我就請你一頓法國菜。

如果媽媽生氣了，你最好別待在家。

條件句就是類似「如果……就……」的句子，「條件句」之名源自於這種句子常見的功能是用來「提出條件」。「如果……」這部分就是條件句所提出的「條件」，後面的「就……」這部分，則是說明「滿足條件」會發生的「後果」。在條件句中，不管是提出的「條件」或可能的「後果」，都是「完整的句子」，所以條件句其實是把兩個句子組合起來的一種新的句子。

生活中還有修辭問題，有時雖然用字或講法不一，但其實都是一樣的條件句。

假如你通過這次考試，則我請你一頓法國菜。

假如你通過這次考試，那麼我就請你一頓法國菜。

以上兩個句子提出的「條件」跟「結果」其實完全一樣。雖然把語詞做了一點改變，但其實意思並沒有太大變化。甚至以下四句也一樣。

假設你通過這次考試，我就請你一頓法國菜。

我請你吃一頓法國菜，如果你通過這次考試的話。

我請你吃一頓法國菜，假如你通過這次考試。

我請你吃一頓法國菜，條件是你通過這次考試。

各位可以發現，以上四個句子提出的「條件」跟「結果」也跟前面兩句完全一樣。不管先講哪一個，其實提出的條件跟獎賞都不會有所不同。這六個句子從邏輯的角度來說，只有語氣修辭的變化，沒有推理思考的改變，所以它們其實都是「相同邏輯意義」的條件句。

條件句最大的特色是由「兩個」句子所組成，簡單句繼續拆下去就不再是句子了。第六課的否定句則是由「一個」句子加上否定符號形成，即使是擁有有多重否定符號的句子，再怎麼重複拆解一個只有否定符號的多重否定句，也只能拆出「一個」簡單句。條件句不管簡單或複雜，都可以輕易拆出兩個以上的句子。

我們平常所說的「條件」或滿足條件發生的「後果」，好像可以是某個「東西」，而不是「句子」，但其實只是「話沒講完整」而已。當我說「條件是一百萬」時，我的意思通常是「你給我一百萬」而不是「我給你一百萬」。在進行邏輯思考時，條件句中前後都用「完整的句子」表述，更清楚明確，避免錯誤或誤解，所以認識條件句的第一件事，就是要了解條件句的前後都是「完整的句子」。

條件句是由「兩個」「句子」結合而成的複雜句子，而且這兩個用來組成的句子的前後順序非常重要，前後調換會有完全不一樣的意思。對照一下以下這兩組句子。

如果我能進入海軍陸戰隊（前件），我就能減肥成功（後件）。	這是去海軍陸戰隊減肥。
如果我減肥成功（前件），我就能進入海軍陸戰隊（後件）。	這是減肥完就能去。

如果你有一百萬（前件），你就具有這資格（後件）。	這感覺是財力證明
如果你具有這資格（前件），你就有一百萬（後件）。	這感覺資格可以換錢。

以上兩組調換前後的句子意思大不相同。組成條件句的兩個句子，前面的句子邏輯中稱爲「前件」，就是該條件句所提出的條件。後面的句子邏輯中稱爲「後件」，這是該條件句說明滿足條件導致的結果。條件句是由「前件」與「後件」組成的，前件與後件都是完整的句子。交換兩者會變成另一個完全不同邏輯意義的條件句，所以條件句前後不可以隨意交換。

特別注意，有些人想到條件句還會想到「因爲……所以……。」的句型。

因爲他吃得太多，所以肚子撐得很不舒服。

這也是由兩個句子組成的複雜句子，那到底可不可以算成條件句呢？其實這也可以「算是」某一種特殊的條件句，不過概念要複雜上許多，第三單元以後才會進入討論。所以當我們舉例時，還是習慣用「如果……就……」這類的句子。

不過最後提醒一下，平常用條件句時，其實很習慣省略句子相同的部分。舉個例子：

如果你能接受A牌洋芋片，那一定能接受B牌洋芋片。

以上這個條件句的前件與後件分別是：

前件：你能接受A牌洋芋片

後件：你能接受B牌洋芋片

記得後半句子幫忙補上一個「你」，這樣才是完整的句子。下面是另一種省略。

如果你能接受A牌洋芋片，那他一定也能。

前件：你能接受A牌洋芋片

後件：他一定能接受A牌洋芋片

記得後半的句子幫忙補上一個「接受A牌洋芋片」，這樣後件才是完整的邏輯語句。雖然是很小的工作，但在思考訓練的一開始，慢慢累積這種小的好習慣，必能收積少成多，滴水穿石之效。

課後練習

練習13.1

把以下句子依照目前爲止的課程，分爲原子句、等同句、否定句、條件句四類。

1. 如果你再吵鬧，我就不帶你去吃麥當勞了。
2. 孔子是至聖先師。
3. 今天的太陽並不炎熱。
4. 今天的太陽非常宜人。
5. 如果你不幫我，我只能去找小妮了。
6. 你一定會被打敗的，如果你繼續這個樣子墮落的話。
7. 並不是他偷吃你的便當。
8. 這整件事的幕後主使者就是亞森羅蘋。
9. 你是笨蛋才怪。
10. 你是笨蛋才怪才怪才怪。
11. 日本的海岸線相當長
12. 如果阿美投給你，那我就請你吃飯。

以上句子中屬於原子句的編號：

以上句子中屬於等同句的編號：

以上句子中屬於否定句的編號：

以上句子中屬於條件句的編號：

練習13.2

寫出以下條件句的前件與後件，或由前件後件拼出條件句。

1. 如果阿美都投給你，那我就請你吃飯。
   前件：＿＿＿＿＿＿＿＿ 後件：＿＿＿＿＿＿＿＿
2. 如果我是你，我早就把功課寫完了。
   前件：＿＿＿＿＿＿＿＿ 後件：＿＿＿＿＿＿＿＿
3. 如果我沒有記錯的話，這個人就是凶手。
   前件：＿＿＿＿＿＿＿＿ 後件：＿＿＿＿＿＿＿＿
4. 如果我沒有記錯的話，這個人不是凶手。
   前件：＿＿＿＿＿＿＿＿ 後件：＿＿＿＿＿＿＿＿
5. 如果所有的男人都是負心漢，那我就不是男人。
   前件：＿＿＿＿＿＿＿＿ 後件：＿＿＿＿＿＿＿＿
6. ＿＿＿＿＿＿＿＿＿＿＿＿＿＿＿＿＿＿＿＿
   前件： 你喜歡吃巧克力 後件： 你喜歡喝燕麥片
7. ＿＿＿＿＿＿＿＿＿＿＿＿＿＿＿＿＿＿＿＿
   前件： 月亮是起士做的 後件： 月亮很好吃
8. 如果月亮很好吃，那麼月亮是起司做的。
   前件：＿＿＿＿＿＿＿＿ 後件：＿＿＿＿＿＿＿＿
9. ＿＿＿＿＿＿＿＿＿＿＿＿＿＿＿＿＿＿＿＿
   前件： 你有以上症狀 後件： 你應該去看醫生
10. 如果你去看醫生，那表示你應該有以上症狀
   前件：＿＿＿＿＿＿＿＿ 後件：＿＿＿＿＿＿＿＿

練習13.3

以下是一些後件資訊不完整的句子，幫忙補上所缺的資訊，使它後件成爲一個完整的句子。

1. 如果你沒吃飯，那一定餓壞了。

前件：＿＿＿＿＿＿＿＿＿＿ 後件：＿＿＿＿＿＿＿＿＿＿

2. 如果火星上有水，那土星也有。

前件：＿＿＿＿＿＿＿＿＿＿ 後件：＿＿＿＿＿＿＿＿＿＿

3. 如果我是你，早寫完功課了。

前件：＿＿＿＿＿＿＿＿＿＿ 後件：＿＿＿＿＿＿＿＿＿＿

4. 如果你不喜歡吃巧克力，他也可能。

前件：＿＿＿＿＿＿＿＿＿＿ 後件：＿＿＿＿＿＿＿＿＿＿

5. 如果你還覺得有希望，就該繼續努力。

前件：＿＿＿＿＿＿＿＿＿＿ 後件：＿＿＿＿＿＿＿＿＿＿

練習13.4

1. 自己從任意的書本、報紙、雜誌甚至廣告或歌詞中，找到一個條件句。

2. 找出它的前件與後件，記得要補上被省略的語詞，使之成爲一個完整的句子。

3. 你認爲這個句子是眞的，還是假的，還是不知道？

第十四課　條件句的符號化

本課主題是條件句的符號化，以及符號化之後的條件句與否定句的「組合」。條件句的前後連結的都是句子，我們先拿目前學到的「原子句」與「原子句的否定句」當例子，光這兩者就可以組成許多有趣的條件句。

我們先從以下的邏輯符號設定開始。

指涉事物的語詞	代表集合的語詞
a：你	Px：做這個決定的 x Mx：可以畢業的 x

Pa的意思是「你做這個決定」。Ma意思是「你可以畢業」。由Pa跟Ma兩者就可以組成許多不同意思的條件句，先看最簡單的四種。

如果你做這個決定，你可以畢業。

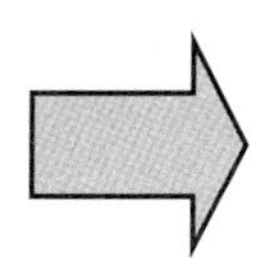

$(Pa \rightarrow Ma)$

條件句的邏輯語句中有括號（如上例所示），不可省略。之前學的否定句不用加括號，加括號就是錯誤的符號使用。條件句剛好相反，一定要加括號，沒加括號就是錯誤的符號使用。邏輯對於語言結構的規則要求十分嚴格，語言與表述的完整與精確能大量減少理性思考所犯的錯誤。我們再看第二個例句。

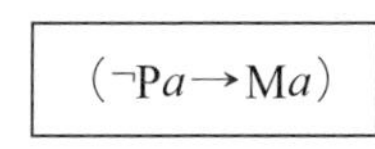

$(\neg Pa \rightarrow Ma)$

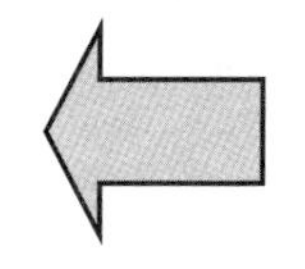

如果你不做這個決定，你可以畢業。

第二例句跟第一例句的差別是，前件含有否定號了。而它意思也完全變了，正如我們所見，前件變成「如果你不做這個決定」。我們的世界有各式各樣複雜的情況，所以我們的語言也得有系統地跟上這種複雜度才行。再強調一次，條件句的括號不可以省略，一定要加括號，沒加括號就是錯誤的符號使用。再看第三個例子。

如果你做這個決定，你不可以畢業。

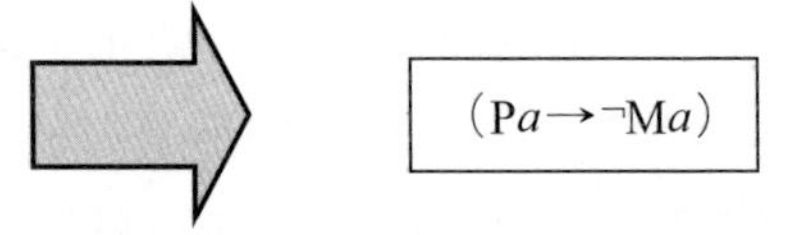

第三句描述的情況又變了，因爲否定號否定了後件。另外，我們也強調一下，條件句的符號（箭頭）只有從左到右，絕不會從右到左，右到左是錯誤的符號使用。再來看一個例句。

第四例句前件後件都有否定號了，意思又有點不一樣了。只要改變否定號的位置，就可以產生完全不一樣意思的各種語句。甚至可以產生由條件句構成的否定句。

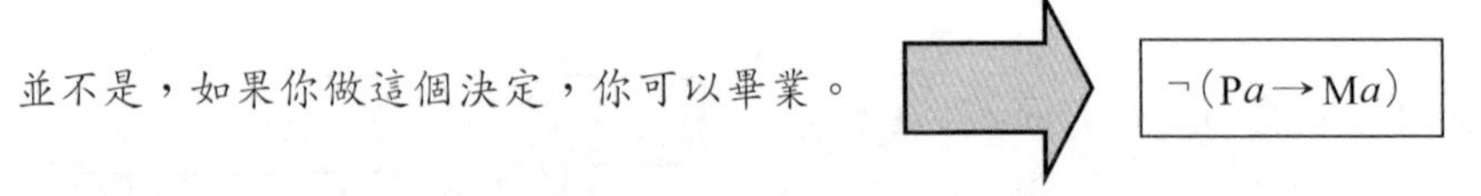

這是否定條件句的否定句，但它也是由條件句的邏輯語句構成的句子。最後再次強調，條件句的括號不可以省略，以及條件句的符號（箭頭）只有從左到右，絕不會從右到左。沒遵守這些規則都是錯誤的使用。

前四個例子應該可以讓各位感受到，否定符號加在前件或後件，甚至否定整個句子時有完全不同的意思，所以條件句一定要注意否定符號的位置。條件符號與否定符號的組合可以產生許多有趣的變化，邏輯的思考正是從這些簡單的符號，用不同的方式組合起來，漸漸變複雜的。

另外，條件句的前件後件交換之後在邏輯上會有完全不同的意思，所以我們來把剛剛的句子前件與後件調換，加上否定符號的位置，一樣至少會有四種不同的情況。

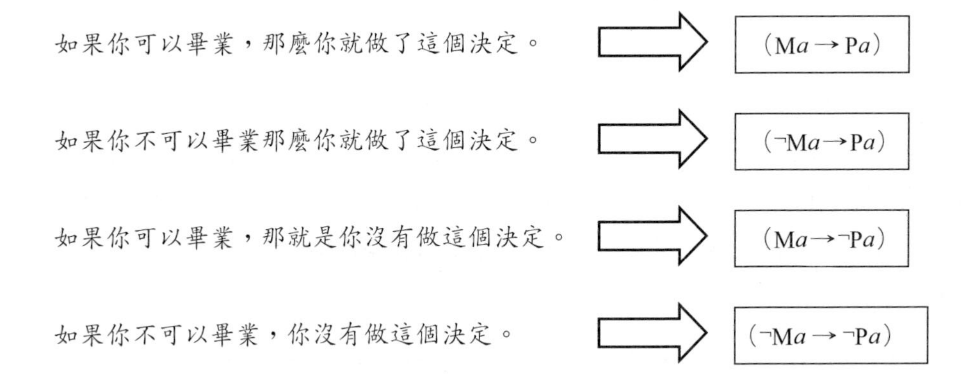

否定符號可以加在「任何句子」上形成否定句。所以以上八種「條件句」（有一種是否定句）可以再度加入否定號成為各種不同的否定句。

「並不是，如果你做這個決定，你可以畢業。」邏輯符號寫成¬（Pa→Ma）

「並不是，如果你不做這個決定，你可以畢業。」邏輯符號寫成¬（¬Pa→Ma）

「並不是，如果你做這個決定，你不可以畢業。」邏輯符號寫成¬（Pa→¬Ma）

「並不是，如果你不做這個決定，你不可以畢業。」邏輯符號寫成¬（¬Pa→¬Ma）

「並不是，如果你可以畢業，你做這個決定。」邏輯符號寫成¬（Ma→Pa）

「並不是，如果你不可以畢業，你做這個決定。」邏輯符號寫成¬（¬Ma→Pa）

「並不是，如果你可以畢業，你不做這個決定。」邏輯符號寫成¬（Ma→¬Pa）

「並不是，如果你不可以畢業，你不做這決定。」邏輯符號寫成¬（¬Ma→¬Pa）

除了條件句與否定句的組合之外，條件句本身也可以與本身組合。舉例來說，某個對自己的施工很有信心的師傅說了以下這句話：

如果假設這個颱風一來襲，這牆就漏水的話，那我就不收工錢。

仔細思考一下這句話，當師傅說這句話的時候，並「沒有確定」颱風一定會來，也沒有說只要一漏水他就賠，因為可能有人為的方式破壞這牆，這種情況他當然不賠。他要賠的是他沒做好的情況，是那種在颱風自然力來襲的情況下，這面牆就會漏水的情況。如果我們把這句話轉化成邏輯語句，它會變成以下這個樣子。

指涉事物的語詞	代表集合的語詞
a：這個颱風	Px：來襲的 x
b：這面牆	Mx：漏水的 x
c：我	Nx：不收工錢的 x

$((Pa \rightarrow Mb) \rightarrow Nc)$

我們再來看另一個組合兩次條件句的例子：

如果你這次考試在全班前二十，那麼如果我領到這個月的薪水，我就請你吃大餐。

上句也是個很複雜的條件句。說這句話的人並沒有說你只要這次考試在全班前二十，那麼他就請你吃大餐。他答應的是另一個條件句，如果他領到這個月的薪水，他就請你吃大餐。如果他沒有領到薪水，所以沒有辦法請你吃大餐時，你也不能說他當初所說的條件句是假的。把它翻譯成邏輯的句子，會變成以下這個樣子。

指涉事物的語詞
a：你這次考試成績
b：我

代表集合的語詞
Px：在全班前二十的 x
Mx：領到這個月薪水的 x
Nx：請你吃大餐的 x

（Pa→（Mb→Nb））

這也是組合式的條件句，而且它跟前面那一句的差別在於，前一句的前件是個條件句，後一句的後件是個條件句。總而言之，條件句只要前件後件都是結構正確的邏輯語句就可以，不管這個句子是最簡單的簡單句，否定句或多重否定句，甚至已經組合之後的條件句都可以。只要前件與後件都是結構正確的邏輯語句，兩者依照正確的條件句規則組合之後，就會是正確條件句的邏輯語句。透過這樣的重複組合，我們的思考逐漸變得複雜。

現在各位應該對如何使用條件句的邏輯符號有更多的認識了。將條件句轉化為邏輯語句時一樣要注意邏輯符號使用的嚴格性。下一課，我們接著進入條件句的眞值條件。

課後練習

練習14.1

以下是一些符號有誤的句子，指出其錯誤在哪。

1. Pa→Nb

   錯誤：

2. （Pa←Nb）

   錯誤：

3. （¬（Ma）→Pa）

   錯誤：

4. （Ma→¬P（a））

錯誤：

5. （¬Ma←¬Pa）

錯誤：

6. ¬（（¬Ma→¬Pa））

錯誤：

練習14.2

用方格中的邏輯符號設定將以下的中文語句譯成邏輯語句。

指涉事物的語詞
a：我 b：你

代表集合的語詞
Gx：好人 Bx：壞人

1. 如果我是好人，你也是好人。

2. 如果我是好人，你就是壞人。

3. 如果我是壞人，你就是好人。

4. 如果我是壞人，你也是壞人。

5. 如果我是好人，你就不是壞人。

6. 如果我是壞人，你也不是好人。

練習14.3

用方格中的邏輯符號設定，將以下的中文語句譯成邏輯語句，並將邏輯語句譯成中文語句。

指涉事物的語詞
a：我
b：你

代表集合的語詞
Px：完成這個任務的 x
Mx：可以升官的 x

1. 如果我完成這個任務，你可以升官。

2. 如果你完成這個任務，我可以升官。

3. 如果你沒完成這個任務，我可以升官。

4. 如果我沒完成這個任務，你可以升官。

5. 如果你沒完成這個任務，我不可以升官。

6. 如果我沒完成這個任務，你不可以升官。

7. $(\neg \mathrm{M}a \rightarrow \mathrm{P}b)$

8. $(\mathrm{M}b \rightarrow \neg \mathrm{P}a)$

9. $\neg(\mathrm{M}b \rightarrow \mathrm{P}a)$

10. $\neg(\neg \mathrm{M}a \rightarrow \neg \mathrm{P}b)$

11.如果假定你完成這個任務就可以升官的話，那麼如果我完成這個任務，應該也可以升官。

練習14.4

1. 試著寫出一個用邏輯符號構成的條件句，這個條件句的前件「不是」原子句，也不是等同句，但後件卻是原子句或等同句。

2. 試著寫出一個用邏輯符號構成的條件句，這個條件句的後件「不是」原子句，也不是等同句，但前件卻是原子句或等同句。

3. 試著寫出一個用邏輯符號構成的條件句，這個條件句的前件與後件「都不是」原子句或等同句。

4. 試著寫出一個用邏輯符號構成的條件句，這個條件句的前件或後件至少有一個也是條件句。

5. 試著解釋第4題中你所提出的條件句在中文中的意思。

第十五課　條件句的眞值條件（一）

這一課我們要學習條件句的眞值條件，我們會用到一個新工具：眞值表（truth table）。它可以清晰地闡明各種邏輯語句的眞值條件。其實早在介紹否定句的眞值條件時，就可以使用它了，但否定句時情況較簡單，文字講解不難理解。條件句在邏輯思考上的複雜度，比否定句高很多，所以眞值表的正式介紹少不了。眞值表是邏輯思考最重要的工具之一，學好它的話，你不但發現接下來的學習事半功倍，也是一種化繁爲簡的思考工具。

條件句的前件與後件都是句子，這些句子也具有眞假，條件句是用來肯定前件與後件眞假的關連。當認眞說出（P*a*→M*b*）時，我並不確知P*a*或M*b*的眞假，但我想說的是如果P*a*是眞的，那麼M*b*也會是眞的，這可以說是條件句最基本的概念。條件句的眞假，肯定的是組成部分句子的眞假。

不過爲了考慮所有的情況，我們得從弄清楚組成部分所有眞假可能組合開始。假設（P*a*→M*b*）是由P*a*跟M*b*兩個句子所組成的。先不考慮這兩個句子事實上是眞是假，先考慮它們可能的眞假，那麼P*a*跟M*b*之間的眞假可能組合，總共會有以下四種。

P*a*：T　M*b*：T
P*a*：T　M*b*：F
P*a*：F　M*b*：T
P*a*：F　M*b*：F

條件句的眞值條件其實就是從這四種情況的變化而來。這樣寫不夠整潔，我們幫它畫個表格，讓四個P*a*和四個M*b*都只需寫成一個，並且把要考究的條件句（P*a*→M*b*）也一併寫上去，這樣畫出來的表格就是個最簡單的眞值表了：

P*a*	M*b*	（P*a*→M*b*）
T	T	?
T	F	?

F	T	?
F	F	?

打「？」是待填上真值的地方

眞值表每一橫排都是一種不同的「可能情況」，第一排就是前件與後件的句子都爲眞的情況。讓這兩個句子同時都爲眞的情況，其實可以用文氏圖畫出來。眞值表本身是一個表，表中的每一橫排，都可以畫出一組文氏圖。但我們不會眞的畫出這四組文氏圖，而是假定這些的文氏圖是沒有問題的。條件句的圖像較爲複雜，所以我們用較簡便的眞值表來把過去學的圖解「濃縮」一下。

如果只是由這兩個簡單句構成的條件句，我們的列表是沒有任何遺漏的，因爲每句話都只有眞與假兩種情況而已。我們接下來只要把右邊這四個格子塡滿，解釋條件句的眞值條件就算完成。

我們先抱著設計的心態來塡，條件句是每個人生活中都會用到的句子，邏輯學家設計邏輯符號來代表它們，是爲了讓使用更方便，這些設計並非毫無道理。條件句的眞值表也是花了很多心思設計才得到的。首先來看前兩個格子。

Pa	Mb	（Pa→Mb）
T	T	T
T	F	F
F	T	?
F	F	?

這兩格分別塡上T和F應該是毫無疑問的。當一個人說：「如果你通過考試，我就請你吃法國菜。」第一種情況是，你通過了考試，他也依循承諾請你吃了一頓法國菜。不管這頓法國菜花了多少錢，我們都必須說這位仁兄的確信守了他的承諾，他所提出的條件句是眞的。所以在第一橫排塡入眞，表示在前件跟後件都爲眞的情況下，整個條件句爲眞。

第二種情況是，你通過了考試，但他並沒有請你吃法國菜。不管你們是否言歸於好或改變方案，邏輯上必須說這位仁兄違背了他所說出的「那句話」，他所說的條件句是假的。[5]當一個人說的條件句是假的，就是說當前件的句子爲眞了，後件的句子卻爲假。「曾子殺彘」中，曾子所提也是個條件句：如果你安靜，我就殺豬。曾子不讓自己說的爲假，留下壞榜樣，所以仍然殺豬。所以在條件句的第二橫排塡入假，也是毫無疑問的。

也是因爲如此，當一個人用條件句提出承諾時，他至少得保證不會發生前件眞後件假的情況，否則他的承諾就爲假，這在邏輯上沒有轉圜餘地。一個人在這種情況下，還是可以繼續耍賴，或訴諸同情，但長久這樣的耍賴，必定會讓一個人失去信用。

我們舉了很多承諾的條件句例子，但條件句不只是用來提出承諾而已，也可以純粹用來推論。「如果這次颱風登陸，我們家後院的樹就不保了。」我並不是在承諾樹會倒，我只是就我的觀察覺得應該會如此。結果颱風登陸了，樹卻撐了過去。所以我之前的推論是錯的。邏輯並沒有區分故意違背的假話跟推論錯誤的假話，這些是實用上的區別。不過在邏輯的判定下，這些條件句都判爲假。

課後練習

練習15.1

完成以下眞值表

P*a*	M*b*	¬P*a*	¬M*b*	(P*a* → ¬M*b*)	(¬P*a* → ¬M*b*)	¬(¬P*a* → ¬M*b*)
T	T					
T	F					
F	T	未知				
F	F					

[5] 這裡再次強調，邏輯的眞假沒有價值評斷的意思，純粹只是合不合事實而已。這個人或許沒有要騙你的意思，他可能準備了更棒的禮物，比方說招待你去旅遊，但是他當初所說的「那句話」依然是爲假的。

P*a*	M*b*	（P*a* → M*b*）	（（P*a* → M*b*） → M*b*）	（（P*a* → M*b*） → ¬M*b*）
T	T			
T	F			
F	T	未知		
F	F			

練習15.2

自己畫好表格並完成以下句子前兩格的眞值表，可以畫在同一張表格中。

1. （H*c*→K*d*）
2. （H*c*→¬K*d*）
3. （¬H*c*→K*d*）
4. （¬H*c*→¬K*d*）
5. ¬（¬H*c*→¬K*d*）

練習15.3

依照左側的文氏圖判定以下條件句的眞假。（目前無法判斷的情況請填入「？」）

1. （P*a*→M*a*）（　　）
2. （P*a*→M*b*）（　　）
3. （M*a*→M*b*）（　　）
4. （M*a*→P*b*）（　　）

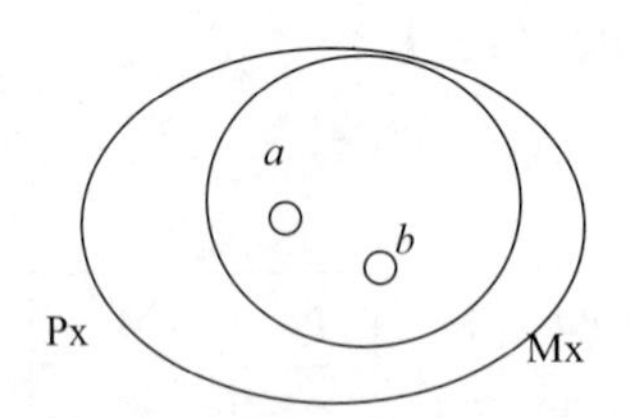

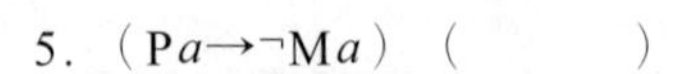

5. （P*a*→¬M*a*）（　　）
6. （P*a*→M*b*）（　　）
7. （P*a*→¬M*a*）（　　）
8. （¬M*a*→¬P*b*）（　　）

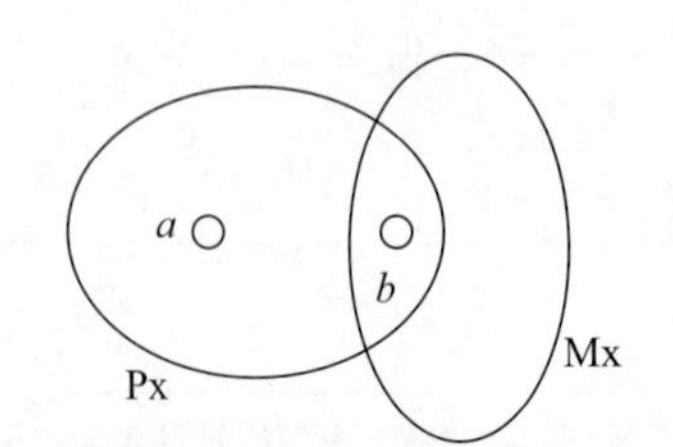

9.（Pa→Ma）（　　　）

10.（Pb→Mb）（　　　）

11.（Ma→Mb）（　　　）

12.（Ma→Pb）（　　　）

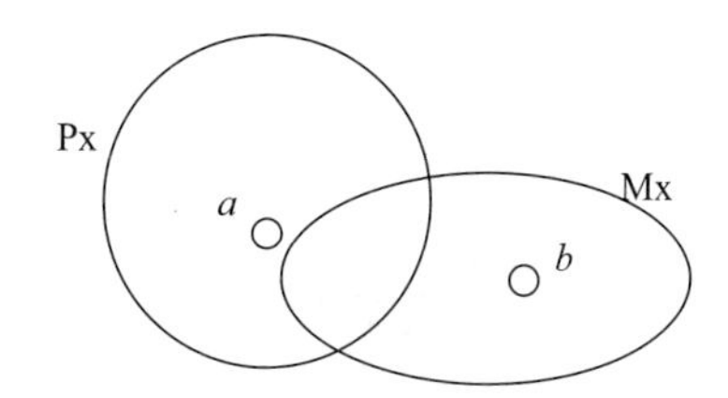

練習15.4

1. 使用中文語句舉出一個前件眞，後件也眞的條件句。你覺得這個條件句是眞的嗎？

2. 使用中文語句舉出一個前件眞，後件爲假的條件句。你覺得這整個條件句是假的嗎？

第十六課　條件句的眞値條件（二）

一開始還是回到上一課最後的例子。

如果你通過考試，我就請你吃法國菜。

我們先從第四橫排開始，因爲第三橫排是較不容易理解的。

P*a*	M*b*	（P*a*→M*b*）
T	T	T
T	F	F
F	T	?
F	F	T

第四橫排的情況是，假設你沒通過考試，那個人也沒請你吃飯，可以說他當初承諾的條件句爲假嗎？我想這樣說不對，根本沒有證據可以否定他所承諾的條件句。既然如此，將這種情況下的條件句推定爲T也是合理的。大樹的例子也一樣，如果颱風沒有登陸，樹也沒有倒，這樣我們並不能說當初的估計「有誤」。因此，第四橫排的情形爲「T」，我想是相對沒有問題的。

最後看第三橫排的情況：

P*a*	M*b*	（P*a*→M*b*）
T	T	T
T	F	F
F	T	T
F	F	T

第三種情況可以設想如下。假設你沒通過考試，但他爲了安慰你的壞心情而請你吃法國菜，這時我們能說他當初提出的條件句「如果你通過考試，我就

請你吃法國菜」為假嗎？ 其實他當初承諾時並沒有清楚道出「如果你沒通過考試，我就不請你吃法國菜」，除非當初有加上這一點，這樣，他請你吃法國菜才算違背另一個條件句的承諾。這個情況的理由與第四種情況相近，因為原來的句子沒有說到這一點，一樣是缺乏證據來否定該句所說的為眞。在這種情況下，條件句在邏輯中仍被推定為T。

大樹的例子也一樣，如果颱風沒有登陸，但那棵樹卻因為地震或工程之類其他原因倒了，總不能因此就說當初估計必定有誤。目前我們的做法是，如果找不到為假的理由，就先假設其為眞。因此在這種情況中，該條件句的眞假上也是「T」。

不管是大樹或法國菜的例子，所提到條件句皆是由兩個原子句所組成的。當然，條件句也可以由否定句或其他種類的句子組成，但條件句的眞值條件卻是完全一樣的，所以我們把以上這個表格改成對所有句子都適用的眞值規則，並且同樣用表格的方式呈現。假設S1與S2代表任意兩個邏輯的語句，那麼由S1和S2組成的條件句之眞值表如下。

S1	S2	（S1 → S2）
T	T	T
T	F	F
F	T	T
F	F	T

這個表由上至下列出了四種不同的情形，在各個情形當中，由左邊往右邊讀，意思是當已知組成語句眞假的時候，其所組成的條件句是眞還是假。從右邊往左邊讀，就是當一個人認為某個條件句為眞或為假的時候，他所說的意思是什麼。當一個人提出某條件句為眞時，他是在保證不會有第二種情況發生。至於其他情況到底是哪一種，其實是都有可能。

眞值表不只提供如何判定單一條件句的眞假，也提供了更複雜邏輯語句的眞假判定方式。我們上一課學到否定句，其實否定句的眞值條件也可以畫眞值表，我們假設S是某一個句子。我們之前說的否定句設定的眞假規則，其實可以用以下眞值表來表示。

S	¬S
T	F
F	T

這張眞值表說明，對任意句子，如果這個句子爲眞，那麼它的否定句就爲假，反之則爲眞。將否定句的眞值規則跟條件句的眞值規則相互結合，可以得到以下眞值表。

P*a*	M*b*	（P*a*→M*b*）	¬（P*a* → M*b*）
T	T	T	F
T	F	F	T
F	T	T	F
F	F	T	F

這裡也可以很清楚地看到，當我們否定一個條件句的時候，我們說得是這個條件句的前件爲眞，後件爲假。只有當確定條件句的前件爲眞，後件爲假時我們有完整的證據說一個條件句爲假。只發現後件爲假，但也有可能是前件本身爲假，所以這種情況還不能確定整個條件句的眞假。

結合兩種以上邏輯符號的眞值條件，能表現出更多更複雜的思考，其中有許多是對我們有意義的也派得上用場的。以下再列一張眞值表，靠右邊列的眞值表其實都是由左邊列的眞值表得到的。

P*a*	M*b*	¬P*a*	¬M*b*	（¬P*a* → M*b*）	（P*a* → ¬M*b*）	（¬P*a* → ¬M*b*）
T	T	F	F	T	F	T
T	F	F	T	T	T	T
F	T	T	F	T	T	F
F	F	T	T	F	T	T

其實只要注意對齊，眞値表並沒有什麼難的。它是我們簡化問題用的思考工具，而不是故意爲了考我們而設計的工具。

做了這麼多眞値表，別忘了眞値表是把複雜的句子拆解爲簡單句（大多是原子句）的組合。拆解到最後，還是會變成簡單句的眞假問題，簡單句的眞値條件是由代表眞實世界情況的文氏圖解釋，條件句的眞假問題，最後還是跟代表事實的文氏圖相關連，只是它是透過眞値表間接關連到。可以說，我們目前所有邏輯句型的眞値條件，都是由「文氏圖」加上「眞値表」所組成的。兩者都是幫助我們理性思考，而且可以互相組合的思考工具。

課後練習

練習16.1

完成以下眞値表

Pa	Mb	¬Pa	¬Mb	（Pa → ¬Mb）	（¬Pa → ¬Mb）	¬（¬Pa → ¬Mb）
T	T					
T	F					
F	T					
F	F					

Pa	Mb	（Pa → Mb）	（（Pa → Mb） → Mb）	（（Pa → Mb） → Mb）

練習16.2

自己畫好表格並完成以下句子的眞值表，可以畫在同一張表格中。

1. （¬Hc→Kd）
2. （Hc→¬Kd）
3. （¬Hc→¬Kd）
4. （（¬Hc→¬Kd）→Kd）
5. ¬（（¬Hc→¬Kd）→Hc）

練習16.3

依照左側的文氏圖判定以下條件句的眞假。

1. （Pa→Ma）　（　　）
2. （Pb→Mb）　（　　）
3. （Ma→Mb）　（　　）
4. （Ma→Pb）　（　　）

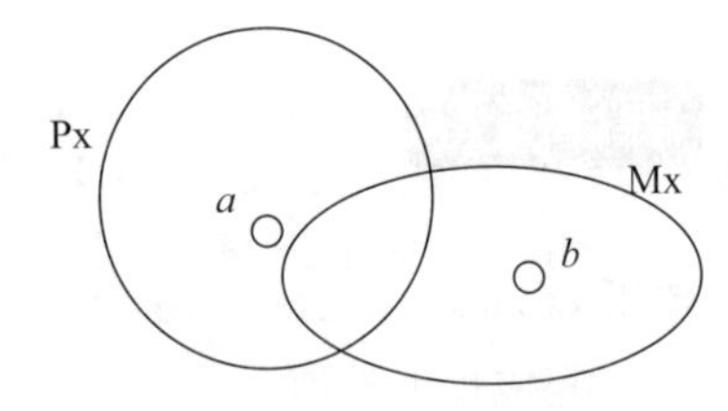

5. （Pa→Ma）　（　　）
6. （Pa→Mb）　（　　）
7. （Ma→Mb）　（　　）
8. （Ma→Pb）　（　　）

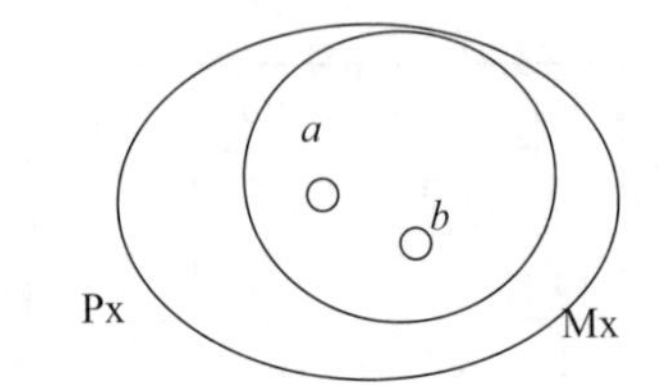

9. （Pa→¬Ma）　（　　）
10. ¬（Pa→Mb）　（　　）
11. （Ma→¬Ma）　（　　）
12. （¬Ma→Pb）　（　　）

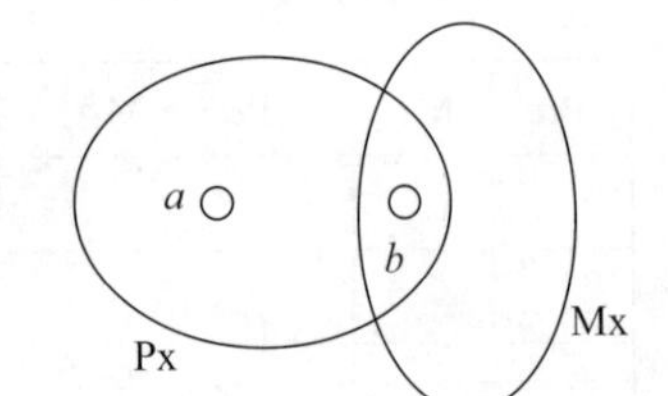

練習16.4

1. 使用中文語句舉出一個前件假，後件真的條件句。你覺得這個條件句是真的嗎？

2. 使用中文語句舉出一個前件假，後件也假的條件句。你覺得這個條件句是真的嗎？

第十七課　條件句的推論規則

談完了條件句的眞值表，下一個主題是條件句的推論規則。其實推論規則並不算是全新的主題，邏輯的推論規則原則上都可由眞值表的概念推導出來[6]，當透過眞值表弄清楚一句話說的「內容」是什麼，我們自然就能就該句話的內容部分進行推理。「推論規則」只是把某些常用的、容易弄錯的推理，獨立成一條條規則來練習與討論。

本課介紹三條條件句的推論規則。首先，我們將條件句的眞值表表列如下，方便大家利用此來檢驗與理解推論規則。

S1	S2	（S1→S2）
T	T	T
T	F	F
F	T	T
F	F	T

第一個推論規則叫「肯定式」（MP）。

（S1→S2）

S1

可以推出S2

以上這串符號就是肯定式的推論，它的意思是從S1與（S1→S2）兩者可以推出S2。這個推論與條件句的眞值表完全是相符的，當某個條件句爲眞，而該條件句前件句子也爲眞時，自然可以推出後件的句子也爲眞。

否定句的段落曾介紹過雙重否定規則DN，任何句子S與¬¬S皆可相互推論。

[6] 這裡的邏輯特別指語句邏輯，這是爲了讓初學者學習的簡化說法，等到學生學到述詞邏輯之後就可以拋掉這個說法了。

我們來注意一下MP跟與肯定式的兩點不同。首先，MP從兩個句子推出一個句子，DN是從一個句子推出另一個句子。第二DN是一個可以相互推論的規則，意思是反推回去也是對的，MP則非如此。光從S2為眞沒辦推出S1與（S1→S2）皆為眞。（參考眞值表第三排）

推論規則各有不同，不過大致就分成這兩類。一種是兩個句子之間可以互相推論的推論規則，另一種是利用到兩個以上的句子推出一個句子，但不可以互推的推論規則。邏輯把前者叫「等值」的推論規則，後者叫「蘊含」的推論規則。我們接下來學到的所有推論規則都可以分為這兩大類。

我們再來看下一個規則：否定式MT。

（S1→S2）
¬S2
可以推出¬S1

以上這串符號就是否定式的推論，它的意思是，我們可以從¬S2跟（S1→S2）推出¬S1。否定式也與條件句的眞值表相符，當一個條件句為眞，而後件句子為假時，自然可以推出前件的句子也為假，否則這個條件句就會為假。MT跟MP一樣是蘊含的推論規則，並不難容易理解。

有條件句專用的等值規則嗎？答案是有的，而且是非常重要的規則，因為在生活中它最常出現，也最容易出錯。這條推論規則叫異質換位律（Contra）。

（S1→S2）與（¬S2→¬S1）可以相互推論

Contra是把後件加上否定號後調到前件的位置，再把前件加上否定號後調到後件的位置。Contra可以被視為為從MT衍生的等值規則，它與DN規則類似，兩個句子可以相互推論。我們將這兩個句子的眞值表表列如下。

S1	S2	（S1→S2）	（¬S2→¬S1）
T	T	T	T
T	F	F	F

F	T	T	T
F	F	T	T

可以發現（S1→S2）與（¬S2→¬S1）的眞值表完全一樣，可以互相推論。Contra規則還可以與DN連續使用之後得出更多有趣的推論。

（¬S1→S2）與（¬S2→S1）是可以相互推論的。
（¬S1→S2）經由Contra推出（¬S2→¬¬S1），再經由DN推出（¬S2→S1）

（S1→¬S2）與（S2→¬S1）是可以相互推論的。
（S1→¬S2）經由Contra則推出（¬¬S2→¬S1），再經由DN推出（S2→¬S1）

以上的（¬S2→S1）和（S2→¬S1）便是運用Contra與DN連續使用推出的另一個條件句。我們將某個條件句依照Contra所推出的新條件句，稱爲原來條件句的「對反句」（contrary），意思就是把原條件句的前件與後件互換，然後兩者都加上否定號。對反句有時也會順手移除掉雙重否定方便理解，對反句跟原來的條件句可以相互推論。

有些很類似Contra的推論方式，稍稍改動條件句前後件的互換方式，但幾乎都是錯的，比方說以下是常與逆推規則搞混的原則。

如果（S1→S2）爲眞，那麼可以確定（S2→S1）也爲眞。
如果（S1→S2）爲眞，那麼可以確定（¬S1→¬S2）也爲眞。

這兩者都是不正確的「推論」，一定要將這兩者與逆推規則清楚分開。我們把這兩個句子的眞值表表列如下。

S1	S2	（S1→S2）	（S2→S1）	（¬S1→¬S2）
T	T	T	T	T
T	F	F	T	T
F	T	T	F	F
F	F	T	T	T

不過有趣的是，中間以及右側這兩個句子雖然跟左側的句子不一樣，但第三句其實是第二句的對反句，後兩句之間可以相互推論，雖然它沒辦法跟第一句相互推論。注意前件或後件的否定號，我們就能正確使用逆推規則。

對（Contra）有了深入了解之後，生活中使用條件句常見的錯誤將大幅減低。條件句的型式有時很容易讓人混淆，特別是前件與後件加上否定服號的時候。我們目前就先以逆推規則的練習來畫下句點吧！

課後練習

練習17.1

試著使用邏輯規則MP或MT進行推論

1. （Pa→Mb）與Pa兩句話使用MP規則可以推出（　　　　）。
2. （Pa→Mb）與¬Mb兩句話使用MT規則可以推出（　　　　）。
3. （Pc→Mb）與Pc兩句話使用（　　　　）規則可以推出Mb。
4. （Pc→Mb）與¬Mb兩句話使用（　　　　）規則可以推出¬Pc。
5. （Pb→Ma）與Pb兩句話使用（　　　　）可以推出（　　　　）。
6. （Pb→Ma）與¬Ma兩句話使用（　　　　）可以推出（　　　　）。

練習17.2

1. 試著自己舉出一個使用MP規則推論的例子。例子包含兩個邏輯語句當作推論的出發點，說明它可以推出哪些句子。

2. 自己將剛剛的推論翻成中文句子，你覺得這樣的推論是正確的嗎？

3. 試著自己舉出一個使用MT規則推論的例子。例子包含兩個邏輯語句當作推論的出發點，說明它可以推出哪些句子。

4. 自己將剛剛的推論翻成中文句子，你覺得這樣的推論是正確的嗎？

練習17.3

一個條件句的的對反句，就是把這該條件句的前件與後件互換，然後都加上否定號。也就是使用Contra規則推出的句子。請寫出以下句子的「對反句」（中文語句，可以自由使用DN規則）。

1. 如果你吃不飽，我就再去煮麵。

2. 若你要能練神功，得先發瘋。

3. 如果你幫我，我就能站在這裡。

4. 如果不是你幫我，我就無法站在這裡。

5. 如果你沒有上課睡著的話，也不會手機掉了都不知道。

練習17.4

以下哪些是Contra以及DN的正確運用。

1. 從（$Pa \rightarrow Mb$）推出（$\neg Mb \rightarrow \neg Pa$）
（正確＼不正確）
2. 從（$Pa \rightarrow Mb$）推出（$Mb \rightarrow Pa$）
（正確＼不正確）
3. 從（$Pa \rightarrow Mb$）推出（$\neg\neg Mb \rightarrow \neg\neg Pa$）
（正確＼不正確）
4. 從（$Pa \rightarrow \neg Mb$）推出（$\neg\neg Mb \rightarrow \neg Pa$）
（正確＼不正確）
5. 從（$Pa \rightarrow \neg Mb$）推出（$Mb \rightarrow \neg Pa$）

（正確＼不正確）

6. 從（$\neg Pa \rightarrow \neg Mb$）推出（$Mb \rightarrow Pa$）

（正確＼不正確）

7. 從（$\neg Pa \rightarrow \neg Mb$）推出（$\neg Mb \rightarrow \neg Pa$）

（正確＼不正確）

8. 從（$\neg Pa \rightarrow \neg Mb$）推出（$Mb \rightarrow \neg Pa$）

（正確＼不正確）

9. 從（$\neg Pa \rightarrow \neg Mb$）推出（$\neg Mb \rightarrow Pa$）

（正確＼不正確）

10. 從（$Pa \rightarrow Mb$）推出$\neg\neg$（$Pa \rightarrow Mb$）

（正確＼不正確）

練習17.5

判斷以下哪些是正確Contra規則，在中文語句中的正確使用。

1. 「如果你想成功，你就得用功」可以推出「如果你不用功，就別想成功」

（正確＼不正確）

2. 「如果你想成功，你就得用功」可以推出「如果你用功，就是想成功」

（正確＼不正確）

3. 「如果你想成功，你就得用功」可以推出「如果你不想成功，就得不用功」

（正確＼不正確）

4. 從「若人無遠慮，則必有近憂」可以推出「若人有遠慮，則必無近憂」。

（正確＼不正確）

5. 從「若人無遠慮，則必有近憂」可以推出「若人無近憂，則必有遠慮」。

（正確＼不正確）

6. 從「若人無遠慮，則必有近憂」可以推出「若人有近憂，則必無遠慮」。

（正確＼不正確）

第十八課　連言句的概念

第十八課介紹另一種常見的句子，連言句（conjunction），從簡單的舉例開始。

奶奶吃素。（原子句）

爺爺和奶奶都吃素。

第二句話並非原子句。因爲這個句子的開頭並不是一個名詞（或名詞短語），而是某個名詞「和」另外一個名詞。開頭所說的是有兩個東西被「連」在一起。邏輯把這種句子稱爲「連言句」，並且把連言句獨立出來討論。所以我們可以爲這種句子正名了。

爺爺和奶奶都吃素。（連言句）

連言句很明顯是一種由更簡單的元件組合而成的句子。邏輯將連言句看成是由兩個簡單句加上「而且」的概念組合起來的句子。

奶奶吃素。（原子句）

爺爺吃素。（原子句）

爺爺吃素，而且，奶奶吃素。

爺爺和奶奶吃素。（省略重複的後半部）

爺爺和奶奶都吃素。（加上一點語氣的修飾）

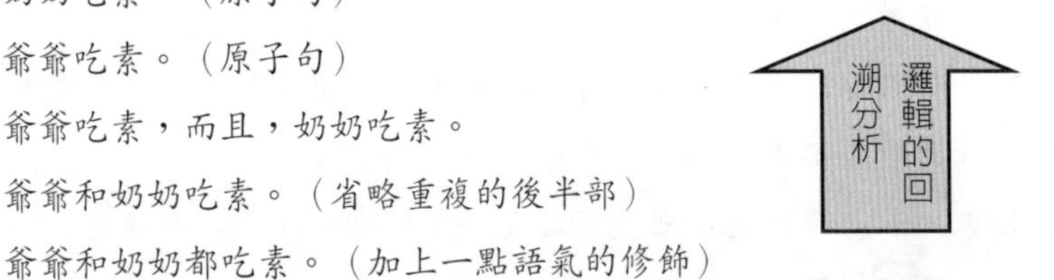

第一個連言句的範例是由兩個簡單句做爲元件組合而成的，這就好像條件句是由前件與後件兩個句子組成一樣。在平常談話時，我們或許會覺得「而且」或「和」是用來連結兩個「名詞」，而非連結兩個「句子」。但其實這只是一種省略的說法，因爲大部分情況中我們都是在說這連起來的兩個東西都「怎樣」，而不是僅僅連結起它們。

邏輯的分析則是把每個連結的東西，都先和「怎樣」連在一起，變成完整的句子，再用「連言符號」把兩個句子連結成一個新的句子。這個做法，有助於培養以句子爲思考元件的思考習慣。把連言視爲是句子之間的連結，雖然在一開始感覺有點麻煩，但克服之後卻是非常好的思考習慣。

除此之外，這個方法還有助於分辨容易混淆的情況。不是所有「和」的句子都是「連言句」。連言句能改爲兩個獨立句子的連結，但句子意思仍保持完整。有些句子即使裡面有「和」，但卻不只是單純連結兩個句子，而更有「對比」或「比較」兩者的意思。我們比較以下兩個句子。

牛頓和萊布尼茲是17世紀的人。

牛頓和萊布尼茲是同一個時代的人。

第一句可以改爲：

牛頓是17世紀的人，而且，萊布尼茲是17世紀的人。

這樣改意思其實差不多，只是語氣有變，但是第二句做一樣的改寫時，意思就完全被破壞了。

牛頓是同一個時代的人，而且，萊布尼茲是同一個時代的人。

這句話改成這樣根本不知道在講什麼。因爲第二句的「和」跟後面「同一時代」連在一起時，有「比較」跟「對照」的意思。這個句子根本不是單單連結兩者的連言句，他只是剛好用到「和」這個字詞的另一種邏輯句型（邏輯中稱爲「關係述句」，但不在本書範圍內）。一定要可以還原成兩個獨立的句子才是眞正的連言句。這樣的分辨，也能讓思考更爲清楚。

肯定連言句的意思其實是肯定它所連結的兩個句子皆爲眞。這裡的「肯定」就是說這兩個句子爲眞，而不是價值上的肯定。我們用一個句子的爲眞同時肯定了兩個組成句子所說的事情，這就是連言句的特點。所以同時肯定組成部分的句子，不管有沒有「和」這類字詞出現，其實都是連言句。我們看以下的例子。

爺爺跟奶奶都吃素。

爺爺吃素，奶奶也吃素。

爺爺吃素，奶奶也是。

上面這個例子或許比較容易接受，但有時我們的肯定時同時含有價值的轉換，會用一種相反的語氣述出，但對事實的肯定其實沒有差別。

他很有錢，而且很粗俗。

他很有錢，但很粗俗。

他很有錢，卻很粗俗。

雖然他很有錢，但是他很粗俗。

他不但有錢，還很粗俗。

他又有錢又粗俗。

以上所有這些其實都是連言句，而且連結的原子句都一樣，就是「他有錢」跟「他粗俗」這兩個原子句。在邏輯當中，這些都視爲相同的連言句，因爲它們所說的事情根本一樣。要注意語氣的概念與邏輯思考的概念要分開，才是眞正理性的邏輯思考。

課後練習

練習18.1

辨認以下句子是哪一種（選項有原子句、等同句、否定句、條件句還有連言句）

1. 我不喜歡吃茄子。
2. 你不吃茄子的話，就把茄子都給我。
3. 我和妹妹都很喜歡吃茄子。
4. 哥哥和爸爸都喜歡吃茄子。

5. 我就是那一位眞正的殺人凶手。

6. 想怎麼收穫，就要先怎麼栽。

7. 麥克傑克森又帥又會跳舞。

8. 麥克傑克森又醜又苯。

9. 麥克雞塊好吃才有鬼哩！

10.小明唱著歌，小美跳著舞。

11.麥克傑克森不但有錢，還很有愛心。

12.麥克傑克森不但有愛心，還很有錢。

13.麥克傑克森是黑人。

以上句子中是等同句的有：

以上句子中是原子句的有：

以上句子中是否定句的有：

以上句子中是條件句的有：

以上句子中是連言句的有：

練習18.2

1. 把18.1中所有「連言句」用到的「原子句」列出來。

2. 把18.1中所有「條件句」用到的「原子句」列出來。

練習18.3

把以下的連言句，改成用「而且」連結兩個完整句子的連言句。

1. 牛頓跟愛因斯坦都是物理學家。

2. 牛頓跟愛因斯坦都是數學家。

3. 牛頓是數學家，又是物理學家。

4. 愛因斯坦是物理學家，而且是猶太人。

5. 笛卡兒是數學家和物理學家。

6. 笛卡兒是哲學家加上數學家。

練習18.4

忽略語氣的因素（把「很聰明」跟「聰明」先僅僅當作語氣上的不同），以下哪些句子你覺得會是「一樣邏輯意思」的連言句。

1. 牛頓很聰明，也很努力。
2. 牛頓不聰明，卻很努力
3. 牛頓又聰明，又努力。
4. 牛頓雖然很努力，卻不聰明。
5. 牛頓既聰明，又努力。
6. 牛頓既努力，又聰明。
7. 即使不聰明，牛頓卻很努力。
8. 雖然牛頓不聰明，他卻很努力。
9. 牛頓不只聰明，還很努力。

哪些編號的語句意思是一樣的？

第十九課　連言句的符號化

第十九課的主題是連言句的符號化。我們已經知道連言句是由兩個句子加上連言符號連結而成的新句子。首先要說明，連言符號連結的兩個句子，順序並不重要，所以討論連言句時我們常用「左右」的句子，而不像條件句用「前後」的句子。連言句的左右都是句子，單憑我們目前學到的邏輯句型，已經可以組成許多有趣的連言句。

我們先從以下的邏輯符號設定開始。

指涉事物的語詞	代表集合的語詞
a：顏回	Px：很聰明的 x Mx：很謙虛的 x

所以Pa的意思是「顏回很聰明」。Ma意思是「顏回很謙虛」，原子句部分提過，為了口語起見，我們通常會省略掉中間的「是」跟最後面的「的」。由Pa跟Ma這兩個原子句就可以組成許多不同意思的連言句，先看最簡單的一種。

顏回很聰明，而且，顏回很謙虛。
顏回很聰明而且很謙虛。
顏回既很聰明，又很謙虛。
顏回不只很聰明，還很謙虛。

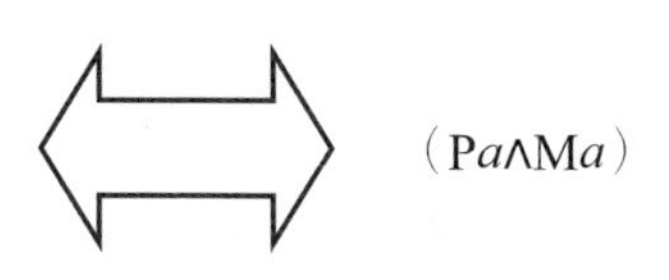

（Pa∧Ma）

以上四句話，雖然有語氣與用字的差別，但所描述的事情並沒有什麼差別。連言句改寫成邏輯語句時，我們會給予括號（如以上例子所示），切記「不可以」省略。特別注意連言句在語氣上的變化其實非常多樣，儘管十分有趣，但這與邏輯無關。

顏回不很聰明，而且，顏回很謙虛。

顏回不很聰明，卻很謙虛。

雖然顏回不很聰明，卻很謙虛。

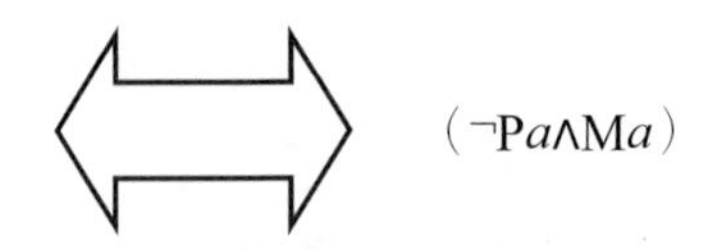

三個句子一樣也只是語氣的差異，跟邏輯推論沒有關係，所以全部都會譯成一模一樣的句子。我們再把否定符的位置改一下。

顏回很聰明，而且，顏回不很謙虛。

顏回很聰明，卻不謙虛。

雖然顏回很聰明，但卻不很謙虛。

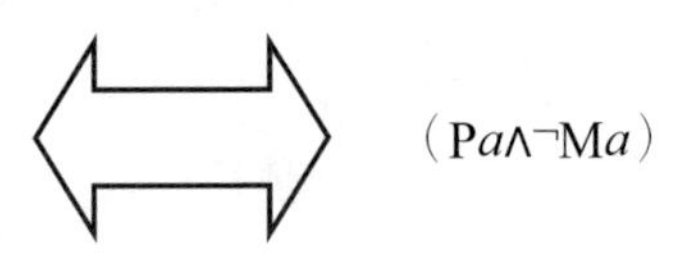

最後是左右兩個句子都加上否定符號。

顏回不聰明，而且，顏回不很謙虛。

顏回不聰明，也不謙虛。

顏回不但不聰明，還不謙虛。

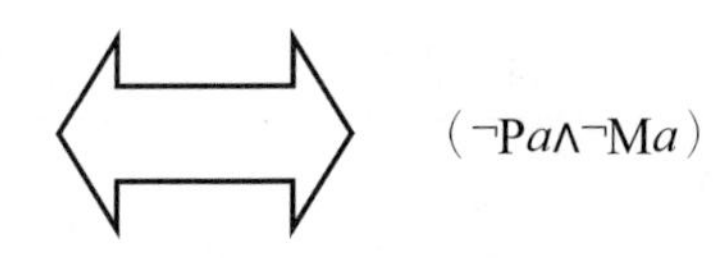

最後再次強調，連言句的括號不可以省略。沒遵守這些規則都是錯誤的使用。另外，連言句左右的句子調換，不會造成太大意思上的差別。比較以下兩個句子。

顏回既聰明，又謙虛。

顏回既謙虛，又聰明。

這兩句話中描述聰明還是謙虛先後的不同，應該不會影響到它所描述的事實。這是連言句與條件句最大的不同點，千萬要分清楚。我們下一課會專門來討論這個問題，但千萬注意，在符號化句子的時候，如果能依照原有的次序排列，當然最好還是不要更動比較好，要盡可能保持句子的原貌。

雖然在前面的舉例中，連言符號連結的句子，限於簡單句與否定句，不過連言句構成的因子並非只限於簡單句和否定句。連言句與條件句都可以當做連言符號連結的對象，甚至還包括我們兩課後才要介紹的選言句。連結的規則都是一樣的：

只要S1與S2本身是合乎邏輯構句原則的句子，那麼（S1∧S2）就是符合邏輯構句規則的句子。

所以不管兩個句子是否有很多的否定符號，或是否本身就是連言句，甚至是連言句的否定句都沒有關係。連起來的句子都仍然是連言句。在練習中我們會看到更多的例子。

最後我們要來看條件句與連言句結合產生更複雜的句型。這些句型我們平常也會使用，只是對他們的邏輯結構沒那麼清楚。我們先做點邏輯符號的設定。

指涉事物的語詞
a：顏回

代表集合的語詞
Kx：收好玩具的 x
Wx：自己洗好澡的 x
Nx：乖寶寶
Px：值得被稱讚的 x
Gx：可以領禮物的 x

連言符號一次連結兩個句子的重要意義在條件句中顯露無遺，我們可以把兩個簡單句所開出的條件，組合成一個連言句，然後放在條件句的前件。請看以下的例子：

如果顏回收好玩具，而且自己洗好澡，那麼顏回是乖寶寶。

（（K*a*∧W*a*）→N*a*）

除此之外，我們也可以把兩個簡單句組合成一個連言句，然後放在條件句的後件。請看以下的例子：

如果顏回是乖寶寶，那麼他值得被稱讚，而且可以領禮物。

（（N*a*→（P*a*∧G*a*））

最後，當然條件句的前後件都可以是由連言句。

如果顏回收好玩具，而且自己洗好澡，那麼他值得被稱讚，而且可以領禮物。

（（Ka∧Wa）→（Pa∧Ga））

可以看到又出現了新的，而且是有意義的句子。我們的思考就是透過這些不同類型的句子組合累積起來，慢慢變複雜的。

課後練習

練習19.1

判斷以下句子是否爲正確的邏輯符號組合。（先答是否正確，錯誤者請圈出錯誤的地方）

1. Pa∧Nb
2. （Pa∧Pa）
3. （¬（Ma）∧¬Pa）
4. （¬Ma∧¬P（a））
5. （¬Ma∧∧¬Pa）
6. （¬Mx∧¬Px）
7. ¬（（¬Ma∧¬Pa））
8. （Pa∧¬Pa）

練習19.2

依照你之前學到的符號化規則，以及以下指示一步一步答題。

1. 自己創造出兩個原子句。

2. 把你創造的原子句其中一個加上否定符號，另一個加上兩個否定符號。

3. 把前一題得到的兩個否定句，用連言符號連接起來。

4. 把前一題得到的連言句，加上否定符號。

5. 把第一題的兩個原子句，用連言符號連接起來。

6. 把第四題得到的否定句，與第五題的得到的連言句，用連言符號連接起來。

練習19.3

用方格中的邏輯符號設定，將以下的中文語句譯成邏輯語句。

指涉事物的語詞	代表集合的語詞
a：莫札特	Px：會彈鋼琴的 x
b：貝多芬	Mx：會作交響樂的 x

1. 莫札特會彈鋼琴，又會作交響樂。

2. 莫札特會彈鋼琴，卻不會作交響樂。

3. 貝多芬會作交響樂與彈鋼琴。

4. 莫札特與貝多芬都會彈鋼琴。

5. 莫札特與貝多芬都不會作交響樂。

6. 莫札特會彈鋼琴，貝多芬卻不會。

7. 貝多芬會作交響樂，莫札特卻不會。

8. 貝多芬會作交響樂，卻不會彈鋼琴。

9. 貝多芬不會作交響樂，莫札特卻會。

10.莫札特與貝多芬都會彈鋼琴，也都會作交響樂。

11.莫札特與貝多芬都會彈鋼琴，卻都不會作交響樂。

練習19.4

依照以下設定把邏輯語句還原成通順的中文句子。（注意這題自己要加入「是」，中文句子才通順喔！）

指涉事物的語詞
a：拉瓦錫
b：牛頓
c：達爾文

代表集合的語詞
Px：物理學家
Cx：化學家
Bx：生物學家

1. （$Pb \wedge Ca$）

2. （$Pb \wedge Pa$）

3. （$Bc \wedge Ca$）

4.（$Ba \wedge Ca$）

5.（$Ca \wedge \neg Ba$）

6.（$\neg Bb \wedge \neg Cb$）

7.（（$Pb \wedge Ca$）$\wedge Bc$）

8.（（$Ca \wedge \neg Pa$）$\wedge \neg Ba$）

9.（（$Ca \wedge \neg Cb$）$\wedge \neg Cc$）

練習19.5

1. 試著構作一個連言句，其左右至少有一個條件句。

2. 試著構作一個條件句，其左右至少有一個連言句。

3. 試著構作一個連言句，其左右均爲條件句。

第二十課　連言句的眞值條件

講解條件句時，我們花了兩堂課介紹過眞值表。眞值表能有系統地解釋一句話在何種情況中爲眞，在何種情況中爲假。一句話的眞值表，能更清楚說明這句話「說些」什麼，能「推出」些什麼。對結構簡單的句子來說，感覺幫助或許不大，用常識直接判斷還更快些。但遇到結構複雜的句子時，常識就沒那麼值得信任了，但眞值表不管句子的結構多麼複雜，都不會有任何影響，只要耐心一步步處理絕對不會出錯。

這就是介紹眞值表的理由。當邏輯語句的種類越來越多時，組合出的句型也相對複雜，眞值表相對開始有用。連言句的眞值表是邏輯符號的眞值表中除了否定之外最簡單的一個。操作簡單，也很符合常識中語言使用的直覺，以下就先從連言句眞值表的範例開始介紹。

Pa	Pb	(Pa ∧ Pb)
T	T	T
T	F	F
F	T	F
F	F	F

當使用連言句時，我們是肯定連言符號連結的兩個句子都會爲眞，所以當它所連結的兩個句子爲眞時，該連言句爲眞。只要有兩個其中一者爲假，那麼該連言句爲假。舉個例子，如果我很肯定地說：

牛頓跟笛卡兒都是法國人。

那麼很清楚，只要其中有一個不是，那麼我所說的這句話便爲假。一個人可以說很多句話，中間或許眞假參半。但邏輯中單一一個句子沒什麼眞假參半的概念，在邏輯中單一的句子非眞即假，沒什麼模糊或中間地帶。所以連言句中只要有一個組成的句子是假的，那麼這整個連言句就會是假的。連言句整句爲假，並不意謂組成它的句子全都爲假，因爲它要求比較高，只要其中一個爲假，整句就會爲假。

換句話說，連言句整句爲假也不影響其部分組成句子「之一」可能爲眞，有可能是另一個句子爲假所致。一個人如果用連言句肯定了兩個句子，那麼舉證其中有一個句子是假的，並不會證明另一個句子也爲假，頂多只能證明整個連言句是假的。句子的眞假要清楚一句一句分開判斷，才符合邏輯的思考。

前面舉的是簡單句眞値表的範例，連言句的眞値表並非只能用在簡單句的例子。

S1	S2	（S1 ∧ S2）
T	T	T
T	F	F
F	T	F
F	F	F

任何句子都可以依照規則組成連言句。而該連言句的眞假，也可以透過它所組成句子的眞假來決定。前一課已經看到了否定句或條件句的組合，事實上，連言句也不例外。

也因爲連言句的連結其實很單純，所以我們可以開放一種更方便的符號寫法。假定我有一個連言句，組成它的句子中也有一個連言句，那麼依照我們前一課的設計，兩個連言符號就會有兩個括號。所以這個句子可能是（（S1∧S2）∧S3）或（S1∧（S2∧S3））其中一個。

但是如果你把這兩個句子畫成眞値表，它們的眞値表會是一模一樣的：

S1	S2	S3	（（S1 ∧ S2）∧ S3）	（S1 ∧（S2 ∧ S3））
T	T	T	T	T
T	T	F	F	F

T	F	T	F	F
T	F	F	F	F
F	T	T	F	F
F	T	F	F	F
F	F	T	F	F
F	F	F	F	F

這兩個句子在推論上的意義會是一樣的，我們也說兩者可以相互推論。而且這兩個句子的都是要同時肯定的三句話皆爲眞才爲眞，只要有一者爲假整句就會爲假。既然這樣，推薦的寫法是省略掉一個括號寫成以下的樣子。

（S1 ∧ S2 ∧ S3）

這樣反而能讓我們看得更清楚這個句子的結構。連言句一種比較寬鬆的寫法是允許連結三個以上的句子，前提是它所連結的都是結構完整的邏輯語句。三個句子可能組合的情況雖然比以前複雜，但連言句爲眞的情況一樣容易理解。不管組成句子有幾句，連言句都只有在全部組成句子都爲眞時，整句連言句才會爲眞。只要有一個組成句爲假，整句就會爲假。它好像一個嚴格的審查，一定要所有條件都通過，才不會被淘汰。

連言句自然能與其他邏輯符號相互組合，例如加上否定。

P*a*	M*b*	（P*a* ∧ M*b*）	¬（P*a* ∧ M*b*）
T	T	T	F
T	F	F	T
F	T	F	T
F	F	F	T

把整個連言句加否定號，就等於否定整個連言句。讓條件句爲眞的情況有三種，讓否定連言句的否定句爲眞的情況也有三種。因爲只要連言句連結的任何

一個句子爲假，這時該連言句整句就會爲假了，所以該連言句的否定句就會爲眞。這構成了一條有趣的推論規則，叫「迪摩根定律」，我們會在選言推論規則那一部分再獨立出來談，現在我們只要先聽過這個名詞就好。

課後練習

練習20.1

完成以下眞值表

Pa	Mb	¬Pa	¬Mb	(Pa∧Mb)	(¬Pa∧Mb)	(Pa∧¬Mb)	(¬Pa∧¬Mb)
T	T						
T	F						
F	T						
F	F						

Pa	Mb	¬Pa	¬Mb	(¬Pa∧¬Mb)	¬(¬Pa∧¬Mb)	¬¬(¬Pa∧¬Mb)
T	T					
T	F					
F	T					
F	F					

Pa	Pb	Pc	(Pa∧Pb∧¬Pc)	(¬Pa∧¬Pb∧¬Pc)	¬(¬Pa∧¬Pb∧¬Pc)
T	T	T			
T	T	F			
T	F	T			
T	F	F			
F	T	T			

F	T	F			
F	F	T			
F	F	F			

練習20.2

自己畫好表格，並完成以下句子的眞值表，可以畫在同一張表格中。

1.（B*a*∧S*b*）

2.¬（B*a*∧S*b*）

3.（¬B*a*∧¬S*b*）

4.¬（¬B*a*∧¬S*b*）

5.（（B*a*∧S*b*）∧¬S*b*）

6.（B*a*∧S*b*）∧¬S*b*）

練習20.3

依照右側的文氏圖判定以下連言句的眞假。

1.（P*a*∧M*a*）　　（　　）

2.（P*b*∧M*b*）　　（　　）

3.（M*a*∧M*b*）　　（　　）

4.（M*a*∧P*b*）　　（　　）

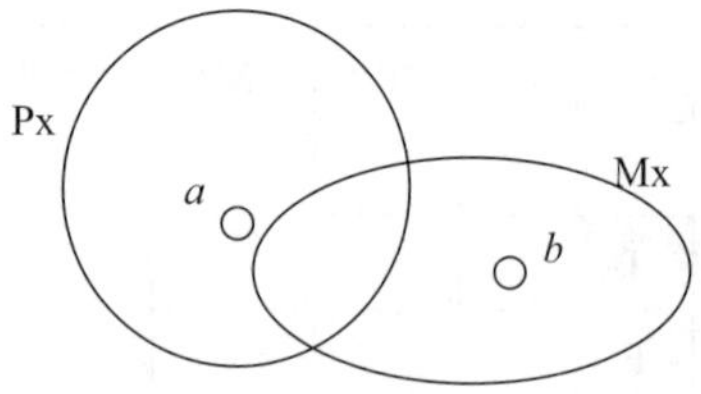

5.（P*a*∧M*a*）　　（　　）

6.（P*a*∧M*b*）　　（　　）

7.（M*a*∧M*b*）　　（　　）

8.（M*a*∧P*b*）　　（　　）

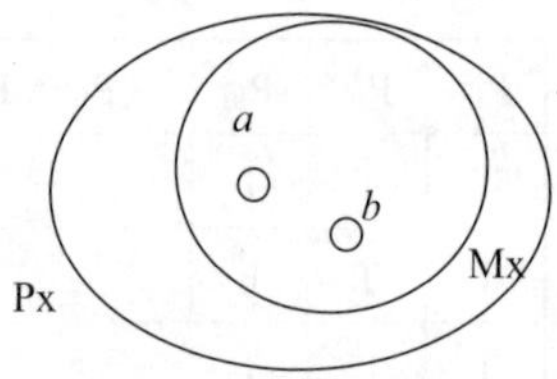

9.（$Pa \land \neg Ma$）（　　）

10.$\neg$（$Pa \land Mb$）（　　）

11.（$Ma \land \neg Ma$）（　　）

12.（$\neg Ma \land Pb$）（　　）

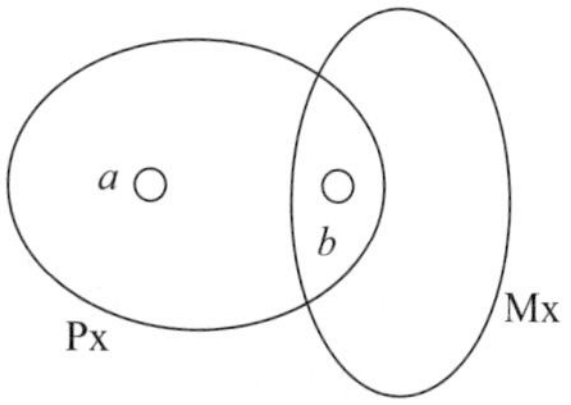

練習20.4

1. 使用中文語句舉出一個左右皆眞的連言句。你覺得這個連言句是眞的嗎？

2. 使用中文語句舉出一個左右皆假的連言句。你覺得這個連言句是眞的嗎？

3. 使用中文語句舉出一個左假右眞的連言句。你覺得這個連言句是眞的嗎？

4.使用中文語句舉出一個左眞右假的連言句。你覺得這個連言句是眞的嗎？

第二十一課　連言句的推論規則

邏輯的推論規則其實都可由眞值表推導而來，我們只是把某些容易應用的、容易出錯的情況，獨立成「推論規則」來討論，並不會增加學習的負擔。連言句要注意的規則有三條，都不難懂，只要弄懂連言句的眞值表，很自然就會記得。

第一條推論規則是，如果某個連言句爲眞，那麼，從這個連言句可以推論出左右互換之後的那個連言句也爲眞。這一條也被稱爲「交換律」。在算數領域中其實也曾出現過乘法與加法的交換律，其實這些交換律的精神都非常類似。

5 + 3 = 3 + 5…………………………………………………………………（O）

5×3 = 3×5…………………………………………………………………（O）

（S1∧S2）與（S2∧S1）可以相互推論 ………………………………（O）

前兩則是算術加法與乘法的交換律。第三條規則叫作邏輯中的交換律（Comm），簡寫爲Comm，對規則的名字有個印象就好。能說清楚自己用的交換律是「哪一個」當然最好，不過有時候爲了避免繁瑣，簡化也是很重要的。我們以下所有課文或練習中提到的交換律，都是邏輯中的交換律。

我們再表列眞值表來確認一下。

Pa	Mb	（Pa∧Mb）	（Mb∧Pa）
T	T	T	T
T	F	F	F
F	T	F	F
F	F	F	F

左右交換之後的句子，跟原來句子的眞值條件一模一樣，可見這兩個句子「所說的」基本上是一樣的。跟算數運算一樣，要注意Comm並不是放諸四海皆

準的，要限定連結的方式才行。當運算換成減法、除法或邏輯中的條件句就不成立。

> 5−3 = 3−5…………………………………………………………（X）
> 5÷3 = 3÷5…………………………………………………………（X）
> （S1→S2）與（S2→S1）可以相互推論 …………………………（X）

邏輯符號中選言句與連言句的左右互換是沒問題的，但是條件句不行，因爲條件句前件後件調換後的句子意思完全不同，所以千萬別以爲Comm能無條件使用。我們要清楚辨別符號，深入了解邏輯的概念與規則，才不會因此而犯錯。

Comm對連言與選言都適用。接下來這兩條推論規則是連言符號專用的基本規律。

> 從（S1∧S2）可以推出S1，也可以推出S2。

這條推論規則是說，如果（S1∧S2）爲眞的話，那兩個組成的句子都會爲眞。從一個複雜的連言句推出比較簡單的句子，便於理解與判斷。它有個名字叫簡化律（Simp），簡稱爲Simp。簡化律對連言句的「擴充形式」這條規則也成立：

> 從（S1∧S2∧S3∧S4……Sn）可以推出S1……Sn。

簡化律有點像將一長串連言句中的句子「拆」下來，比較方便一個個作更精細的推論、處理與組合。簡化律是一種「蘊含」的規則，因爲反過來回推是不對的，只從S1無法推出（S1∧S2），只從S2無法推出（S1∧S2），一定要兩者兼備才可以，而這就是我們最後一條推論規則連言律（Conj）。

> 從S1，S2可以推出（S1∧S2）

Conj的意思是說，如果你已知兩個句子爲眞，那麼你就可以用它們組合成一個爲眞的連言句。這只是眞值表最簡單的一種應用，我們都很清楚，當連言符號組合的兩個句子都爲眞時，該連言句爲眞。

運用連言律組合出的連言句，有可能是另一個條件句的前件，所以Conj絕對不是沒有用，只是它太明顯，所以我們會覺得，有講跟沒講一樣。但是把它標訂出來，當作合理思考的底線，也是很有價值的一件事。

Conj還有個有趣的地方是它告訴你，只要你從兩個為真的原子句開始，那我們就可以重複不斷運用Conj推出原則上無限多的真的句子。

從P*a*與M*b*可以推出（P*a*∧M*b*），也可以推出（（P*a*∧M*b*）∧P*a*），也可以推出（（（P*a*∧M*b*）∧P*a*）∧M*b*），依此類推……

我們可以毫無限制地重複運用Conj下去。我們要習慣，其實理智思考本來就很善於處理無限的事物，只要這些事物有秩序，就能被我們理解，根本不需要害怕。

課後練習

練習21.1

填入能被推出的邏輯語句。

1. （K*a*∧H*b*）使用Comm規則可以推出（　　　　　）
2. （K*a*∧H*b*）使用Simp規則可以推出（　　　　　）
3. K*a*與H*b*兩個句子使用Conj規則可以推出（　　　　　）
4. （¬K*a*∧¬H*b*）使用Comm規則可以推出（　　　　　）
5. （¬K*a*∧¬H*b*）使用Simp規則可以推出（　　　　　）
6. ¬K*a*與¬H*b*兩個句子使用Conj規則可以推出（　　　　　）
7. （（K*a*∧H*b*）∧R*c*）使用Simp規則可以推出（　　　　　）
8. （（K*a*→H*b*）∧R*c*）使用Comm規則可以推出（　　　　　）

練習21.2

思考以下推論中哪些是邏輯的Comm規則的正確應用。

1. 從（$Pa \wedge Pb$）中推出從（$Pb \wedge Pa$）
2. 從（$Pb \wedge Pa$）中推出從（$Pa \wedge Pb$）
3. 從（$Pa \wedge Pb$）中推出從（$Pb \wedge Pb$）
4. 從（$\neg Pb \wedge \neg Pa$）中推出從（$\neg Pa \wedge \neg Pa$）
5. 從（$Pa \wedge Pb \wedge Pc$）推出（$Pb \wedge Pc \wedge Pa$）
6. 從（$Pa \wedge Pb \wedge Pc$）推出（$\neg Pa \wedge \neg Pb \wedge \neg Pc$）
7. 從（$Pa \wedge \neg Pb \wedge Pc$）推出（$Pc \wedge \neg Pb \wedge Pa$）
8. 從（$Pa \wedge \neg Pb \wedge \neg Pc$）推出（$Pa \wedge \neg Pc \wedge \neg Pb$）

正確使用Comm規則的有：

練習21.3

判斷以下推論用的是三條規則中的哪一條。

1. 從（$Pa \wedge Pb \wedge Pc$）中推出Pa

   （1.Comm　2.Simp　3.Conj）

2. 從（$Pa \wedge Pb \wedge Pc$）中推出Pb

   （1.Comm　2.Simp　3.Conj）

3. 從（$Pa \wedge Pb$）中推出從（$Pb \wedge Pa$）

   （1.Comm　2.Simp　3.Conj）

4. 從（$Pb \wedge Pa$）中推出從（$Pa \wedge Pb$）

   （1.Comm　2.Simp　3.Conj）

5. Pa與Pb的結合推出（$Pa \wedge Pb$）

   （1.Comm　2.Simp　3.Conj）

6. Pa與Pb的結合推出（$Pb \wedge Pa$）

   （1.Comm　2.Simp　3.Conj）

練習21.4

以下有關於連言的推論哪些是合理的，如果合理，說明是用哪個邏輯推論規則。

1. 從（$Pa \wedge Pb \wedge Pc$）中推出Pd
   這是（1.合理2.不合理）的推論，使用（1.Comm　2.Simp　3.Conj）
2. 從（$Pa \wedge Pb \wedge Pc$）中推出Ta
   這是（1.合理2.不合理）的推論，使用（1.Comm　2.Simp　3.Conj）
3. 從（$Pa \wedge Pb$）中推出從（$Pb \wedge Pc$）
   這是（1.合理2.不合理）的推論，使用（1.Comm　2.Simp　3.Conj）
4. 從（$Pb \wedge Pa$）中推出從（$Pb \wedge \neg Pc$）
   這是（1.合理2.不合理）的推論，使用（1.Comm　2.Simp　3.Conj）
5. Pa與Pb的結合推出（$\neg Pa \wedge \neg Pb$）
   這是（1.合理2.不合理）的推論，使用（1.Comm　2.Simp　3.Conj）
6. Pa與Pb的結合推出（$Pa \wedge \neg Pa$）
   這是（1.合理2.不合理）的推論，使用（1.Comm　2.Simp　3.Conj）
7. Pa與Pb的結合推出（$Pb \wedge Pa$）
   這是（1.合理2.不合理）的推論，使用（1.Comm　2.Simp　3.Conj）
8. 從（$Pa \wedge Pb \wedge Pc$）推出Pc
   這是（1.合理2.不合理）的推論，使用（1.Comm　2.Simp　3.Conj）
9. 從（$Pa \wedge Pb$）中推出從（$Pb \wedge Pa$）
   這是（1.合理2.不合理）的推論，使用（1.Comm　2.Simp　3.Conj）
10. 從（$Pa \wedge Pb \wedge Pc$）推出（$Pb \wedge Pc \wedge Pa$）
    這是（1.合理2.不合理）的推論，使用（1.Comm　2.Simp　3.Conj）

第二十二課　選言句的概念

我們來到第六種邏輯句型的介紹：選言句（adjunction）。我們先直接看範例。

你或他一定有個人要留下來。

每個人多少知道某些話是眞的。可是有時候我們並不確定哪一句話是眞的，而是兩句話中「至少」有一句話是眞的，不會兩句都是假的。比方說，我們知道兩個競爭對手一定會有一個人勝出，但還不知道是誰。這時候一個常見的方式，就是用「或」來組合，選言句肯定兩句話中「至少」有一句話是眞的，所以我們有時候非用它不可。

從邏輯的角度來看，選言句跟連言句同樣都是由「兩個句子」連結組合而成。它組成的元件是句子，而不是語詞。我們先從最簡單的例子開始看起。

你要留下來。（原子句）

他要留下來。（原子句）

你要留下來，或者，他要留下來。

你或他要留下來。

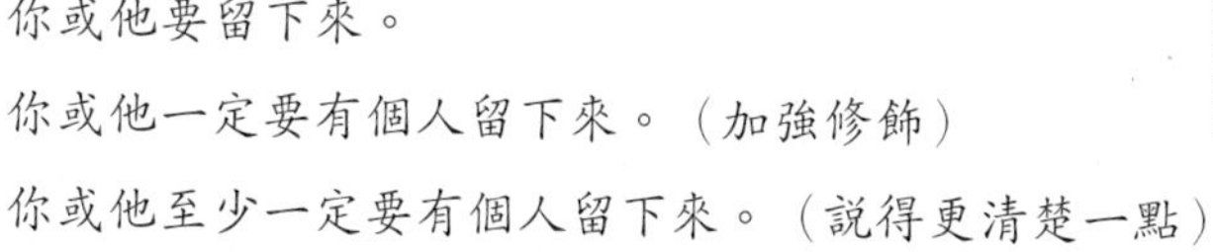

你或他一定要有個人留下來。（加強修飾）

你或他至少一定要有個人留下來。（說得更清楚一點）

選言的「至少」這個概念很重要，因爲目前爲止，我們還沒有其他種方式表述「至少」這個概念。在現實生活中，選言概念常跟「選擇權」連在一起，在生活中常常出現。當點餐侍者請你決定附餐時，他不知道你想選哪一個，他這時心裡想的就是一種至少有一句話是對的情況。

您附餐要享用咖啡。

您附餐要享用紅茶。

您附餐要享用咖啡，或者，您附餐要享用紅茶。

您附餐要享用咖啡或紅茶。

不過注意，雖然名爲「選言」，但選言句最重要的點是那個「至少有一個是眞的」的概念。這比與之相連實際進行的「選擇」動作要更重要。舉個例子，假設有人問你哪個音樂家晚年失去了聽力，你想了半天，還是不太能確定是誰，但你知道只有兩個人選。

莫札特或貝多芬其中一個晚年失去了聽力。

這個句子和是否「面臨選擇」的情況沒有直接的關係。使用選言句通常是在「不知道、不確定」的時候使用，就像侍者不知道你附餐要選哪個一樣。很多時候，知道兩者至少有一個會發生，這資訊就足以讓我們做好預備工作了，而且在這種情況下準備正是智慧的表現。選言句跟連言句或條件句一樣，都是我們思考必不可缺的一部分。

不過千萬注意，有些時候某些句子當中雖然含有「或」，但事實上這些「或」在此發揮的用途並「不是」至少有一個的意思，它的意思是「隨你選」，而這「隨你選」是因爲兩個都是對的，所以根本是「而且」的意思。我們看以下例子。

2或3都可以整除6。

這種狀況非常不好辨別，請小心。這裡的「或」其實比較接近「且」，因爲這句話要說的不是「至少」有一個，而是「兩個都可以」。你可以把它想像爲以下句子的縮減版。

你可以在2或3中任選，兩者皆可以整除6。

這種看起來是「或」，但事實上卻是「且」的例子，只能一個一個仔細思考前後文確認，目前沒有一勞永逸的標準可以做判定。這提醒我們思考類似問題時要格外小心。

「或」的概念除了在述句中擔任「至少某一句是眞的」這個任務。在問句中，它出現頻率往往更高。常見的問句可以分為以下三種。

1. 是否問句。例如：你吃過晚飯了嗎？
2. 選擇性問句。例如：你吃的是飯還是麵？
3. 疑問詞問句。例如：你晚飯吃些什麼？

其中選擇性問句就是以「或」的概念，注意並不一定是「或」這個字，為主角的問句，選擇性問句可以被視為是選言概念在問句當中的「進階應用」。「是否問句」是眞假的問題，因為只有眞假兩個選項，所以你可以視之為眞假二者選一。但因為眞假概念要比選言句的概念來得更單純，所以我們通常還是把「是否問句」視之為整個問句概念的出發點，而不是一種選擇性問句。

最後一個「疑問詞問句」是概念最複雜的問句，它常常用在我們對未知選項到底有多少毫無邊際的情況中使用。我們之前的思考遊戲就是利用「禁止使用疑問詞問句」來進行動腦遊戲。分清楚這三種問句，也有助於讓整體思考更清楚。

課後練習

練習22.1

辨認以下句子是哪一種（選項有原子句、否定句、條件句、連言句、選言句）

1. 你不喜歡運動的話，就要定期身體檢查。

（1.簡單句2.否定句3.條件句4.連言句5.選言句）

2. 姊姊和哥哥至少有一個人喜歡茄子。

（1.原子句2.否定句3.條件句4.連言句5.選言句）

3. 約翰有一隻小毛驢。

（1.原子句2.否定句3.條件句4.連言句5.選言句）

4. 想怎麼收穫，就要先怎麼栽。

（1.原子句2.否定句3.條件句4.連言句5.選言句）

5. 天花板或外牆都有可能是這次事故的原因。

（1.原子句2.否定句3.條件句4.連言句5.選言句）

6. 你們兩個至少有一個人會通過考試。

（1.原子句2.否定句3.條件句4.連言句5.選言句）

7. 你們兩個至少有一個人會被當。

（1.原子句2.否定句3.條件句4.連言句5.選言句）

8. 我完全看不見手指。

（1.原子句2.否定句3.條件句4.連言句5.選言句）

9. 如果以眼還眼，則舉世皆盲。

（1.原子句2.否定句3.條件句4.連言句5.選言句）

10.我吃得下才有鬼哩。

（1.原子句2.否定句3.條件句4.連言句5.選言句）

11.達文西或拉斐爾其中至少有一個人是義大利人。

（1.原子句2.否定句3.條件句4.連言句5.選言句）

12.達文西和拉斐爾都是義大利人。

（1.原子句2.否定句3.條件句4.連言句5.選言句）

13.如果達文西是義大利人，拉斐爾也會是義大利人。

（1.原子句2.否定句3.條件句4.連言句5.選言句）

14.如果拉斐爾是義大利人，達文西也會是義大利人。

（1.原子句2.否定句3.條件句4.連言句5.選言句）

15.您晚餐可以享用合菜或者火鍋。

（1.原子句2.否定句3.條件句4.連言句5.選言句）

16.2或3都可以整除6。

（1.原子句2.否定句3.條件句4.連言句5.選言句）

練習22.2

把以下的選言句改成用「或者」連結兩個「完整句子」的選言句。（其實有一個句子是僞裝的連言句）

1. 莎士比亞或賽凡提斯至少有一個人是英國人。

2. 莎士比亞是英國或法國人。

3. 莎士比亞或賽凡提斯至少有一個人不是英國人。

4. 賽凡提斯是至少不是西班牙人或北歐人其中一個。

5. 不管英國或法國都是西方國家。

練習22.3

分辨以下問句是：1.是否問句2.選擇性問句3.疑問詞問句中的哪一種。

1. 爲什麼鎂會在空氣中燃燒？
（1.是否問句2.選擇性問句3.疑問詞問句）

2. 第一次十字軍東征是幾世紀的事？
（1.是否問句2.選擇性問句3.疑問詞問句）

3. 瑞士在法國的東邊還是西邊？
（1.是否問句2.選擇性問句3.疑問詞問句）

4. 以色列是一個獨立的國家嗎？
（1.是否問句2.選擇性問句3.疑問詞問句）

5. 秦始皇是怎麼統一中國的？
（1.是否問句2.選擇性問句3.疑問詞問句）

6. 你附餐想選咖啡還是奶茶？
（1.是否問句2.選擇性問句3.疑問詞問句）

7. 成吉思漢滅了花拉子模嗎？
（1.是否問句2.選擇性問句3.疑問詞問句）

8. 歐洲跟亞洲哪一洲人比較多？

（1.是否問句2.選擇性問句3.疑問詞問句）

9. 你去過義大利嗎？

（1.是否問句2.選擇性問句3.疑問詞問句）

10.你有去參觀過七大奇觀的哪幾座？

（1.是否問句2.選擇性問句3.疑問詞問句）

練習22.4

1. 自己試著寫出一個完整而通順的選言句。

2. 自己試著寫出一個完整而通順的連言句。

3. 自己試著寫出一個完整而通順的是否問句。

4. 自己試著寫出一個完整而通順的選擇性問句。

5. 自己試著寫出一個完整而通順的疑問詞問句。

第二十三課　選言句的符號化

本課主題是選言句的符號化。選言句中選言符號連結的兩個句子，跟連言句一樣，前後順序不是很重要，所以在說選言句的連結句子時，我們會說「左右」兩個句子，而不像條件句用「前後」。選言句的左右都是句子。我們目前學到的句型，已經可以組成許多有趣的選言句。

先從以下的邏輯符號設定開始。

指涉事物的語詞	代表集合的語詞
a：莫札特 b：貝多芬	Px：晚年失去聽力的 x

所以Pa的意思是「莫札特晚年失去聽力」。Pb意思是「貝多芬晚年失去聽力」。由Pa跟Ma這兩個簡單句，就可以組成許多不同意思的選言句。

莫札特或貝多芬至少有一個晚年失去聽力

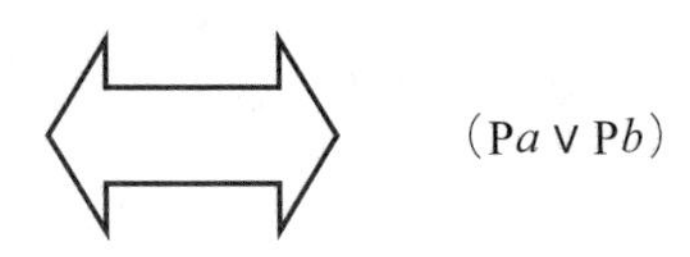

$(Pa \lor Pb)$

其實跟連言句的組合幾乎一模一樣。我們也可以明確感受到調換兩個人的順序應該不會有意思上的改變。我們也可以加入否定句，雖然這樣的說話在生活中比較奇怪，但不能說它不是一個句子。

莫札特或貝多芬至少有一個沒有晚年失去聽力

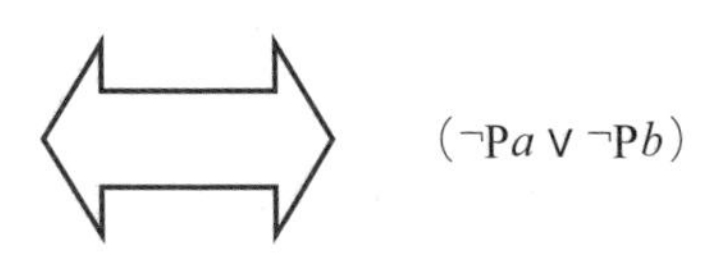

$(\neg Pa \lor \neg Pb)$

其他種組合，因爲我們已經練習過條件句與連言句了，就請各位自行推想引申。跟條件句與連言句一樣，選言句的括號「不可以」省略。沒遵守這些規則，都是符號的錯誤使用，要盡量避免之。

生活中常見的「或」或「有一個」又可以再分爲兩種，一種叫「兼容選言」，另一種叫「非兼容選言」。我們把這兩種選言一起列出比較一下。

你或他至少有一個晉級。……………………「兼容選言」

你或他剛剛好有一個晉級。……………………「非兼容選言」

「至少有一個」這個語詞嚴格來說，並「沒有」排除兩個都通過的可能。而第二句則是說「剛剛好有一個」，所以如果其中一個過，另一個就不會過。能否兩個子句皆眞，就是「兼容」與「非兼容」的差別所在。邏輯當中的選言符號表現的是「兼容選言」，因爲「非兼容選言」可以用兼容選言來表現，就用不著多設計一個符號。我們以前面兩句爲例：

指涉事物的語詞
a：你
b：他

代表集合的語詞
Px：晉級的 x

你或他至少有一個會晉級。 $(Pa \vee Pb)$

你或他剛剛好有一個會晉級。 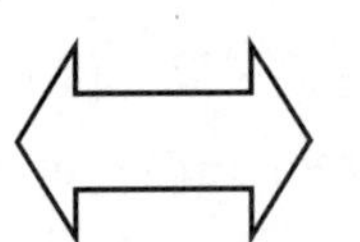 $((Pa \vee Pb) \wedge \neg(Pa \wedge Pb))$

我們只要用連言句的「且」多增加一個條件：不能兩個都爲眞，就可以輕易表現出非兼容選言的意思。其實從非兼容選言的設定出發，也可以表現兼容選言，不過這也說明了這兩者只要留下一個就夠了。形式邏輯最後留下兼容選言，有些是系統性的考量，在此就不多談了。只要先了解邏輯中的選言句是兼容選言，以及非兼容選言可以用兼容選言加上連言及否定來表現，這樣就已經足夠。下一課我們會檢驗分析以上句子的眞值表，來確認這一點。

平常講話中還有一種使用選言句概念的例子，但卻沒有用到「或」這個字。

除非你告訴我他在哪裡，否則你無法離開。

「除非……否則……」其實前後……兩個部分也是句子，其實可以這樣寫。

除非S1否則S2

這類句子其實是一個選言句。我們可以用選言完整表現這類句子的意思。

除非你告訴我他在哪裡，否則你無法離開。

你告訴我他在哪裡或者你無法離開，這兩者至少有一爲眞。

我們自然希望對方告訴我，所以另一個選項一定是對方不想要的。等到我們學會選言句的眞値表之後，我們會更了解，其實這個句子也可以轉換爲以非S1爲前件，S2爲後件的條件句。我們來把剛剛這句符號化一下。

指涉事物的語詞	代表集合的語詞
a：你	Tx：告訴我他在哪裡的 x Wx：可以離開的 x

除非你告訴我他在哪裡，否則你無法離開。

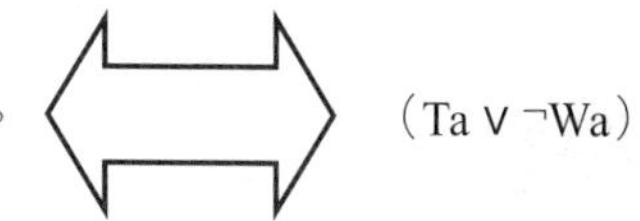

（Ta ∨ ¬Wa）

第二句的「你無法離開」，在此選言的右邊其實是一個「否定句」。選言除了最常見的「或」之外，還有除非S1否則S2這種類型。遇到這種類型的時候，也要注意句子中左右是否有「否定符號」，以免遺漏。

組合越來越多的邏輯符號，能表述出的意思也會跟著越來越複雜，思考的內容也能越來越複雜豐富。選言句也可以跟連言句與條件句重複組合，形成以更複雜的條件句。

指涉事物的語詞
a：顏回

代表集合的語詞
Kx：收好玩具的 x
Wx：自己洗好澡的 x
Nx：乖寶寶
Px：值得稱讚的 x
Gx：值得禮物的 x

如果顏回是乖寶寶，那麼他至少值得稱讚或禮物。

（（Na→（Pa∨Ga））

條件句的前後件都可以是由連言句或選言句形成的複雜句子。

如果顏回收好玩具，而且自己洗好澡，那麼他至少值得稱讚或禮物。

（（Pa∧Ma）→（Pa∨Ga））

我們的思考就是透過這些不同類型的句子累積起來慢慢變複雜的。大家一定要趁機習慣才行喔！

課後練習

練習23.1

判斷以下句子是否爲正確的邏輯符號的組合。

1. Pa∨Nb

（1.正確2.錯誤）　錯誤在：

2. （Pa∨Pa）

（1.正確2.錯誤）　錯誤在：

3. （¬（Ma）∨¬Pa）

（1.正確2.錯誤）　錯誤在：

4.（¬Ma∨¬P（a））

（1.正確2.錯誤）　錯誤在：

5.（¬Ma∨¬Pa）

（1.正確2.錯誤）　錯誤在：

6.¬（¬Ma∨¬Pa）

（1.正確2.錯誤）　錯誤在：

7.∨（（∨Ma∨∨Pa））

（1.正確2.錯誤）　錯誤在：

練習23.2

依照你之前學到的符號化規則，以及以下指示一步一步答題。

1. 自己創造出兩個原子句。

2. 把你創造的原子句其中一個加上否定符號，另一個加上兩個否定符號。

3. 把前一題得到的兩個否定句，用選言符號連接起來。

4. 把前一題得到的選言句，加上否定符號。

5. 把第一題的兩個原子句，用選言符號連接起來。

6. 把第四題得到的否定句，與第五題的得到的選言句，用選言符號連接起來。

練習23.3

用方格中的邏輯符號設定，將以下的中文語句譯成邏輯語句，並將邏輯語句譯成中文語句。

指涉事物的語詞
a：你
b：你的朋友

代表集合的語詞
Tx：說真話的 x
Sx：可以留下的 x
Lx：可以離開的 x

1. 除非你說眞話，否則你的朋友無法離開。

2. 除非你說眞話，否則你的朋友無法留下。

3. 除非你不說眞話，否則你的朋友無法離開。

4. 除非你不說眞話，否則你的朋友無法留下。

5. 除非你說眞話，不然你的朋友無法離開。

6. 除非你不說眞話，否則你的朋友可以離開。

7. 除非你說眞話，否則你的朋友可以留下。

8. 除非你說眞話，不然你的朋友無法留下。

練習23.4

依照以下設定把邏輯語句還原成通順的中文句子。

指涉事物的語詞
a：拉瓦錫
b：牛頓
c：達爾文

代表集合的語詞
Px：物理學家
Cx：化學家
Bx：生物學家

1. $(Pb \vee Cb)$

2. $(Pb \vee Pa)$

3. $(\neg Ca \vee \neg Ba)$

4. $(\neg Ca \vee \neg Cb)$

5. $(\neg Ba \vee \neg Cb)$

練習23.5

1. 試著構作一個是選言句邏輯語句，其左右至少有一個條件句。

2. 試著構作一個是條件句邏輯語句，其左右至少有一個選言句。

3. 試著構作一個是選言句邏輯語句，其左右均爲條件句或連言句。

第二十四課　選言句的眞値條件

我們已經介紹過連言句與條件句的眞值表，相信大家對眞值表已經很熟悉了。容我們重複叮嚀最後一次。眞值表能有系統地說明一句話在什麼樣情況下為眞，在什麼情況下為假。了解一句話的眞值表，能更清楚這句話說些什麼，能推出些什麼。或許對於結構簡單的句子來說，這些超出不了常識判斷多少。但經過複雜的邏輯符號組合的句子，常識判斷就容易出錯了，但眞值表的操作不管句子多麼複雜，只要耐心處理絕對不會出錯。

這就是介紹眞值表的理由。當句子的種類越來越多，組合也越來越複雜時，眞值表的意義就越重要。選言句的眞值表操作簡單，也很符合常識，以下先從連結原子句的選言句開始。

Pa	Mb	（Pa∨Mb）
T	T	T
T	F	T
F	T	T
F	F	F

選言句肯定選言符號連結兩個句子中「至少有一個」是眞的。所以各位可以從以上眞值表很清楚地看到只要兩者中有一個是眞的，此選言句就會為眞。除了最後一種情況，連結的兩句話都為假的情況之外，其他的情況此選言句均會為眞。

前三排中需要討論的是「第一排」。前一課提過生活中常用的「或」，其實可以有「兼容」與「非兼容」兩種意思。而邏輯中的選言符號表示的，其實是「兼容」的意思，所以第一排是T。我們提過「非兼容」概念很容易用「兼容」表現出來。

你或他剛好有一個人會拿到冠軍。（兼容的選言）

你或他至少有一個人會獲得冠軍，而且，不會兩人都獲得冠軍。（非兼容的選言）

上兩句翻成邏輯語句並不困難，給定以下邏輯符號的設定。

指涉事物語詞
a：你 b：他

代表集合的語詞
Px：獲得冠軍的 x

前兩句符號化之後的邏輯語句如以下。

（Pa∨Mb）

（（Pa∨Pb）∧¬（Pa∧Pb））

畫出以上兩句的眞值表：

Pa	Mb	（Pa→Mb）	（Pa→Pb）	¬（Pa→Pb）	（（Pa→Pb）→¬（Pa→Pb））
T	T	T	T	F	F
T	F	T	F	T	T
F	T	T	F	T	T
F	F	F	F	T	F

注意最後一列的眞值變化。這的確跟「非兼容」的概念相同，意思是要不然就是Pa眞Mb假，要不然就是Pa假Mb眞，兩者皆眞或兩者皆假時該句都爲假。邏輯選擇用「兼容」是爲了節省資源，不增加設定可以被簡單表示出的符號。

邏輯是理想的語言模型，跟語言一樣都能透過有序的組合表述出複雜的意思。因爲其組合規則的嚴謹，只要各種邏輯符號的眞值表規則一開始是合理的，組合之後的就會是沒有問題的。我們最後考慮一種簡化的選言寫法。

選言句與連言句的連結都很單純，所以我們開放一種更方便的符號寫法。

假定有一個選言句，組成它的句子中也有一個選言句，兩個連言符號就會有兩個括號。所以這個句子可能是（（S1∨S2）∨S3）或（S1∨（S2∨S3））其中一個。

但是如果你把這兩個句子畫成眞値表，它們的眞値表會是一模一樣的：

S1	S2	S3	（（S1∨S2）∨S3）	（S1∨（S2∨S3））
T	T	T	T	T
T	T	F	T	T
T	F	T	T	T
T	F	F	T	T
F	T	T	T	T
F	T	F	T	T
F	F	T	T	T
F	F	F	F	F

這兩個句子在推論上的意義會是一樣的，我們也說兩者可以相互推論。而且這兩個句子都是要同時肯定的三句話皆爲假才爲假，只要有一者爲眞整句就會爲眞。既然這樣，推薦的寫法是省略掉一個括號寫成以下個樣子。

（S1∨ S2∨ S3）

這樣反而能讓我們看得更清楚這個句子的結構。選言句比較寬鬆的寫法是允許連結三個以上的句子，前提是它所連結的都是結構完整的邏輯語句。三個句子組合的情況雖然比以前複雜，但選言句爲眞的情況一樣容易理解。不管組成句子有幾句，選言句都只有在全部組成句子都爲假時，整句選言句才會爲假。只要有一個組成句爲眞，整句就會爲眞。它好像一個有許多不同條件都可以達到的目標，只要有任一組條件都通過，整句就會爲眞。

選言句眞値表至此介紹完畢。最後容我們再提醒，練習了這麼多眞値表，千萬別忘了眞値表將複雜句子拆解爲簡單句，特別是原子句的組合之後，眞假問題最後還是直接與事實相關連。所有邏輯句型的眞値條件，都是由代表「事實」

的「文氏圖」加上「眞值表」所組成的。兩者都是幫助理性思考的好工具。

課後練習

練習24.1

完成以下選言句的眞值表

$\mathrm{P}a$	$\mathrm{M}b$	$\neg\mathrm{P}a$	$\neg\mathrm{M}b$	$(\mathrm{P}a \lor \mathrm{M}b)$	$(\neg\mathrm{P}a \lor \mathrm{M}b)$	$(\mathrm{P}a \lor \neg\mathrm{M}b)$	$(\neg\mathrm{P}a \lor \neg\mathrm{M}b)$

$\mathrm{P}a$	$\mathrm{M}b$	$\neg\mathrm{P}a$	$\neg\mathrm{M}b$	$\neg\mathrm{P}a \lor \neg\mathrm{M}b)$	$\neg(\lor\mathrm{P}a \lor \neg\mathrm{M}b)$	$(\neg(\lor\mathrm{P}a \lor \neg\mathrm{M}b) \lor \neg\mathrm{M}b)$

$\mathrm{P}a$	$\mathrm{P}b$	$\mathrm{P}c$	$(\mathrm{P}a \lor \mathrm{P}b \lor \neg\mathrm{P}c)$	$(\neg\mathrm{P}a \lor \neg\mathrm{P}b \lor \neg\mathrm{P}c)$	$\neg(\neg\mathrm{P}a \lor \neg\mathrm{P}b \lor \neg\mathrm{P}c)$

練習24.2

自己畫好表格並完成以下句子前兩格的眞值表，可以畫在同一張表格中。（只加入否定）

1.（Ba∨Sb）

2.¬（Ba∨Sb）

3.（¬¬Ba∨¬¬Sb）

4.（Ba∨¬Sb）

5.（（Ba∨Sb）∨¬Sb）

練習24.3

自己畫好表格並完成以下句子前兩格的眞值表，可以畫在同一張表格中。（混合）

1.¬（Ka→Mb）

2.（（Ka∨Mb）→（Ka∨Mb））

3.（（Ka∨∨Mb）→（Ka∨Mb））

4.（（Ka→Mb）∨（Mb→Ka））

5.（（Ka→Mb）∨（Mb→Ka））

練習24.4

依照右側的文氏圖判定以下連言句的眞假。

1.（Pa∨Ma）　　（　　　）

2.（Pb∨Mb）　　（　　　）

3.（Ma∨Mb）　　（　　　）

4.（Ma∨Pb）　　（　　　）

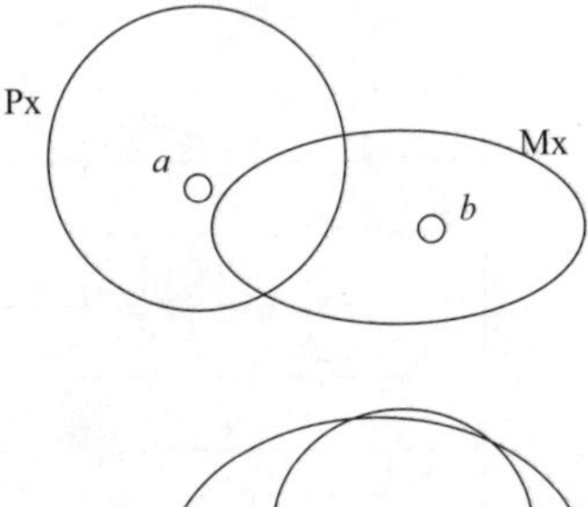

5.（Pa∨Ma）　　（　　　）

6.（Pa∨Mb）　　（　　　）

7.（Ma∨Mb）　　（　　　）

8.（Ma∨Pb）　　（　　　）

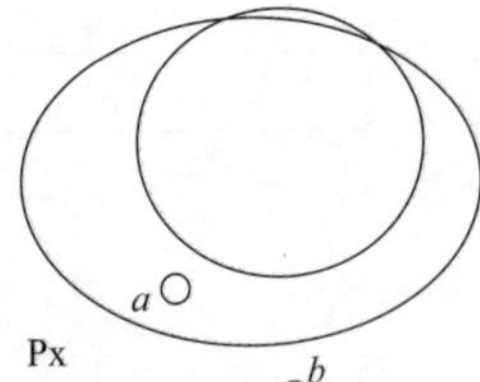

9. （$Pa \lor \neg Ma$）　　（　　　）

10. $\neg$（$Pa \lor Mb$）　　（　　　）

11. （$Ma \lor \neg Ma$）　　（　　　）

12. （$\neg Ma \lor Pb$）　　（　　　）

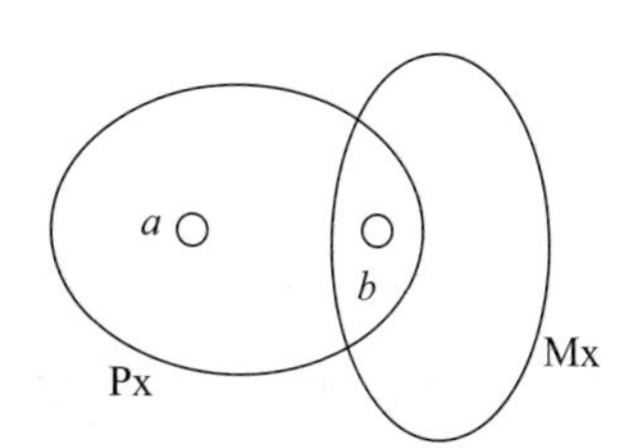

練習24.5

1. 使用中文語句舉出兩個「兼容」的選言句。

2. 使用中文語句舉出兩個「非兼容」的選言句。

第二十五課　選言的推論規則

選言句可以推出左右互換的選言句也為眞，這也是交換律的應用。選言與連言與算數中的乘法與加法相似，交換律都成立。

5 + 3 = 3 + 5

5×3 = 3×5

（S1∨S2）與（S2∨S1）可以相互推論

（S1∧S2）與（S2∧S1）可以相互推論

在邏輯中我們不說兩個句子「相等」，數字才有相等，而是說兩個句子可以「互相推論」。兩個句子相互推論不代表兩句的意思相等或完全一樣，只代表它們用來描述眞假那部分的意思完全一樣。

交換律不是連言推論的主角，因為它實在太簡單了，所以我們注意力轉往下一條。連言句的第二條規律。連言句可以從（S1∧S2）推出S1或S2。這樣的推論在選言句中是錯誤的，選言句是說兩個句子中至少有一個句子為眞，但不確定是哪一個，所以直接從（S1∨S2）推出S1或S2都是錯的。

但是，如果我們同時能確定（S1∨S2）跟S1是假的，那麼因為（S1∨S2）兩者中至少有一個是眞的。所以我們應該可以從這兩句中推出S2。因為S1是假，其實意思就等於¬S1是眞的，所以¬S1與（S1∨S2）可以推出S2。又因為交換律的成立，所以¬S2與（S1∨S2）可以推出S1。

這一條推論規則我們叫作選言三段論（disjunctive syllogism）。

¬S1與（S1∨S2）可以推出S2

特別注意，不要弄混了DS規則。

¬S1與（S1∨S2）可以推出S2　（DS規則）

S1與（S1∨S2）可以推出S2　（錯誤的推論）

S1與（S1∨S2）可以推出¬S2　（錯誤的推論）

S1與（S1∨S2）可以推出S2　（錯誤的推論）

S1與（S1∨S2）可以推出¬S2　（錯誤的推論）

¬S1與（S1∨S2）可以推出¬S2（錯誤的推論）

以上三者中只有第一條是DS規則，其他都是錯誤推論。錯誤推論的意思就是無法保證被推出的句子一定是眞的。眞值表可以很清楚地顯示這一點。其中特別注意第四與第五個推論，這兩者很容易弄錯，選言句中確定左右有一爲眞的時候，並不會代表另一個句子也是眞的，也不會代表另一者也爲假。所以千萬要注意。

DS規則是選言最重要的推論規則，只是我們還要把它擴充一下。

（S1∨S2∨S3∨S4……Sn）加上¬S2……¬Sn可以推出S1

或加上（¬S2∨¬S3……∨¬Sn）可以推出S1

DS規則是思考中常用的試錯法（try and error）的邏輯規則版。尋找一連串的語句中唯一正確者，其實就等於將這些句子一個個併入一個「夠長」的的選言句中，接著透過觀察或其他資訊把爲假的句子一一劃掉，跟DS一樣，慢慢找出唯一爲眞的句子。即便有時主題的不是句子，而是想找出某些唯一的方法或確定某種情況，方式也大同小異。盡可能找出所有可能的情況與方法，把可能選項弄清楚，然後放進特長選言句中，再慢慢把可能出問題的部分劃掉。

邏輯思考描述一些很基本的思考規律。試錯法是大家原來就已經熟知的思考規則，但把它清楚詳細列出，也可以有助於更深入精準地使用它。試錯法出問題時，問題要不是出在一開始羅列的選項句不夠詳盡，要不然就是某一個部分的否定其實有誤。如果非常確定這兩者都不是，那很可能這個問題一開始被描述成可以用試錯法來解決的過程，就有很多疑點或缺失。DS是選言推論的最重要規則。

最後一條規則是在連言部分聽過的推論規則，叫迪摩根定律（DeM）。現在我們可以把這個規律完整地列出來。

¬（S1∨S2）與（¬S1∨¬S2）可以相互推論。

¬（S1∨S2）與（¬S1∨¬S2）可以相互推論。

DeM是說當我們否定一個選言句時，我等於兩個選項都否定，那個連言符號只是把這兩個句子連起來罷了。而當我否定一個連言句時，我是在說兩個中至少有一個句子該否定。DeM是把否定貼進裡面連言或選言連起的兩個句子，然後中間連結的邏輯符號，會從選言換成連言，從連言換成選言。我們再畫出眞值表來做檢查。

P*a*	M*b*	¬（P*a*∨M*b*）	（¬P*a*∨¬M*b*）	¬（P*a*∨M*b*）	（¬P*a*∨¬M*b*）
T	T	F	F	F	F
T	F	T	T	F	F
F	T	T	T	F	F
F	F	T	T	T	T

其實常識的觀點也會支持DeM。當我否定連言句時，我是說至少有一個不對。當說至少有一個也不對時，我是說兩個都不對。DeM雖然看來複雜，但其實也是一條合理的思考規則。只是當將它精確化爲思考規則之後，反而更容易提醒我們自己，因粗心或混淆而易犯的錯誤。

目前爲止，我們已經介紹了有關於四種邏輯語句的邏輯規則。注意這些規則能讓你的思考更清晰、更敏銳。也就是會讓你思考更有邏輯，所謂思考有邏輯，就是想得更清楚，更嚴謹也更敏銳。

課後練習

練習25.1

填入能被推出的邏輯語句。

1.（K*a*∨H*b*）使用Comm規則可以推出（　　　　　）

2.（Ka∨Hb）與¬Hb兩個句子使用DS規則可以推出（　　　　）

3.（¬Ka∨¬Hb）使用Comm規則可以推出（　　　　）

4.（¬Ka∨Hb）與¬Hb兩個句子使用DS規則可以推出（　　　　）

5.（¬Ka∨¬Hb）與¬¬Hb兩個句子使用DS規則可以推出（　　　　）

6.¬（Ka∨Hb）使用DeM規則可以推出（　　　　）

7.¬（Ka∨Hb）使用DeM規則可以推出（　　　　）

8.¬（¬Ka∨¬Hb）使用DeM規則可以推出（　　　　）

練習25.2

以下哪些是邏輯中Comm的正確應用？

1. 從（Pa∨Pb）中推出從（Pb∨Pa）
2. 從（Pb∨Pa）中推出從（Pa∧Pb）
3. 從（Pa∨Pb）中推出從（Pb∨Pb）
4. 從（¬Pb∨¬Pa）中推出從（¬Pa∨¬Pa）
5. 從（Pa∨Pb∨Pc）推出（Pb∨Pc∧Pa）
6. 從（Pa∨Pb∨Pc）推出（¬Pa∨¬Pb∨¬Pc）
7. 從（Pa∨¬Pb∨Pc）推出（Pc∨¬Pb∨Pa）
8. 從（Pa∨¬Pb∨¬Pc）推出（（Pa∨¬Pc）∨¬Pb）
9. 從（Pa∨¬Pb∨¬Pc）推出（Pc∨（¬Pa∨¬Pb））

練習25.3

以下有關於連言DS規則使用哪些是合理的。（你可以自然地省略DN規則）

1. 從（Pa∨Pb）與¬Pb中推出Pa
2. 從（Pa∨Pb）與Pb中推出Pa
3. 從（Pa∨Pb）與Pb中推出¬Pa
4. 從（Pa∨Pb）與Pa中推出¬Pa
5. 從（Pa∨Pb）與Pa中推出Pb
6. 從（Pa∨¬Pb）與Pb中推出Pa
7. 從（Pa∨¬Pb）與¬Pb中推出Pa

8. 從（Pa∨¬Pb）與Pa中推出¬Pb
9. 從（Pa∨¬Pb）與¬Pa中推出¬Pb
10. 從（¬Pa∨¬Pb）與Pa中推出¬Pb
11. 從（¬Pa∨¬Pb）與Pb中推出∨Pa
12. 從（¬Pa∨¬Pb）與¬Pb中推出¬Pa
13. 從（¬Pa∨¬Pb）與¬Pa中推出¬Pb
14. 從（¬Pa∨¬Pb）與Pb中推出Pa

練習25.4

以下有關於DeM規則使用哪些是正確的。

1. ¬（Pa∨Pb）可以推出（¬Pa∨¬Pb）
2. ¬（Pa∨Pb）可以推出（Pa∨Pb）
3. ¬（Pa∨Pb）可以推出（¬Pa∧¬Pb）
4. ¬（Pa∧Pb）可以推出（¬Pa∧¬Pb）
5. ¬（Pa∧Pb）可以推出（Pa∧Pb）
6. ¬（Pa∧Pb）可以推出（¬Pa∧¬Pb）
7. （¬Pa∧¬Pb）可以推出¬（Pa∧Pb）
8. ¬（Pa∧Pb）可以推出（Pa∧Pb）
9. ¬（Pa∧Pb）可以推出¬（Pa∨Pb）
10. （¬Pa∨¬Pb）可以推出¬（Pa∨Pb）
11. （¬Pa∨¬Pb）可以推出（Pa∨Pb）
12. （¬Pa∨¬Pb）可以推出¬（Pa∧Pb）

練習25.5

1. 自己舉出一個使用選言句的Comm規則的範例。

2. 自己舉出一個使用DS規則的範例。

3. 自己舉出「兩個」使用DeM規則的範例。

第二十六課　多重邏輯連詞的組合（一）

第二十六與二十七這兩課雖然看似複雜，但事實上只是把第二單元已經學會的東西複習彙整而已。我們已經學過了兩種簡單句與四種邏輯符號：否定、條件、連言、選言。這些符號主要的用途是用來連結句子形成更複雜的句子，我們這一課開始把這些稱爲「邏輯連詞」。邏輯連詞可以組合簡單句形成複雜的句子，也可以交疊組成更複雜的邏輯語句，選言句段落就出現過以下這個句子。

（（P*a*∨P*b*）∧¬（P*a*∧P*b*））

這個句子中總共出現了「且」、「或」還有「否定」三種邏輯連詞。那麼在分類句型時，這個句子到底是「哪一個類型」的句子呢？ 前一課裡說這是「非兼容的或」，好像是說這個句子是一個選言句，但這是不正確的。這個句子的邏輯結構其實是「連言句」，它只是可以表達出「非兼容的或」的句子的「意思」。在邏輯裡，判斷一個複雜的句子到底是哪一個類型的問題，永遠是看最「外層」的邏輯連詞是什麼。

這個句子最外層的兩個括號是由中央連言符號所使用的括號，因此這是這個邏輯語句的最外層，中央連言符號連結兩個也是由邏輯連詞組成的複雜句子。連言左邊是一個選言句，這個選言句是由兩個原子句加上選言符號組成。右邊是否定句。此否定句還可以進一步分析，因爲它否定的並不是一個簡單句，而是一個連言句。我們把剛剛的語句結構分析用樹狀圖畫出來。

（（P*a*∨P*b*）∧¬（P*a*∧P*b*））

/　　　　　　\

（P*a*∨P*b*）　　　¬（P*a*∧P*b*）

/　　\　　　　　　\

P*a*　　P*b*　　　（P*a*∧P*b*）

/　　\

P*a*　　P*b*

此樹狀圖中每一個節點，都是一個句子。每往下一層，包含的邏輯連詞就越少，句子越短，而且每層都只差「一個」邏輯連詞。以上的樹狀圖展示一個包含了許多邏輯連詞的邏輯語句，是「怎麼一步步」由簡單的句子所組成的。當組成的部分分析到了簡單句的時候，就可以停止，因爲簡單句不包含任何邏輯連詞，是最簡單的句子，我們通常一眼就能看清楚，這分析只到句子這層就結束了。這個結構分析其實只是之前學的符號化組合句子規則的「逆推」而已。

不過我們還是給點嚴格的定義。假設S是一個句子，S中有包含一個以上的邏輯連詞$c1...cn$，那麼包含某個邏輯連詞ck「最短」的完整邏輯語句，我們叫做那個邏輯連詞「控制範圍」（scope）內的句子。再回到一開始的例子。

（（Pa∨Pb）∧¬（Pa∧Pb））

我們先將注意力集中最右側括號中的連言符號，簡稱爲右側的「且」，然後開始往左右兩邊延伸。

（（Pa∨Pb）∧¬（Pa∧Pb））

Pa∧Pb這一小段符號列包含了右側的，但這一段符號列缺了括號因此並非完整的邏輯語句。再左右延伸到（Pa∧Pb），這一串符號列已經是一個包含了「且」的完整邏輯語句，這是目前找到最短的完整邏輯語句，所以這個短句是在右側「且」這個邏輯連詞「控制範圍」內。

接著將注意力轉到右側的否定符號上。

（（Pa∨Pb）∨¬（Pa∨Pb））

我們這次就不慢慢延伸了，而是一口氣延伸兩次到整個句子完畢爲止。上句中的包含否定符號的完整邏輯語句有¬（Pa∧Pb）與（（Pa∨Pb）∨¬（Pa∧Pb））兩個短句，最短的是¬（Pa∧Pb）。否定符號就是否定右側的句子，所以我們一開始都會直接往右側找，就會找到一個完整的子句，一定就是它了。

接著將注意力轉到左側選言符號上。

$((Pa \vee Pb) \wedge \neg(Pa \wedge Pb))$

包含選言的完整邏輯語句也有以下兩個：

$((Pa \vee Pb) \wedge \neg(Pa \wedge Pb))$
$(Pa \vee Pb)$

後者當然較短，所以這個選言控制的範圍是在這個短句之內。最後是中間的連言符號：

$((Pa \vee Pb) \wedge \neg(Pa \wedge Pb))$

這個連言符號要找完整的邏輯語句就得不斷往兩側延伸，因爲它找到的左右括號，已經是之前的邏輯短句的一部分了。最後，它所能找到最短的句子就是這個句子本身，所以我們把這個連言符號，稱爲這個邏輯語句的「主要連詞」。任何多重的邏輯連詞一定「只有一個」主要連詞，而這個主要連詞，就決定了這個句子是哪一個類型的句子。

我們把剛剛的討論再畫在同一個句子下並列表。

$((Pa \vee Pb) \vee \neg(Pa \wedge Pb))$

邏輯符號	整句中的位置	獨立出來看
左邊的選言符號	$((Pa \vee Pb) \vee \neg(Pa \wedge Pb))$	$(Pa \vee Pb)$
右邊的連言符號	$((Pa \vee Pb) \vee \neg(Pa \wedge Pb))$	$(Pa \wedge Pb)$
右邊的否定符號	$((Pa \vee Pb) \vee \neg(Pa \wedge Pb))$	$\neg(Pa \wedge Pb)$
中間的連言符號	$((Pa \vee Pb) \vee \neg(Pa \wedge Pb))$	$((Pa \vee Pb) \vee \neg(Pa \wedge Pb))$

各位可以試試看，因爲構造邏輯語句時規則設定得非常嚴格，所以現在不管你怎麼試，都會發現每個邏輯連詞都只有「一個」控制範圍，而且任兩個不同的邏輯連詞，控制範圍一定不同。這都是一開始嚴格規定構句規則的結果。

一個句子的類型是由「控制範圍最大」的「主要連詞」來決定，而且控制範圍一定是「整句」。如果主要連詞是否定符號，該句就是否定句，其他依此類推。我們最後再看一個用樹狀圖的方法分析的例句。

```
（（Pa∧¬Ma）→（¬Pa∧Ga））
    /                    \
（Pa∧¬Ma）          （¬Pa∧Ga）
  /       \            /        \
 Pa      ¬Ma       ¬Pa          Ga
           \       /
           Ma    Pa
```

其實光用樹狀圖，應該已經可以看出這個語句的主要連詞是中央的條件符號了。不過，爲一種結果預備兩種以上的方式是一個好的思考習慣，所以我們用控制範圍的概念再畫出來並列表一次。

$((Pa \to \neg Ma) \to (\neg Pa \to Ga))$

邏輯符號	整句中的位置	獨立出來看
左邊的否定號	$(Pa \land \neg Ma) \to (\neg Pa \land Ga))$	$\neg Ma$
右邊的否定號	$(Pa \land \neg Ma) \to (\neg Pa \land Ga))$	$\neg Pa$
左邊的連言符號	$((Pa \land \neg Ma) \to (\neg Pa \land Ga))$	$(Pa \land \neg Ma)$
右邊的連言符號	$((Pa \land \neg Ma) \to (\neg Pa \land Ga))$	$(\neg Pa \land Ga)$
中間的條件符號	$((Pa \land \neg Ma) \to (\neg Pa \land Ga))$	$((Pa \land \neg Ma) \to (\neg Pa \land Ga))$

樹狀圖往往需要比較大的空間，控制範圍其實可以在同一個句子下畫好幾層，節省空間，也比較適合列表。

最後中間的條件句邏輯連詞控制了整句的範圍，所以這個句子主要連詞是條件句符號，而整個句子就是一個條件句。自己在思考或畫範圍時，可以先把短的子句範圍畫出來，這樣比較容易辨認更長句子控制範圍。

課後練習

練習26.1

畫出分析以下句子的結構樹狀圖。

1. $(\neg Pa \wedge \neg Ma)$

2. $((\neg Pa \wedge \neg Ma) \rightarrow Kc)$

3. $\neg((\neg Pa \wedge \neg Ma) \rightarrow Kc)$

4. $((Mc \vee Pc) \wedge (Mc \rightarrow Pc))$

練習26.2

用筆在句下用橫線畫出句子中每個邏輯連詞的範圍。

1. $(\neg Pa \wedge \neg Ma)$

2. $((\neg Pa \wedge \neg Ma) \rightarrow Kc)$

3. $\neg((\neg Pa \wedge \neg Ma) \rightarrow Kc)$

4. $((Mc \vee Pc) \wedge (Mc \rightarrow Pc))$

練習26.3

用筆在句下用橫線畫出句子中每個邏輯連詞的控制範圍。並說明整句是哪一個種類的句子。

1.（$Ma \vee \neg Ma$）

句子類型：

2.（（$\neg Pa \rightarrow \neg Ma$）$\rightarrow Kc$）

句子類型：

3.$\neg$（（$\neg Pa \wedge \neg Ma$）$\rightarrow Kc$）

句子類型：

4.（（$Mc \rightarrow Pc$）$\wedge$（$Mc \rightarrow Pc$））

句子類型：

5.$\neg$（（$Mc \vee Pc$）$\wedge$（$Mc \vee Pc$））

句子類型：

第二十七課　多重邏輯連詞的組合（二）

本課依然只是把已經學會的東西複習彙整一下。我們已經學過了如何辨認出邏輯語句的主要連詞，主要連詞決定了這個句子的類型。接下來我們要來「複習」，事實上我們已經學過了，如何畫出這類含有多個邏輯連詞的句子的眞值表。

目前爲止已經有五堂課討論過眞值表，後三堂課裡就已經出現過多種邏輯連詞的邏輯語句眞值表了。這一課只是更清楚地審視全局，把二十六課學到的拆句子的概念併進來而已。

（（Pa∨Pb）∧￢（Pa∧Pb））

我們一樣從前一周的句子開始。多重組合句子的眞值表，就是從短的句子一步一步拆上來。

Pa	Mb	（Pa∨Mb）	（Pa∧Pb）	￢（Pa∧Pb）	（（Pa∨Pb）∧￢（Pa∧Pb））
T	T	T	T	F	F
T	F	T	F	T	T
F	T	T	F	T	T
F	F	F	F	T	F

畫出（PaUPb）與￢（Pa∧Pb）的眞值表，再用連言句的眞值表規則決定整個句子在各種情況中的眞假。較長的的句子眞值表，是由較短句子的眞值表加上邏輯連詞的眞值表規則構成的，所以只要耐心地重複使用眞值表的規則，不管多長的眞值表，都可以毫無疑問地畫出。

我們最後再把各種不同邏輯連詞的眞值規則並列出來。

否定句的眞值規則

S	¬S
T	F
F	T

條件句的眞值規則

S1	S2	（S1 → S2）
T	T	T
T	F	F
F	T	T
F	F	T

連言句的眞值規則

S1	S2	（S1 ∧ S2）
T	T	T
T	F	F
F	T	F
F	F	F

選言句的眞值規則

S1	S2	（S1 ∨ S2）
T	T	T
T	F	T
F	T	T
F	F	F

依照這些眞値規則，我們可以畫出任何一個邏輯語句的眞値表。

$((Pa \wedge \neg Ma) \rightarrow (\neg Pa \wedge Ga))$

Pa	Ma	Ga	$\neg Pa$	$\neg Ma$	$(Pa \wedge \neg Ma)$	$(\neg Pa \wedge Ga)$	$((Pa \wedge \neg Ma) \rightarrow (\neg Pa \wedge Ga))$
T	T	T	F	F	F	F	T
T	T	F	F	F	F	F	T
T	F	T	F	T	T	F	F
T	F	F	F	T	T	F	F
F	T	T	T	F	F	T	T
F	T	F	T	F	F	F	T
F	F	T	T	T	F	T	T
F	F	F	T	T	F	F	T

畫眞値表除了能讓我們更了解一個句子到底在說什麼之外，可以推出些什麼之外，在第三單元，我們會告訴各位如何透過語句的眞値表，判定某個論證或推理是否正確。「推理」的概念可以用眞値表系統化地處理，這其實是邏輯分析對理性概念最大的貢獻。不過目前還有另一點値得討論的，那就是眞値表可以說明兩個句子「邏輯意義」的「等値」。

當兩個句子的眞値表一模一樣時，我們說這兩個句子所描述的狀況一模一樣。這不代表它們完全一樣，一開始都說「兩個句子」了，就表示這很明顯是兩個不同的句子，但它們兩個在理性思考上的意義相同，也就是我們之前提過的等値規則。來看兩個簡單的例子。

Pa	Mb	$(Pa \rightarrow Mb)$	$(\neg Mb \rightarrow \neg Pa)$
T	T	T	T
T	F	F	F
F	T	T	T
F	F	T	T

（$Pa \rightarrow Mb$）與（$\neg Mb \rightarrow \neg Pa$）兩者眞值表相同，而且因爲Contra規則+DN規則可以相互推論，這兩個句子在推論上的意義是一樣的。如果我說「如果湯姆考上大學，那他一定拼盡全力了。」這句話在理性思考中的意義會等同於：「如果湯姆沒有拼盡全力，那他一定考不上大學」，這兩句話雖然前後語詞的位置不一，但如果假定湯姆考上大學，但卻沒有拼盡全力時，會讓這兩句都爲假。至於其他三種情形，我們也一樣沒有任何合理的理由說這兩句爲假，所以在邏輯中會接受這樣的條件句爲眞。若僅僅考慮理性與推論的問題，這兩個句子並沒有什麼不同。

當兩個句子的眞值表完全一樣時，這兩個句子是可以相互推論的，它們在理性思考上的意義是一樣的。順著這個我們再多介紹兩條推論規則。

另外一個也很常見的是以下這兩個句子。

Pa	Mb	（$Pa \vee Mb$）	（$\neg Pa \rightarrow Mb$）	（$\neg Mb \rightarrow Pa$）
T	T	T	T	T
T	F	T	T	T
F	T	T	T	T
F	F	F	F	F

這兩個句子的眞值表也相同。其實這也是選言句談到DS規則的等價變化版本，被稱爲Impl規則。這條規則是告訴你如果我確定「A跟B兩個至少有一個會錄取」，我就等於跟你說「如果A不錄取，那麼B就會錄取」，或者是「如果B不錄取，那麼A就會錄取」。選言句既然告訴你兩個子句中必有一爲眞，那從其中一子句爲假自然可以推出另一子句爲眞。這也是一條等值的推論規則。

也許從平常對話的角度會「覺得」後兩句話講的不太一樣，但其實因爲條件句規則的設計，這兩者互爲對方的對反句。因爲假定「如果A不錄取，那麼B就會錄取」，如果已知B不錄取，那當然A不可能是不錄取，我們用雙重否定推出了A會錄取。雙重否定推論通常適用於結構比較簡單，二分法的領域，比方說自然數中，任何數若不是奇數，就是偶數。如果我確定一個數不是非偶數，那我就可以確定它是偶數。在現實生活中，還是會有人說「並非不錄取」不見得等於「錄取」。但如果一開始條件設定的夠簡單，基本上前面三個句子在理性思考與推論上的意義就會完全相同。

我們把Impl規則列出來。

（S1∨S2）與（¬S1→S2）可以相互推論。

（S1∨S2）與（¬S2→¬S1）可以相互推論。

Impl規則是對選言句與條件句更深入的分析。我們來看最後一個值得瀏覽的例子。

P*a*	M*b*	（（P*a*→M*b*）∧（P*a*→M*b*））	（（P*a*∧M*b*）∨（¬P*a*U¬M*b*））
T	T	T	T
T	F	F	T
F	T	F	T
F	F	T	F

第一個句子其實在生活中很常出現，有時候我們會用條件句，但說的其實是上表中整個連言句的意思。媽媽可能跟孩子說：「如果你吃完，我就讓你看電視。」但這句話常有另一個意思是：「如果你沒吃完，那我就不讓你看電視」，或「如果我讓你看電視，那代表你一定吃完了」。

所以一開始媽媽要講的其實是：「如果你吃完，我就讓你看電視，而且，如果我讓你看電視，那代表你一定吃完了。」這時候我們會說這兩個原子句「同眞同假」，要不然就是兩個都爲假，要不然就是兩個都爲眞，但絕對不會一眞一假。找到兩個同眞同假的句子，看來好像沒什麼，但很多時候是重要的知識。邏輯稱兩個事實上同眞同假的句子「在事實上等價」。

我們希望找到跟自己身體健康事實上等價的句子，讓我們可以維持健康。我們希望找到跟自己成績進步事實上等價的句子，讓我們可以成績進步。有時候我們會把跟某件事在事實上等價的部分句子，叫做這件事的「關鍵因素」。

關鍵因素的尋找是知識的源頭。在人類文明的初期掌握了「生火」的關鍵因素，因而改變了自己的生活。而越來越多的進步，得力於各種不同行業的人在各處發現關鍵因素，這是我們思考自然的本能。一直到今天，大部分的我們都想尋找「自己過得快樂」的關鍵因素。

大學通識邏輯課常會有另外一個邏輯符號：「↔」，叫「雙條件句符號」。雙條件句符號形成的雙條件句，就有些類似於我們說兩件事互有連結，或事實上能互推，或者其中一句是另一句的關鍵因素。這是比較複雜的邏輯思考，我們以後會在更進階的教材中討論它。不過即使沒討論到雙條件句，我們的內容還是很完備，因爲雙條件句只要寫成以上的連言句就可以了，只是比較長而已，並不是完全無法表達出其意思。

課後練習

練習27.1

完成以下眞值表。

Pa	Mb	$\neg Pa$	$\neg Mb$	$(\neg Pa \rightarrow \neg Mb)$	$(Pa \vee (\neg Pa \rightarrow \neg Mb))$	$(Mb \wedge (Pa \vee (\neg Pa \rightarrow \neg Mb)))$

Pa	Mb	$\neg(Mb \wedge (Pa \vee (\neg Pa \rightarrow \neg Mb)))$	$(\neg(Mb \wedge (Pa \vee (\neg Pa \rightarrow \neg Mb))) \rightarrow Mb)$

Pa	Pb	Pc	((Pa→Pb)∧Pc)	(Pa→(Pb→Pc))	((Pa∨Pb)∧Pc)	(Pa∧(Pb∨Pc))

練習27.2

自己畫好表格並完成以下句子前兩格的眞値表，可以畫在同一張表格中。

1. （（Pa∨Pb）∧（Pa∨Pb））
2. （（Pa∨Pb）∧¬（Pa∨Pb））
3. （（Pa→Pb）→（Pb→¬Pa））
4. （（Pa→Pb）→（¬Pb→¬Pa））

練習27.3

在同一張表上畫出以下三個句子的眞値表。

（Ha→¬Kb），（¬Ha∨¬Kb），（（¬Ha∨¬Kb）∨¬Ha）

哪些句子可以些互推論？你能想出一個新的句子，能跟你認爲可以相互推論的句子，相互推論嗎？

試著使用Impl規則或Contra規則，找出四個能跟（Ha →Kb）相互推論的邏輯語句。

1.

2.

3.

4.

練習27.4

想想看，哪些句子與以下的句子「實質上等價」。

例如：「A是父母」與「A有一個以上的小孩」實值等價。

1.「A是媽媽」

2.「A是天才」

3.「A是個高個子」

4.「A是個三角形」

第二十八課　全稱句的概念

目前爲止我們已經介紹了原子句、等同句、否定句、條件句、連言句與選言句總共六種句子，本課介紹基礎邏輯課程中最後一種語句：全稱句。

以上四種複雜句，都是由原子句或等同句組合而成，而這兩類句子都會牽涉到特定的「指涉對象」，所以以上六類句子都一定會牽涉到具體的對象。但有時候，談話的主題並非「某一個」東西，甚至從頭到尾都沒提到任何具體對象，只討論「某一類」或「某幾類」東西。用之前學的專業術語，我們討論的對象可以是純粹的集合，這時我們就會來到「量化語句」的地盤。

量化語句簡單來說，就是含有「量限語詞」的句子。當談論到兩個集合時，邏輯會嚴格要求指出要討論的是該集合的哪一個部分，這時後會利用到一種與「數量」概念有關「量限語詞」。聽來抽象，我們舉個具體的例子。

有部分 男生是負心漢。	零個以上
少部分 男生是負心漢。	不到一半
大部分 男生是負心漢。	超過一半
多數 男生是負心漢。	超過三分之二（因爲比反對者多兩倍）
所有 男生是負心漢。	全部

以上這個語句中的「男生」與「負心漢」都是代表集合的語詞。框框部分的語詞是用來限定第一個集合內有多少「數量」被提到的語詞，這些叫做「量限語詞」。「量限語詞」可以利用更多的邏輯工具來解析，但超出了基本邏輯的範圍。由於這些都是一步步組合的進階概念，不怕種類繁多，只怕基礎概念不好，我們就利用這四課簡介一下當中最簡單的全稱語句。

不過必須事先說明的是，以下四課仍只算是對全稱句的v簡介v而已，因爲全稱句的邏輯結構比較複雜，符號化的部分雖然在形式邏輯中已經完備，但限於篇幅無法在這四課中介紹完畢。我們先介紹主要的概念來避免一些常見的思考錯誤。

第一單元第十六課提到語句的概念來自於語詞的「比較」。

這是一株水仙花。

大黃蜂具有主動的攻擊性。

玉山是臺灣第一高峰。

偶數是能被二整除的數。

當說「某東西」「怎樣」時，你是在比較這兩個語詞。但情況也可以再細分。以上語句中，第一句是原子句，第三句是等同句，都有提到指涉「某一個」東西的語詞。我們現在要討論另外兩個句子，它們比較的純粹是兩個代表集合的語詞，單純比較兩個集合的語句就是本課主題：全稱句。

全稱句的「全」是指「某個類別裡全部的東西」。辨認全稱句的方式，是看我們是不是在比較兩個集合。通常比較兩個集合時語句中間可以插一個「都」，意思跟原來的句子沒太大差別，所以你也可以用這種方式來確認全稱句。

大黃蜂**都**具有主動的攻擊性。

偶數**都**是能被二整除的數。

這兩個句子意思跟原來的句子在意思上很接近，所以可以把這兩者都視爲全稱句。要注意「全部」雖然談到「多數」並沒有保證我們知道數量有多少的意思。我可以說「大黃蜂」都怎樣，可是並不知道世界上有「多少」大黃蜂。集合裡面東西的數量是不受限制的，我們也不需要保證當提到某一個集合時，一定知道裡面有多少東西。如果一定要知道某個東西數量有多少，才能使用談論「全部」的句子，那我們的知識發展，就會受到很大的限制。

還有一種更清楚的表現全稱句的方法，就是直接在最前面加上「所有」這個量限語詞，可說是最清楚明顯的全稱句了。

所有大黃蜂**都**具有主動的攻擊性。

所有偶數**都**是能被二整除的數。

我們最推薦的就是這個方式，因爲它非常清楚地標示出所使用的「量詞」。不過在生活中大家通常還是很容易省略掉那個「所有」。全稱句描述兩個集合之間的關係。假定X與Y都代表某個集合，全稱句最標準的形式就是以下這兩種。

所有的X都是Y

或所有的X都不是Y

注意以上兩個句子「都是」全稱句喔！因爲它們都以「所有」當開頭，雖然第二句中有否定的概念。特別注意這與前兩種簡單句非常不同。

莎士比亞是英國人　（原子句）

莎士比亞不是英國人（否定句）

莎士比亞就是李爾王的原作者（等同句）

莎士比亞不是李爾王的原作者（否定句）

不管是原子句或等同句，當在後半加上否定時，會變成另一種不同類型的句子：否定句。但是全稱句在後半加上否定時仍然是在比較兩個集合，只是讓其爲眞的條件不一樣而已。

所有的車輛都是用輪胎行走的。

所有的車輛都不是用輪胎行走的。

並不是所有的車輛都是用輪胎行走的。

前兩句話都是在比較「車輛」與「用輪胎行走」這兩個集合，只是一個肯定一個否定，第三句則是第一句全稱句的否定句。全稱句的結構比簡單句複雜許多，所以否定整句與否定後半會產生不同意思的結果。我們總算由簡單句開始慢慢學到了這裡，當然要特別注意任何細微的差別才行。

課後練習

練習28.1

辨認以下句子中，哪些是「全稱句」。

1. 農夫是值得尊敬的。
2. 爸爸是臺南人。
3. 兒童是國家未來的主人翁。
4. 枯木是可以給昆蟲居住的大飯店。
5. 地球上的資源並不是取之不盡，用之不竭的。
6. 這碗擔仔麵讓吃過的我無法忘懷。
7. 鹿港是臺灣中部最古老的城鎮。
8. 自己試著造出三個全稱句。

練習28.2

以下是一些代表集合的語詞：

「桌子」、「偶數」、「烏龜」、「塑膠袋」、「名叫比爾蓋茲的人」、「香蕉」、「富裕的人」「家具」、「課本」、「食物」、「能被二整除的數」、「能被四整除的數」、「鐵製品」、「瓷器」、「茶壺」、「植物」、「動物」、「人類」、「數學課本」、「白色的小花」、「彩色物」、「兩棲類」、「塑膠製品」

1. 試著用以上的語詞組合三個以「所有……都是……」結構的全稱句，不管眞或假都沒關係。

2. 試著組合出兩個從常識角度來說爲眞的全稱句。

3. 試著用以上語詞組合三個出以「大部分……都是……」而且是眞的句子。

4. 試著用以上語詞組合三個出以「大部分……都是……」而且是假的句子。

5. 試著用以上語詞組合三個出以「有部分……都是……」而且是眞的句子。

4. 試著用以上語詞組合三個出以「有部分……都是……」而且是假的句子。

練習28.3

填入語詞完成以下的句子，並且讓這個句子爲眞。

1. 所有__________都有蓋子。
2. 所有__________都是圓型。
3. 所有__________都是武器。
4. 所有__________都是鐵製品。
5. 所有__________都比水更重。
6. 所有__________都是透明的。

填入語詞完成以下的句子，並且讓這個句子爲假。

1. 所有__________都有蓋子。
2. 所有__________都是圓型。
3. 所有__________都是武器。
4. 所有__________都是鐵製品。
5. 所有__________都比水更重。
6. 所有__________都是透明的。

填入語詞完成以下的句子，並且讓這個句子爲眞。

1. 所有__________都沒有蓋子。
2. 所有__________都不是圓型。
3. 所有__________都不是武器。

4. 所有__________都不是鐵製品。

5. 所有__________都不會比水更重。

6. 所有__________都不是透明的。

練習28.4

1. 自己舉出一個原子句的例子，一個等同句的例子，以及一個全稱句的例子。

2. 自己舉出一個含有否定在其中的全稱句，以及一個否定全稱句的否定句。

第二十九課　集合關係的文氏圖

全稱句不但符號複雜，其眞値條件也無法使用之前的萬用工具：眞値表來表現。這是因爲全稱句在思考中眞的是比較複雜的句子，但我們還是會花些篇幅來做點入門的了解。另一方面，各位也能從眞値表可以處理與不能處理的這個對照中，學到更多邏輯系統的概念。

全稱句的眞値條件牽涉到前後兩個語詞代表的集合之間的關係。第一單元我們談過集合之間可以有「子集合」的關係，不過那是這一課討論的關係中的「一種」而已。兩個集合比較時可能具有的四種關係，這一課會做比較詳盡的討論。

先從第一種的文氏圖開始。

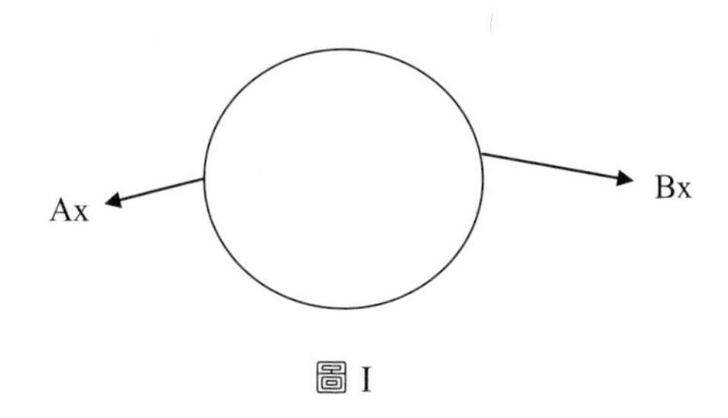

圖 I

I的圖代表Ax與Bx兩集合「完全相等」，簡稱「全等」，這代表不同集合卻有完全相同的成員。雖然這種狀況不多，但可能性一定有，比方說「有腎臟的動物」跟「有心臟的動物」，我們目前所有心臟的動物都有腎臟，反之亦然。另外，「三邊相等的三角形」跟「三個角相等的三角形」也一樣。兩個類的成員全等不代表它們的「概念」完全一樣，用我們之前的說法，這些代表集合的語詞僅僅「外延」相同，但「概念」並不一樣。但能確定的是從某個對象是其中一類，立刻可以推出它是另一類。這是圖I所表現的兩集合間的關係。

我們再看第二種兩個集合之間的關係。

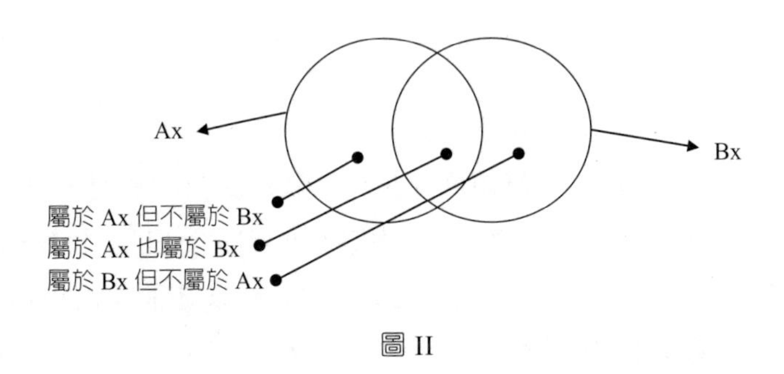

圖 II

圖II代表的兩個集合彼此交疊，部分Ax的成員也是Bx的成員，也有部分的Bx的成員是Ax的成員。這種狀況也叫兩個集合有「交集」；兩個「相容」；或兩個集合「不互相排斥」。「紅色的物體」跟「圓形的物體」就如此，有些物體是紅色但不是圓形，有些是圓形但不是紅色，但也有些既是圓形也是紅色（比方說太陽）。一旦出現兩種特性出現在同一個對象上，就表示這兩個集合有上圖中的「交集」，我們就會說這兩個集合是可以共容或相容的。

我們可以說「全等」是一種非常特別的「相容」，因爲你可以說這兩者的交集是「整個集合」。第三種情況也可以被當成一種特別的相容，那就是子集合的關係。

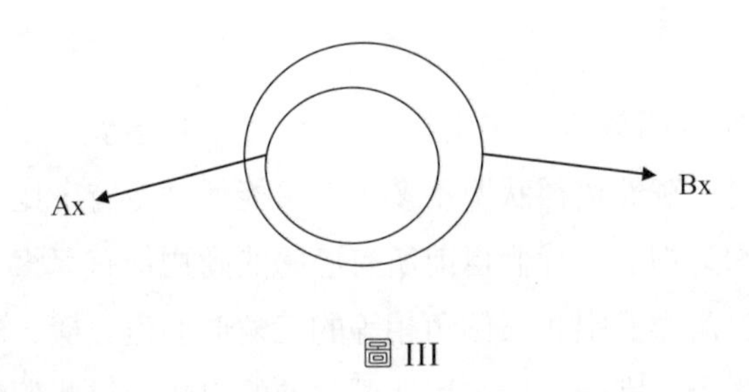

圖 III

III的圖案表示集合Ax被「包含」在Bx之中。這種情況也可以說Ax跟Bx兩個集合相容，因爲它們的確有共同元素。只是這樣講等於保留重要的資訊沒說。這好像我們明明知道某人去了哪裡，卻跟問的人說某人還在地球上。 III圖中Ax是Bx的子集合。複習一下符號：

$Ax \subset Bx$

子集合關係可以表現重要的知識。在原始時代，確認「能生火的木材」都是「乾木材」是件很重要的事，所以能「能用來生火的木材」是「乾木材」的子集合。「顏色鮮豔的菇類」往往被認爲是「毒物」的子集合。兩個集合間是否具有子集合關係是需要經驗的累積去確認的，就像生火木材的例子需經驗的累積一樣。一般全稱句所肯定的，其實就是「子集合」的關係。

我們先別急著進全稱句，把最後一種兩個集合之間的關係講完。最後一種兩個集合可能具有的關係如下圖。

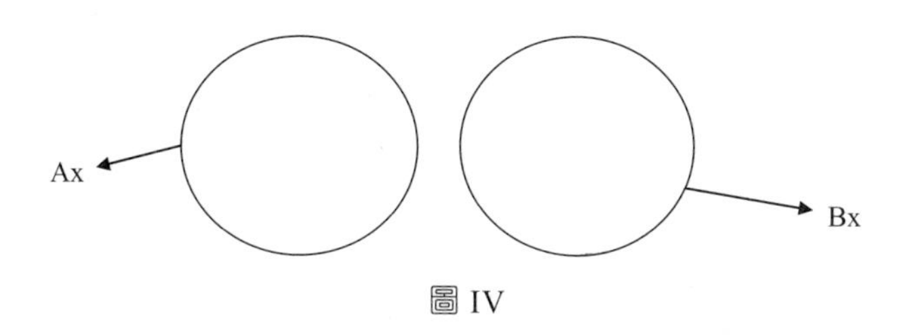

圖 IV

IV代表Ax與Bx兩集合沒有任何共同的對象，也可以說這兩個概念彼此「不相容」。先別急著說這兩個概念彼此矛盾，它們頂多是「沒有共同對象」罷了。「老鷹」跟「獅子」就是這樣的兩個集合，若說這兩個集合矛盾，似乎是挺奇怪的，因爲它們就只是不同的兩個物種而已。

眞正比較像不相容或矛盾的，是之前曾略提過的「補集」的概念。在某一些很大的類當中，我們可以用補集的概念來指某個概念以外所有其他的東西。舉個例子，當大類是動物的時候，我們可以用「非人動物」來指其他非人的動物。當背景的集合就是之前提過的「宇集合」概念。

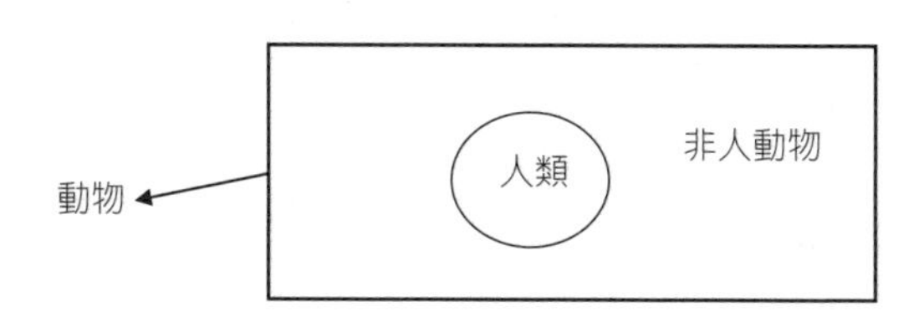

任何集合跟他自己的補集一定是不相容的。不過筆者還是推薦把矛盾這兩個字專門留給句子，這種情況就直接稱之爲「補集」，反而更嚴謹清晰。而且補集關係最好在宇集合面使用，比較不會變得漫無邊際而容易致錯。

我們目前已經介紹了最基本的四種集合間的關係，了解這些關係，我們就可以開始更深入地理解全稱句的眞値條件。

課後練習

練習29.1

想想看在現實世界中符合下圖的Ax跟Bx到底是什麼？

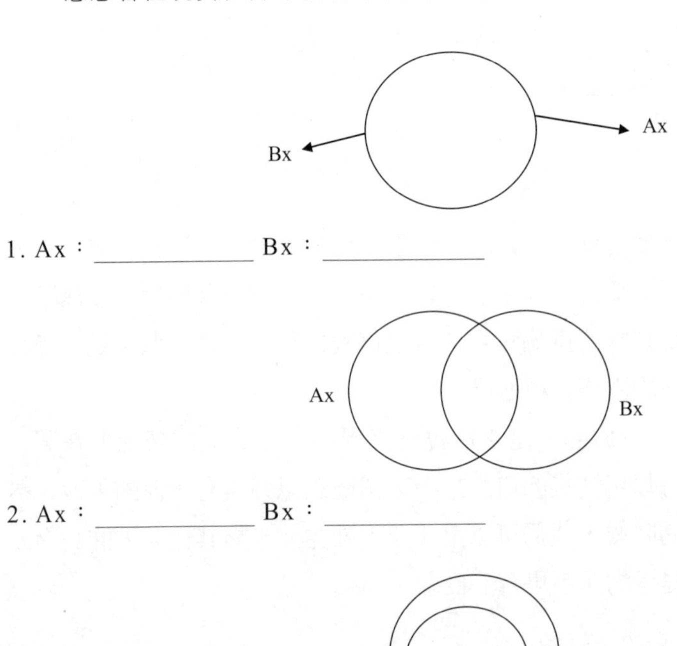

1. Ax：__________ Bx：__________

2. Ax：__________ Bx：__________

3. Ax：__________ Bx：__________

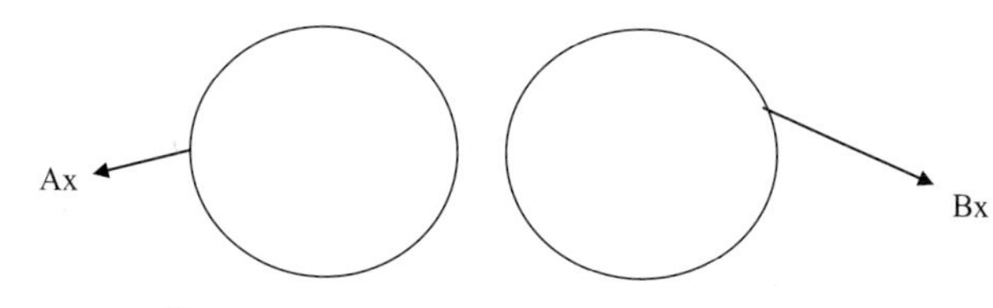

3. Ax：＿＿＿＿＿＿ Bx：＿＿＿＿＿＿

練習29.2

畫出能表現以下集合關係的文氏圖。

1. Ax是Bx的子集合。

2. Bx是Ax的子集合。

3. Ax跟Bx有部分重疊。

4. Ax不是Bx的子集合。

5. Ax跟Bx沒有任何部分重疊。

練習29.3

用文氏圖清楚以下集合與其補集。（提示：你必須想出該集合與它的補集是哪一個更大的宇集合裡）

1. 吸菸區／非吸菸區

2. 變速／非變速

3. 可分期／不可分期

練習29.4

1. 舉出三個不同代表集合的語詞。

2. 說明這三個代表集合的語詞之間的關係是哪一種（總共三組）。

第三十課　全稱句的眞值條件

全稱句的眞假是由比較兩個集合的關係決定。當說「大黃蜂是具有攻擊性的生物」時，我們是在比較這兩個集合的關係。由於全稱句提到的兩個集合在順序上有所不同，所以前一課的圖型III有可能有以下兩種不同的情況出現：

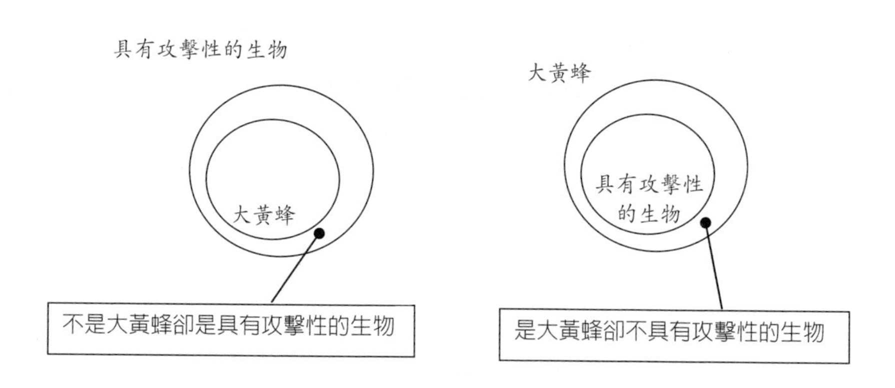

在以上兩個圖型中，左邊圖型裡每一隻大黃蜂，都在具有攻擊性的生物之中，但右邊的圖型中，有部分大黃蜂跑出具有攻擊性的生物之外。所以，讓全稱句「大黃蜂是具有攻擊性的生物」爲眞的，不是右邊的圖，而是左邊的圖。在左邊的圖中，雖然有一些不是大黃蜂的生物具有攻擊性，但「大黃蜂是具有攻擊性的生物」這句話，並沒有說大黃蜂是唯一具有攻擊性的生物。當說「字典是書」時，我們並沒有說「所有書都是字典」。

左邊的圖會讓全稱句「大黃蜂是具有攻擊性的生物」爲眞，所以反過來說，當一個人跟你說「大黃蜂是具有攻擊性的生物」時，他想告訴你他認爲「大黃蜂」與「具有攻擊性的生物」這兩個集合間的關係，是左邊的圖那個樣子。如果你認爲他的說的是眞的，表示你也這樣想。你如果有不同的意見，表示你不認爲這兩個集合的關係如此。透過文氏圖我們能更清楚當全稱句爲眞時，它意指了什麼。

除了這個情況以外，我們來把剩下三種情況都考慮一遍。來看看最後一個圖IV的圖型如下：

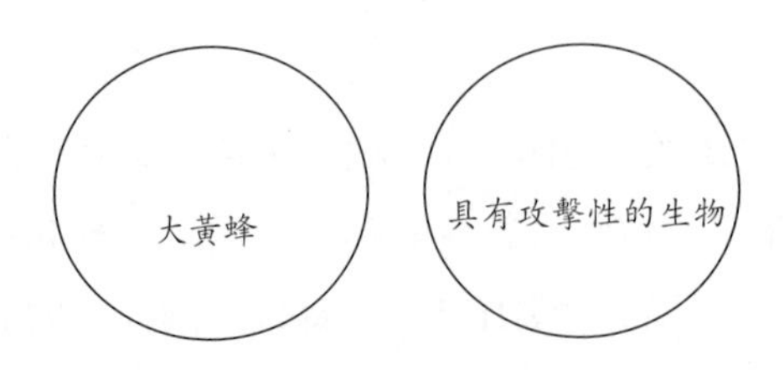

在這個文氏圖中，與其說所有大黃蜂都是具攻擊性的生物，倒不如說剛好「否定」了這點。所有的大黃蜂都不符合具有攻擊性生物。所以在這種情況中，「大黃蜂是具有攻擊性的生物」這句話明顯爲假。

圖II表現的情況其實也類似。

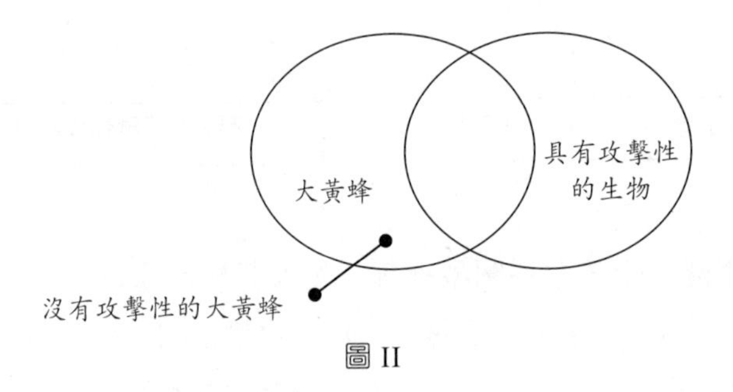

圖 II

左邊的部分，顯示有部分大黃蜂沒有攻擊性，所以在這種情況中「大黃蜂是具有攻擊性的生物」這句話也會爲假，至少不盡然如此，這應該是沒有爭議的。

我們來看最後一種圖I的情況。

圖 I

這種情況很微妙，沒有任何大黃蜂是在具有攻擊性的生物範圍以外，但也沒有在大黃蜂以外卻是具有攻擊性的生物。這句話沒有肯定大黃蜂是「唯一」具有攻擊性的生物，但也沒有否定這種說法，所以應該不用管這句話的眞假兩者皆可。「大黃蜂是具有攻擊性的生物」這句話，在這種情況中還是爲眞，至少找不到認爲它爲假的理由。

若把例句換成「偶數是能被二整除的數」，這句話的爲眞就會更明顯。只不過在前例句當中，原來全稱句所說的要比這講得要更寬鬆，因爲該例句允許有一些非大黃蜂的攻擊性生物。I的情況與III左的情況都可以讓原來的全稱句爲眞。所有這些以外的圖型，都會讓這類句子爲假。

在否定句那一課，我們有提到「在某句話爲假的情況下，那句話的否定句會爲眞」，這條規則在現在還是正確無誤的，只是全稱句的否定句容易讓人混淆，因爲它的結構比較複雜。簡單句否定號放的位置比較自由，「蘇格拉底不是現代人」與「並非蘇格拉底是現代人」沒有太大意思上的差別，但是比較以下兩個句子，你會發現明顯的差別。

所有的男生都不是負心漢

不是所有的男生都是負心漢

讓第一句爲眞的情況，明顯是前一課提到的圖IV。

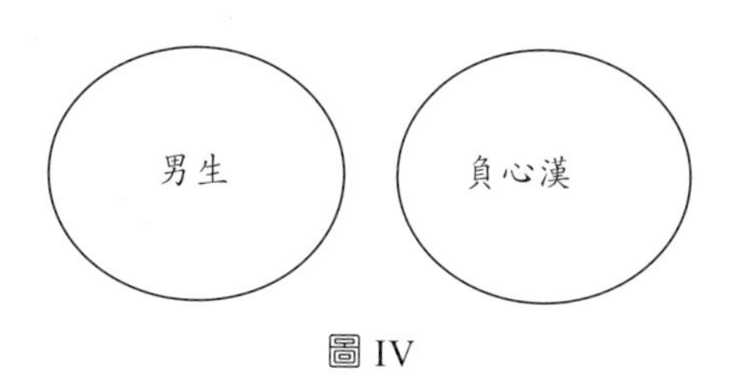

圖 IV

但這顯然和第二句話不相同。因爲它的限定太多了，剛剛提到的II與III右還有IV都可以讓這句話爲假，第二句才是前述全稱句的否定句。而能夠讓這句話爲眞的情況恰巧是：

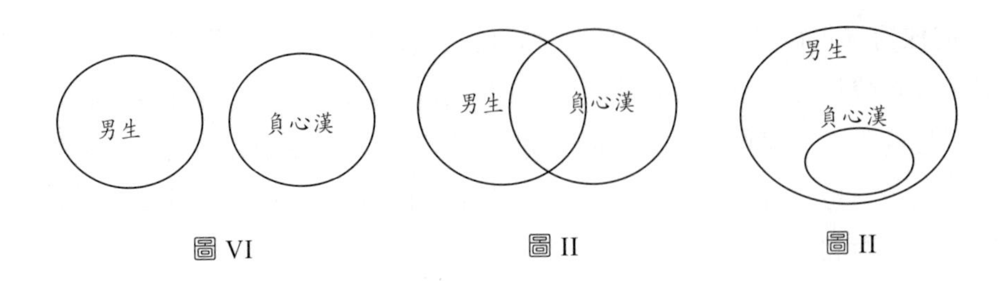

圖 VI 圖 II 圖 II

「所有男生是負心漢」的否定是「並非所有男生都是負心漢。」II、III右與IV，也就是所有剛剛讓這句話為假的情況，都可以讓這句話為眞，原因可以參考否定句的眞值表。其中圖II與圖III這兩個圖型都會讓以下兩個句子都為假。

所有男生都是負心漢。

所有男生都不是負心漢。

圖II的情況是有些男生是負心漢，也有些不是，這其實是最接近現實世界的狀況。要常常記得圖II，因為我們很容易在「所有……都是……」遭受到挫折時，反而推出「所有……都不是……」。這十分常見的思維方式，卻是非常嚴重的邏輯錯誤，我們一定要抱著理性的思考，才能眞正從錯誤中學到東西。「所有……都是……」遇到問題時，千萬要注意II、III右與IV都有可能，而且在現實世界中，最有可能的情況常常是II而不是IV。

進階邏輯課會學到另一種說法，說：「並非所有男生都是負心漢。」這句話的意思其實等於「存在有某些男生不是負心漢」。但這樣勢必得加入「存在某些」這類特殊語詞，這會讓我們的課沒完沒了，我們先停在這裡，等到基本邏輯部分介紹完了之後，有機會再做進一步的思考或解析。

課後練習

練習30.1

用常識判斷以下全稱語句的眞假

1. 所有的生物都要呼吸。 (　　　　)
2. 所有的恐龍都是陸上生物。 (　　　　)
3. 所有的植物都不會移動。 (　　　　)
4. 所有的鳥類都會飛。 (　　　　)
5. 所有的蜘蛛都有毒。 (　　　　)
6. 所有的蜘蛛都沒有毒。 (　　　　)
7. 所有的鐵製物都會沉進水裡。 (　　　　)
8. 所有的鐵製物都不會沉進水裡。 (　　　　)
9. 所有的車輛都是用輪胎行走的。 (　　　　)
10. 所有的車輛都不是用輪胎行走的。 (　　　　)

練習30.2

畫出以下爲眞的全稱句子文氏圖。

1. 所有正方形都是長方形。

2. 所有邏輯老師都是老師。

3. 所有的老師都不是兔子。

4. 所有的兔子都不是昆蟲。

5. 所有8的倍數，都是偶數。

6. 所有可以被6整除的數，都可以被3整除。

練習30.3

畫出以下句子中的集合在「現實世界」中的文氏圖，每兩題共用一個，並且用這個圖判斷這兩個句子的眞假。

1. 所有的老闆都是富有的人。
2. 所有的老闆都不是富有的人。

3. 所有的學校都在臺北。
4. 所有的學校都不在臺北。

5. 所有的衣服都用棉花造的。
6. 所有的衣服都用棉花造的。

7. 所有的臺灣男子都要當兵。
8. 所有的臺灣男子都不要當兵。

練習30.4

畫出以下句子中提到的概念「符合現實世界狀況」的文氏圖，每三題畫一個，並且用這個圖判斷這三個句子在現實世界中的眞假。

1. 並不是所有男生都會彈鋼琴。
2. 所有男生都會彈鋼琴。
3. 所有男生都不會彈鋼琴。

4. 所有電風扇都要插電。
5. 所有電風扇都不要插電。
6. 並不是所有電風扇都要插電。

7. 所有的小朋友都不是大人。
8. 所有的小朋友都是大人。
9. 並非所有的小朋友都不是大人。

第三十一課　全稱句的推論

前一課是全稱句的眞值條件的分析，緊接著我們要來思考一下跟全稱句有關的推論概念。全稱句最常見的推論是以下這類型：

S1：所有的Ax都是Bx

S2：a∈Ax

從這兩句可以推論出S3: a∈Bx

試著用文氏圖來釐清這個推論，我們看以下文氏圖。

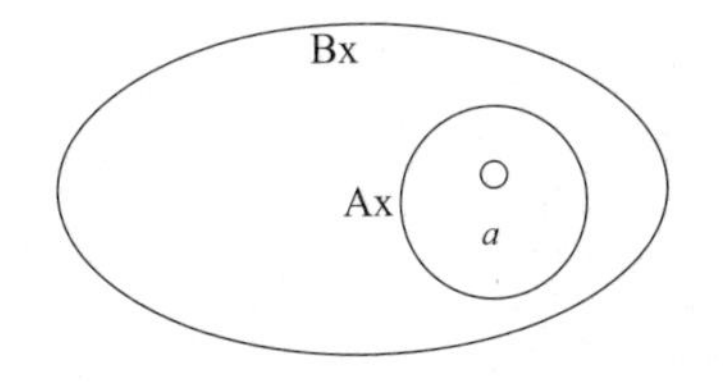

上圖中不管a是在Ax集合中何處（讓S2爲眞），因爲Ax是Bx的子集合（讓S1爲眞），所以a必定屬於Bx（讓S3爲眞）。不管怎麼畫都無法畫出a不屬於Bx的文氏圖，無法構思出這種思考圖像。因此，從S1與S2可以推論出最後一句S3。

但這類推論要特別注意a到底是屬於Ax還是Bx，我們把S2中的Bx換成Ax，S3中的Bx換成Ax，就會變成以下相似卻錯誤的推論。

S1：所有的Ax都是Bx

S4：a∈Bx

從這兩句可以推論出S5：a∈Ax

這個推論就不見得正確了，因爲有可能出現以下的情況。

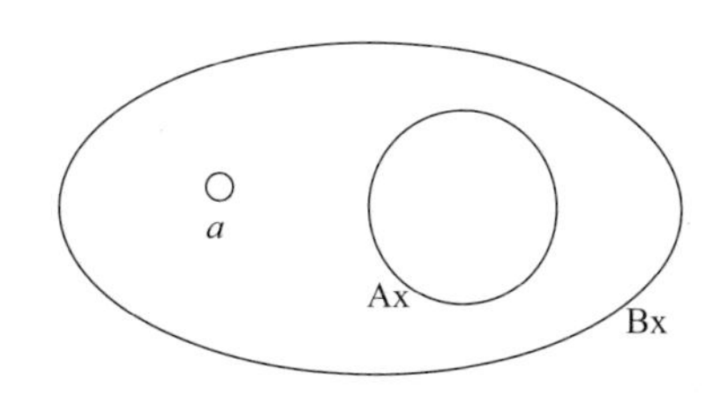

因為有可能有這種情況的出現，所以從S1與S4無法推出S5。這種例子是很容易犯錯的，舉個例子。

所有數學好的人邏輯都很好。

豪哥數學很好。

豪哥邏輯很好。

以上是正確的推論，但以下就不是。

所有數學好的人邏輯都很好。

豪哥邏輯很好。

豪哥數學很好。

這個推論就是錯誤的，因為原來的句子只有確定數學很好的人邏輯會很好，但並沒有確定邏輯很好的人數學怎麼樣。就算是事實上這兩者真的有關，但也只是「剛剛好」如此，不是從「推論」而來的。邏輯憑藉的是理性推論，而不是運氣。所以我們要說從這兩句話「不能推出」最後一句。在推論思考時，一定要詳細對照每個句子的句型與詞彙，才不會出現錯誤。

剛剛這類推論是從某一類事物全部都是如何，推出這類中某個物是如何。這種推論可以說是理所當然的，在平常生活中，還有另一種完全相反的推論，就是從我們遇到的某些特例，推論出某一類的事物全部都是怎樣。

從特例推論某類的事物全部都怎樣，其實是有危險性的。邏輯又被稱為演繹邏輯（deductive logic），演繹邏輯中正確推論是能通過確定性考驗的推論，所以只要有可能出問題，就是不正確的推論。所以從演繹邏輯的角度來說，單單從一個個有限的例子「怎樣」出發，推到全部都「怎樣」的推論，基本上都是錯誤的。除非我們所說「全部」那群是有限的事物。不過因爲我們目前對全稱句的解析只是要多了解它，不只限於演繹邏輯，那麼將常見常用的非演繹推論納入討論，並不見得是件不正確的事情。

所以我們假設可以從一個個有限的例子「怎樣」出發作推論。這種推論有合理的，也有可能是不合理的。合理的叫做「歸納」（induction），這是一種很重要的科學方法，又稱「歸納法」。不合理叫做「以偏概全」，是一種粗心的謬誤。這兩者的區別主要來自於進行推論的態度。當一個女生遇到三個負心漢的男生之後，她可能會覺得「所有男生都是負心漢」這個句子是正確的。這時我們可以說她在進行簡單的歸納，也可以說她是以偏概全。但是單從句子的角度看，這兩者幾乎沒什麼差別。

兩者的區別主要在她接下來表現的「態度」。如果這個女生不管遇到多好的男生，都先斷定他是負心漢，不管這個男生有多麼不負心的證據，她都挑毛病否定，這時我們會說她是以偏概全。反之，如果她小心翼翼，遇到下個男生時先心存戒心，但是仍會仔細觀察，維持客觀的立場。那麼我們可以說她正進行一次她有興趣的歸納。

再回到一開始，如果她只遇到一個男生就如此斷定，那她就偏向以偏概全。當一開始的例子越少，後來的態度越主觀，我們就說這偏向「以偏概全」，這是錯誤的推論。當一開始的例子越多，後來的態度越謹慎客觀，我們就說這是歸納，這是理性的推論。這兩者要看長期的表現，而不是從句子本身就能確定，所以要從更整全的角度來思考才行。

目前爲止我們仔細地討論了七種不同類型的句子，算是對日常語句的邏輯意義有基本的了解。下一單元開始，我們要進入由許多句子構成的論證。

課後練習

練習31.1

以下哪個是正確的全稱推理。

1. 所有的科學家都很理性。

 牛頓是科學家。

 以上兩句可以推出：

 牛頓很理性。

 （正確／不正確）

2. 所有的科學家都很理性。

 牛頓很理性。

 以上兩句可以推出：

 牛頓是科學家。

 （正確／不正確）

3. 所有的科學家都不感情用事。

 牛頓不感情用事。

 以上兩句可以推出：

 牛頓是科學家。

 （正確／不正確）

4. 所有的科學家都不感情用事。

 牛頓是科學家。

 以上兩句可以推出：

 牛頓感情用事。

 （正確／不正確）

5. 所有的運動員都很健康。

 菲爾普斯是運動員。

 以上兩句可以推出：

 菲爾普斯很健康。

（正確／不正確）

6. 所有的運動員都很健康。
   菲爾普斯很健康。
   以上兩句可以推出：
   菲爾普斯是運動員。
   （正確／不正確）

7. 所有的運動員都很健康。
   菲爾普斯不健康。
   以上兩句可以推出：
   菲爾普斯不是運動員。
   （正確／不正確）

8. 所有的運動員都很健康。
   菲爾普斯不是運動員。
   以上兩句可以推出：
   菲爾普斯不健康。
   （正確／不正確）

9. 所有的將軍都很勇敢。
   岳飛是將軍。
   以上兩句可以推出：
   岳飛很勇敢。
   （正確／不正確）

10. 所有的將軍都很勇敢。
   牛頓是將軍。
   以上兩句可以推出：
   牛頓很勇敢。
   （正確／不正確）

練習31.2

分辨以下情況中的推論，你覺得是合理的歸納，還是不合理的以偏概全？爲什麼？

1. 小毛買了三十個橘子，吃了一口其中一個，便說：「哇！這整堆橘子都好甜。」
（合理歸納／以偏概全）
2. 小毛三次去買水果，老闆都拿不好吃的水果給他，小毛便說：「這家水果攤都拿不好吃的水果給我。」
（合理歸納／以偏概全）
3. 小毛發現去年每個月月底三天家裡都吃泡麵，所以便說：「我們家每個月月底那三天都吃泡麵。」
（合理歸納／以偏概全）
4. 小毛認識了一個美國朋友，覺得他很高大，便說：「所有的美國人都很高大。」
（合理歸納／以偏概全）
5. 小毛的美國朋友看報紙，看到日本跟臺灣都有地震，便說：「原來亞洲所有國家都有地震啊！」
（合理歸納／以偏概全）
6. 小毛上了數學老師一年的課，發現數學老師早上第一節課都脾氣不太好，因此推測：「數學老師早上起來脾氣都不太好啊！」
（合理歸納／以偏概全）
7. 小毛下課後路上遇到一隻橘子色的流浪貓，非常親近人，小毛便說：「原來橘色的貓都是親近人的貓啊！」
（合理歸納／以偏概全）

練習31.3

1. 簡述一個你自己透過歸納而來的合理想法，或正在進行中的歸納也可以。

2. 分享一個你聽過或自己有的以偏概全經驗。

參、推論與論證

第一課　判斷與推論

目前爲止我們完整介紹了六種述句的邏輯概念，以及全稱句的簡介，各位應該對「語句」在思考中的邏輯意義有不少的認識。第三單元將提升複雜度，開始討論由「多個句子」構成的「論證」（argument）。

論證是由「推理」（reasoning）或「推論」（inferring）而來。推理與推論就是注意語句之間的理性關聯，以理性的角度組織我們的想法。「推論」或「推論」這兩個語詞，在接下來的討論中，其實並沒有明顯意思上的差別。基於一般邏輯學教科書的習慣，我們會盡量使用「推論」這兩個字，但如果沒有特別的說明，這些語詞替換成「推理」，也不會有太大意思上差別。

推理或推論就是以理性的角度組織我們的想法。這並非科學家或偵探的專利，任何人在任何時刻想「判斷」一句話眞假時都會用到推論。我們曾強調語句的眞與假完全取決於「事實」，而非由「思考」決定，但生活中還是需要「判斷」某句話的眞假，當作知識或行動根據。千萬別混淆「判斷」某句話是眞是假，跟「實際上」該句話是眞是假。在尊重事實的基礎上，推論有助於判斷而非決定，這點千萬不要混淆。

只要思考夠清楚，理性判斷絕不會減少對於眞理的謙遜。要精於判斷眞假，我們得先了解自己如何判斷眞假。以以下三句話爲例，假想筆者想「說服」各位以下三個句子是「眞」的：

S1：「月亮是圓型的。」

S2：「月亮是方型的。」

S3：「月亮地殼中含有大量可開發的鐵礦。」

當筆者想說服各位S1這句話爲眞時，大部分人會覺得這裡講說服毫無意義，因爲大家本來就這樣覺得。我們「本來」就覺得S1是眞的。這「本來」是由大家的生活經驗而來的，每個人的生活經驗都提供了很好的「理由」去相信S1，外出的晚上見過；書上教過；古人詩詞之中吟詠過。

相信沒有人會反對，接受某個說法爲眞，是因爲能找到好的「理由」來支持它。合理的判斷出於理性，理性自然敦促尋找「理由」。誠然，一個人就算不提理由，也能「剛好猜對」某些事，但我們無法保證，每次想猜對時就會實現。運氣非教育目的，腳踏實地依照「理由的」推斷才是我們應該學習的。

除了直接觀察，我們也把所見所知的理由儲存在各式各樣的地方，比方說書本、電腦、老師的腦袋裡等等，這些是獲得各種知識的「管道」或媒介。把「管道」本身視之爲「理由」只是一種簡化的說法。所有知識，所有合理想法的理由都是每個人可以思考、理解、甚至親自觀察到的，只是平常生活沒時間這樣而已。

每個人應該要保持理性組織思考的能力，要了解到這些管道僅僅是「代表理由」，而不是「相等於」理由。「代表」有時會出問題，若視之爲「相等」，可就信賴過了頭而成了盲從。保持審愼的態度面對知識各種管道，備有獨立判聽的思考能力，才是正確的態度。

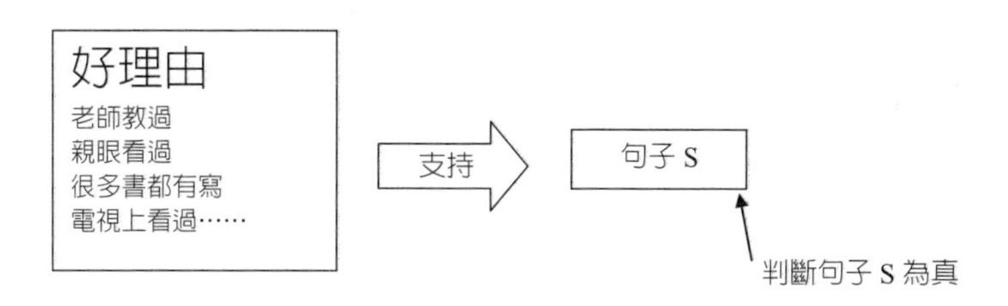

再來看第二句。當筆者試圖說服各位S2爲眞時，情況完全相反，沒有人相信S2爲眞。理由是我們很清楚月亮並非如此，有好理由支持S2爲假。第二單元學到相信S2是假的，也就是相信「S2的否定句」爲眞。判斷某句話爲假，就等於判斷該句的否定句爲眞。所以合理斷定某句爲假，也等於找到好理由去支持某句子，只是支持的是原來句子的「否定句」。

也許有人會用另一種說法，我們之所以判斷S2爲假，是因爲S2與原有的想法有矛盾或衝突，但這與前一段說法並無太大差異。「衝突」或「矛盾」最簡單的定義是一個句子與自身否定句產生的矛盾，這與前一段的說法其實殊途而同歸。

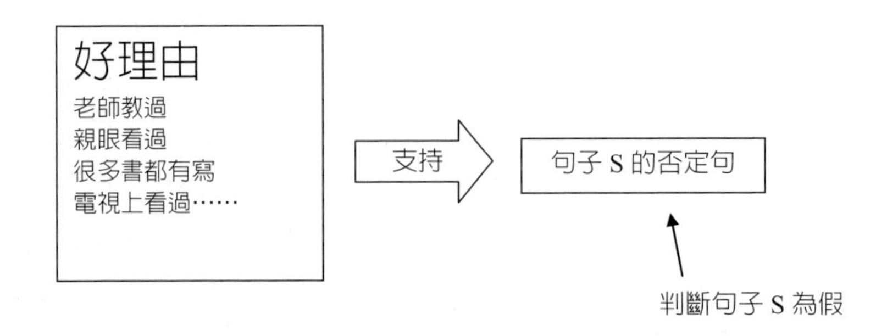

最後一個例子是S3。跟前兩句不同的是S3既不會跟「常識」相衝突，但也不太能互相支持。總之，一般人依「常識」很難確定它得眞假。如果不是找專家弄個明白，那麼這類句子在我們思考中就是「不確定眞假」。

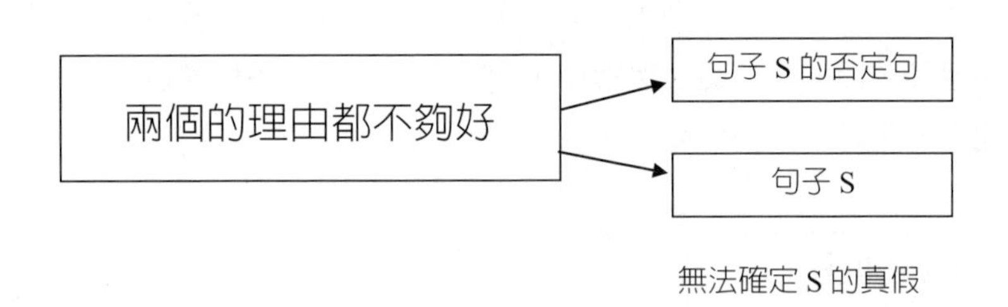

面對不確定眞假的句子，若想進一步消除這種不確定感，方法一樣是回到前面的尋找理由。合理的反應是「這說法從哪來的？」、「這說法有證據嗎？有理由嗎？」、「怎麼知道？」當我們遇到不知道該不該相信的資訊時，關注焦點就由說法本身轉移到它的「理由」，透過理由來判斷它是否可靠。

這種尋找理由來支持想法的活動就是「推論」。對一句話眞假的理性判斷必定牽涉著推論，推論發揮作用的範圍遠超過偵探與科學的任務。邏輯則是透過對論證的研究，分析釐清推論的結構，讓我們自己成爲自己推論思考的主人。從這個單元開始我們將努力邁向逐個目標。

課後練習

練習1.1

判斷以下句子的眞假，說明其「理由」，並試著把理由以「完整的句子」的形式說出。

1. 玫瑰有刺。

2. 安徒生寫了超過一千萬篇兒童故事。

3. 電器若拔掉電源，會因喪失能源而失去功用。

4. 一個整數的倍數有無限多個。

5. 神仙企鵝並不是全世界最小的企鵝。

6. 三角形的內角和是180度。

練習1.2

1.老師說過2.自己想一想3.自己親眼看過4.查一查字典5.上網查一下6.電視播過7.去翻一本書以上是一些常見的想法獲得「理由」的管道，試著想想以下的問題用哪種管道解決比較好。

1. 有人問你你喜歡吃什麼。
2. 有人問你1+1等於幾。
3. 有人問你「昶」這個字是什麼意思。
4. 有人問你下周三的天氣。
5. 有人問你你的老師長得帥不帥。
6. 有人問你臺灣的面積是多少。

7. 有人問你畢氏定理怎麼證明。
8. 有人問你，你將來想做些什麼。
9. 你覺得如果所有1的換成用2來得到會怎樣。
10. 你覺得如果所有2的換成用1來得到會怎樣。

練習1.3

以下是一些常見的想法獲得理由的「管道」，試著自己提出一些從這個管道支持的想法與知識。

1. 老師說過

2. 親眼看過

3. 書本或網路中的記載

4. 自己想一想

你有從這些管道得到過假的資訊嗎？舉任意一個（或一個以上）。

練習1.4

1. 自己試著提出一個你覺得有趣而且有好理由判斷爲眞的句子，看看是否能說服所有人。

2. 自己試著提出一個你覺得有趣而且有好理由判斷爲假的句子，看看是否能說服所有人。

3. 自己試著提出一個你覺得有趣但無法判定眞假的句子，看看是否有人能確定它的眞假。

第二課　事實與價值

第一課提到判定一句話眞假的結果有三種：「眞」、「假」或「不確定」。不過其實還有第四種比較不常見的選項。前三種句子都是判斷主題較單純的句子，眞假就看符合事實與否，沒有太大的爭議性。判斷較複雜的主題的想法時，會遇到第四種，筆者稱之爲「具有爭議」的句子。「具有爭議」是說一個句子跟它的否定句都有可以接受的理由。

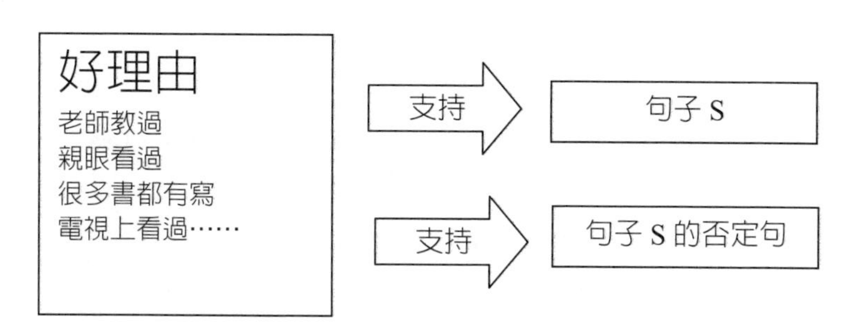

比方說「某某發電廠應該興建」，「某某物質對人是有害的」這些議題受屬於這類議題。最常出現的「具有爭議」句子是與「價值」概念有關的句子，前兩個例子就是。順著這一點我們要來談談邏輯中「事實」與「價值」的區分。

這個世界有很多「事實」，我們的語言可以用來描述事實，這是屬於比較理性的角度，理性的角度關心眞假問題。除了理性之外，有情感的我們會對事物或事實抱持一種非信念的「態度」，這個「態度」通常就是價值概念的基礎。舉兩個最簡單的例子。

巧克力超好吃。

上課超痛苦。

這兩個都是明確反映我們對這些事物的態度的句子。很籠統地說，常見的態度可以分「好」跟「壞」兩種。好跟壞都是一種態度的表示。再比較一下以下三個句子。

群眾正在上街遊行。

群眾上街遊行是糟糕的行爲。

群眾上街遊行是可敬的行爲。

第一個句子僅僅是描述發生什麼事情，但後兩句子都有展現出說話人對事實抱持的「態度」。第二句的態度偏向負面，而第三句則偏向正面。所謂的「價值」不是單純描述跟我們自身無關的事實，而是包含了跟我們自己有關的「態度」在裡面，我們對事物抱持了一些特定的態度。以下是一些常見的跟態度有關的語詞，當用到這些語詞的時候，在絕大多數的時刻（雖然不是百分之百），我們都是在反應自己的態度。

「好的」、「不好的」、「好的」、「壞的」、「美」、「醜」、「有利的」、「有害的」、「應該的」、「不應該的」、「可笑的」、「可敬的」、「糟糕的」、「美好的」、「偉大的」、「渺小的」、「可恥的」、「愚蠢的」、「明智的」……

價值的主題之所以易引起爭議，有兩個理由。

1. 我們很在乎別人對我們或其他事實的態度。
2. 我們很容易對相同事實抱持不同的態度。

第一點，人類是社會的動物，不管承不承認，我們會在意別人對我們態度，甚至在意別人是否跟我們對事物有一樣的態度。價值語詞的使用，當反應出說話者的態度時，不管好或不好，都會造成一些理性之外的結果。比方說，令對手感到愉悅或憤怒，這是第一點。

第二點無庸置疑。覺得什麼樣的食物好吃；什麼樣的衣服好看；什麼樣的人夠朋友；什麼樣的人是好的伴侶；什麼樣的生活值的羨慕；什麼是幸福。與其說這些每個人的「定義」不一樣，到不如說，這是因爲每個人對相同事物所抱的「態度」不同所致。

這是具有爭議的句子會產生的主因，價值觀的不同。因爲不同的時空背景，歷史文化諸多因素的影響，形成了兩種以上的對立價值觀點，引發了爭議。爭議常常兩邊都有很好的理由，但卻是矛盾對立的。

所以當我們了解主題具有爭議的句子時，一定不可以只看單方面的理由。，因爲兩邊都可能有很好的理由。支持某個句子的理由，我們叫這個句子的「正面理由」，支持某個句子的否定句的理由，叫這個句子的「反面理由」。主題爭議度高的句子要看正反兩方的理由。

這類議題我們都應該要將正反面的理由都納入考慮。當懷疑「某某藥是好的」，一種藥並不必然只有好的效果或只有不好的效果。當懷疑「某某地區應該進行開發」，開發通常不會只有好的結果或只有不好的結果。複雜的問題都需要正反理由的評估，才能作出理性的判斷。爭議性問題避不是理性無法解決，而是需要更理性地去解決。爭議性的問題需要更多的理性；更多的收集資料；更多考慮兩方的價值才能有理性的結果。

另外，具有爭議的議題也要更細緻地切割出自己的主張，而不是很籠統地洗腦與廣告。我們可以把某件事的利弊得失，從最好慢慢排到最壞如下。

行動X只有好處，沒有壞處。

行動X有很多好處，很少壞處。

行動X好壞參半。

行動X有很多壞處，很少好處。

行動X只有壞處，沒有好處。

在進思考行評估時，區分得越細，越能幫助我們深入思考這類問題。

最後一點，除了有關於價值的議題有爭議，某些有關於事實的論點，例如基本物理學理論或醫學理論也會出現兩難的理論。不過通常都是非常少見，而且非常難解的問題。這些已經遠超出基本邏輯所能處理的範圍，所以不在此進行討論。

課後練習

練習2.1

以下哪些語詞是有關「價值」的？哪些是僅僅有關於「事實」的？用不同顏色的筆圈起它們。

「機器做的」、「好的」、「含鐵的」、「好心的」、「人工做的」、「不好的」、「吃飽的」、「好的」、「壞的」、「高溫的」、「邪惡的」、「尖尖的」、「美」、「直角三角形」、「醜」、「有利的」、「有毒的」、「討厭的」、「有翅膀的」、「應該的」、「不應該的」、「長腿的」、「可笑的」、「長毛的」、「糟糕的」、「美好的」、「軟軟的」、「超硬的」、「愚蠢的」、「明智的」

練習2.2

你覺得以下語句是純粹描述事實，還是帶有價值判斷。

1. 豪哥的體重已經超過70公斤了。
2. 豪哥的體重已經超過80公斤了。
3. 豪哥的體重已經超過90公斤了。
4. 豪哥的體重已經超過正常範圍了。
5. 豪哥的體重已經說明了他是一隻肥豬。
6. 豪哥的體重已經說明了他是一隻蠢豬。
7. 豪哥的體重已經說明了他飲食習慣有多糟糕。
8. 豪哥的體重已經說明了他超過30歲了。
9. 豪哥的體重已經超越了人類與肥豬的界線了。
10. 豪哥的體重已經超過了100公斤了。

純粹描述事實的有：

帶有價值判斷的有：

練習2.3

1. 用兩句純粹描述事實的話，描述你的同學。

2. 用兩句純粹描述事實的話，描述你的老師。

3. 用一句帶有價值的話，描述你的同學。

4. 用一句帶有價值的話，描述你的老師。

練習2.4

你認為以下的這些理由是否能支持判斷「氫氧基酸對人是有害的」。

氫氧基酸是酸雨的主要成分；

氫氧基酸加速泥土流失；

氫氧基酸是推動溫室效應重要原因之一；

氫氧基酸它是腐蝕的成因；

過多的攝取可能導致各種不適

皮膚與其固體形式長時間的接觸會導致嚴重的組織損傷；

被吸入肺部可以致命；

氣態時引起嚴重灼傷；

在末期癌症病人腫瘤中發現該物質；

對此物質上癮的人離開它168小時便會死亡；

使人類陷入戰爭；

練習2.5

1. 我們應該下雨天就不用上學。

正面：

反面：

2. 我們應該讓小學生自己當校長。

正面：

反面：

3. 我們應該開發奈米科技。

正面：

反面：

4. 我們應該建核能發電廠。

正面：

反面：

練習2.6

仔細思考，你覺得以下這些句子，哪個覺得基因食品最好，哪個覺得基因食品最糟？

1. 基因改造食品對人類好壞參半。
2. 基因改造食品對人類只有好處沒有任何壞處。
3. 基因改造食品對人類只有壞處沒有任何好處。
4. 基因改造食品對人類好處多過於壞處。
5. 基因改造食品對人類壞處多過於好處。

第三課　文字中的推論

尋找理由來支持想法的活動就是「推論」，推論是理性判斷的基礎。生活中常見的判斷有三個來源，出於情感，出於猜測，以及出於理性。一個人喜不喜歡辣的食物，取決於喜好，廣義來說可以被歸類爲情感。一個人猜測一枚均質硬幣擲出的是哪一面，靠的是運氣。但是如果我們要決定在哪裡蓋一間學校，哪一個人才是犯人，或解開一題數學題，我們需要的就是「理性判斷」，就是以推論爲基礎的判斷。

每個人都會推論。走進一間從沒去過的六樓房子，從陽臺往下看，我知道跳下去有生命危險。我當下看到的僅僅是「距離」，無法直接看見「生命危險」。這也不是經驗或記憶的問題，因爲我過去不但沒來過這間房子，也沒跳下過其他六樓房子的陽臺過。我怎麼知道有危險？從「推論」而來。任何人要是不會這樣的推論，很可能有非常嚴重的結果。簡單的推論人人都會，但聰明有見識者往往能比平常人做出更快速、精準與全面的推論，這正是我們的目標。

前面這個陽臺推論，是從「觀察」而來的推論。邏輯專注訓練的推論，是「文字上」的推論，有些哲學家認爲文字推論是所有推論的基礎，這是一個很爭議的問題，我們不深入討論。不過文字推論的重要性是很顯而易見的，因爲一個人若不是天賦異稟，大多數知識都是透過文字的理解學習而來的，這就足以說明其重要性了。[1]我們這週介紹一個簡單實用的練習，就是思考一段文字中可以推出些什麼，不能推出些什麼。上邏輯課已經很久了，所以這邊的「一段文字」有個更清楚的說法，那就是「一組句子」，或「一組句子」的「集合」。將一段文字看做是由「一組句子的集合」可以減少我們對文字與理論的恐懼，幫我們更有信心一句一句弄懂它們。

一組句子可以被理解，而且被理解之後，我們其實從這組句子中推論出一

---

[1] 讀者可以試著揣摩看看，如果不使用語言的話，那還能不能思考呢？並請留意，當你在揣摩時，極可能就正在使用語言文字進行思考。

些原來沒有的句子，舉個例子。

> 他們曾經把他（布諾西卡）檢查一個禮拜，把它放在螢光鏡前四次，要他坐著、躺著、站起。他們把他帶到那些穿白袍的老人面前。他真的以爲是可怕的病症。突然，他們不需要他動手術就讓他走了。（出自索忍尼辛《癌症病房》）

這段文字包含有四個句點，至少有四個句子。其中第一個句子應該是由兩個以上句子組成的連言句，但我們現在先不計較每個句子精確的句型。先以常識思考，就以上這組句子做考慮，哪些句子可以被推出或不被推出。以下是一些不被包含在以上片段中的句子：

> 布諾西卡曾在醫院檢查三天以上。
> 布諾西卡曾照過三次以上的螢光鏡。
> 布諾西卡是一個碼頭工人。
> 布諾西卡得了癌症。
> 布諾西卡這次檢查後就動了手術。
> 布諾西卡在醫院的檢查不到一天就結束。

以上六個句子都是在原文字中沒有出現過的句子。但是我們都知道他們跟以上這一段文字有關連。只要理解這段文字的人都會了解，前兩句：

> 布諾西卡曾在醫院檢查三天以上。
> 布諾西卡曾照過三次以上的螢光鏡。

是可以從這一段推論出爲眞的句子。推論的意思就是如果上一段文字是眞的，那麼，這兩句話也一定是眞的。這就是推論的意思。推論就是從文字中去假設，假設某些話爲眞，那另外一些跟這句話不太相同的話，是不是也會爲眞。推論並不能保證以上這兩句是眞的，他只能保證，如果前一段文字是眞的，那麼這兩句話就會是眞的。

我們再看最後兩句。

布諾西卡這次檢查後就動了手術。

布諾西卡在醫院的檢查不到一天就結束。

兩句話各位可以思考一下這兩句話，你會發現這兩句話如果上一段文字是眞的，那麼這兩句話一定是假的。換句話說，這兩句話的否定句一定會爲眞。因爲既然上一段文字中有說：

他們曾經把他（布諾西卡）檢查一個禮拜……他們不需要他動手術就讓他走了。

這兩句會跟上兩句話產生矛盾與衝突。我們第二單元談過，所謂邏輯的衝突就是兩句話不可能同時爲眞。但這裡的意思還要稍微複雜一點，我們這裡說的，是這一組句子跟這兩個句子中的任一個放在一起，都不可能同時爲眞。所以我們會說從剛剛那段文字中，我們可以推出這兩句話爲假。

從文字中推出這兩句話爲假的意思，不等於確定這兩句話爲假。因爲一開始這段被當作推論出發點的文字，並不能保證是沒問題的。推論考慮的是句子之間的關係，句子的眞假本身還是要由「事實」來決定的。

布諾西卡是一個碼頭工人。

布諾西卡得了癌症。

單單從以上的文字面，這兩句話的眞假其實是不能確定的。這段文字沒提到布諾西卡的職業，他可能是碼頭工人，也可能是業務員，總之我們不知道。第二句話雖然看起來跟這段文字的主題是相關的，但嚴格來說，這段文字並沒有說他得什麼病。雖然這段文字是從癌症病房這本書裡出來的，但總不能說一本名爲癌症病房的小說裡，不能有人得盲腸炎或肺炎之類的非癌症疾病。

最後幾課會跟大家介紹，合理推論跟嚴格推論之間的差別，到時候我們就可以說，雖然嚴格來說不能推出他得的是癌症，但這樣推論不算不合理。這個章節我們只要知道，從一段文字中進行推論或推論時有三種可能。

從某個句子的集合中推出某個句子爲眞。

從某個句子的集合中推出某個句子爲假。

從某個句子的集合中推出某個句子眞假是不確定的。

目前是一個簡單初步的介紹，若要精確嚴格定義這些概念，就得運用之前的邏輯句型以及眞值表等概念了，而這正是我們接下來幾課最重要的工作。

課後練習

練習3.1

以下哪些活動「主要基礎」是推論？

1. 跟人下一局象棋。
2. 一個袋子裡有兩個顏色的棋子，猜猜看自己會拿到哪個顏色的棋子。
3. 決定要去看哪一間醫院。
4. 猜猜看自己扔出的硬幣。
5. 想想看自己喜歡吃什麼。
6. 思考看自己喜歡是哪一種音樂。
7. 思考要用哪一種工具才能打開某個罐子。
8. 思考家裡要用什麼顏色的窗簾。
9. 不看任何證據說出明天的天氣。
10. 挑選一隻最強的怪獸。

練習3.2

1. 舉出一個生活中你參與過的活動，主要依賴的因素是情感或愛好。

2. 舉出一個生活中你參與過的活動，主要依賴的因素是運氣。

3. 舉出一個生活中你參與過的活動，主要依賴的因素是理性思考。

練習3.3

先閱讀以下這段話：

春天我想去的地方是草原。

夏天我想去的地方是海邊。

秋天我想去的地方是田野。

冬天我想去的地方是山林。

我喜歡大自然。

把以上這段話當成文字推論的出發點，判斷以下句子是眞的、假的還是不確定的。

1. 作者秋天想去田野。
2. 作者冬天想去山林。
3. 作者夏天想去草原。
4. 作者一年四季中曾想去海邊。
5. 作者一年四季中曾想去草原。
6. 作者一年四季中有一季想去動物園。
7. 作者喜愛大自然。
8. 作者不喜愛大自然。
9. 作者喜愛大都市。
10. 作者是男生。

練習3.4

以下是一段描述人物的文字：

諸葛亮（181年），字孔明，中國三國時期蜀漢宰相，中國歷史上著名政治家、軍事家、發明家。青年時居住於南陽郡，人稱其臥龍、伏龍。接受劉備三顧茅廬而請出仕，促成了孫劉聯盟與蜀漢政權的建立。（參考維基百科）

從以上這段文字可以推論出哪些句子爲眞？ 自己舉兩個例子。

從以上這段文字可以推論出哪些句子爲假？ 自己舉兩個例子。

從以上這段文字可以推論出哪些句子是不確定的？ 自己舉兩個例子。

練習3.5

從任何報章雜誌中擷取抄錄一段描述事實，篇幅適中的文字。

從以上這段文字可以推論出哪些句子爲眞？自己舉兩個例子。

從以上這段文字可以推論出哪些句子爲假？自己舉兩個例子。

從以上這段文字可以推論出哪些句子是不確定的？自己舉兩個例子。

第四課　推論與論證

推論處處可見，我們會從看見的事情推論，也會從我們聽到的話，閱讀到的書進行推論。邏輯把用話語或文字完整表述的推論思考稱之爲「論證」（argument），論證是由「一組句子」所組成的推論。

論證雖然隨處可見，但並不是任何一段文字或談話中都必定有論證。任何一段描述性性文字都可以「拿來進行推論」，但「論證」指的是文字段落本身就包含「推論」，換句話說，文字本身含有「理由的轉折」。舉兩個論證的例子：

> 你生活習慣不正常，又常常在外面吃，加上常有莫名的腹痛。所以我懷疑你可能有膽結石。

> 約翰不可能是凶手。理由很簡單，因爲他那天晚上一整晚都跟我在一起。

第一句是從前三個短句進行的簡短推論，第二句則是先提出說法，再找個理由來支持。這兩句都有「理由的轉折」，不管是先說出理由，或者先說出用理由支持的想法，只要有推論時那種理由的轉折就有「論證」。論證就是用某些句子的眞支持另一些句子也爲眞，所以構成論證的句子一定是具有眞假的「述句」。

並非任何一段文字或談話中都有論證，我們來看一些反面的例子。

> 小明吃完飯，收好了便當，他趴在桌上裝睡，心裡迴盪著老師剛剛說的話。
>
> 天黑黑，要下雨，阿公拿鋤頭要掘芋。

以上這兩段文字中有許多的述句，描述許多的事實，但它們並沒有組成論證。它們只是一連串的描述，依照時間先後描述，這一連串的述句，每一句都有眞假，但說話者「無意」於這些句子之間的「推論」關係。

回到論證的討論上。在生活中，最常出現論證的是包含「因爲」跟「所以」的對話。

因爲你抽到這唯一的一支簽。所以下一次換你當鬼。

這個梯子頂端幾乎等於二樓。所以你一不穩可是會跌傷的。

臺灣北半部因爲受到冷氣團南下所壟罩。未來五天都會出現十五度左右的低溫。

以上三段文字中都有「論證」。第一段的句子有完整的「因爲」與「所以」，第二段的句子只有「所以」，第三段的句子中只有「因爲」，但我們仍可以從這段話中「感覺」到完整的「因爲……所以……」的意思。「因爲」跟「所以」是明確表示論證的記號。但即使沒有明示論證的記號，也照樣能提出論證。

A：我覺得我好像感冒了。

B：爲什麼？

A：我覺得頭有點痛，而且喉嚨也痛痛的。

A：這裡是六樓。

B：那又怎樣？

A：攀爬窗子實在是件愚蠢的事

以上兩段對話中，A都有提出論證，卻沒有刻意用「因爲」或「所以」這個字，這個對話的過程，讓我們自然地感受到推論。B的提問是讓A提出論證的關鍵，但他的問題本身並不是論證的一部分，只有A提出了論證。最常出現論證的對話，就是當回答「爲什麼？」這個問題的時候。爲什麼就是要對方提出「推論」或「理由」。第二段話是把第一句話當做後一句話的理由，也是一樣在提出論證。

提出論證就等於說句子之間有「相互當作理由的關連」，某些句子可以給予另一些句子理性上的支持，這些句子能被理性地組織起來。論證中這種理由上的關連，有時後可以僅僅是使用這段文字的人賦予的，當我想用「今天早上塞車」當做「我不是故意遲到」的理由的時候，我「做了論證」。但是同樣兩個句子，我也可以用這兩個句子單純描述這兩件事，反正今天早上就是塞車，我也不是故意遲到的，要不要接受這兩件事隨其他人。任意兩個句子都可以形成論證，但也可以單純放在一起，不提出任何的論證，就當做前後兩個事實描述。

有些人會認爲如果兩個句子不相關，就不可以放在一起當做論證，事實上，句子之間的相關與否，常常是程度上的區別而已。邏輯的角度是不去限制這一點，而只是說有些論證是比較沒有推論效力的論證，或者簡單說就是「不好」的論證。舉個例子：

A：我不是故意遲到的。

B：那你的理由呢？

A：因爲我昨天晚上吃了豬肉水餃。

A提出了論證，但這個論證是一個很「不好的論證」。這個論證沒有說服力，除非他進一步說明這當中的關連，但它還是一個論證。論證是出現在我們是否有意圖說明理由，而不是在於這兩者是否眞的有關連性。眞實的關連性論證說服力比較夠，反之則不然。千萬不要搞混不好的論證與不是論證的文字段落。

最後一個小點提醒，跟思考句子的眞假時的角度類似，邏輯關心論證好不好，而從不關心提出這個論證或推論的人到底是「誰」，因此，只專注在文字部分。說一樣話的人就是提出一模一樣的論證。判定某個論證是否合理，不應該看「誰說的」才決定接不接受這個論證，這才是理性的態度。

課後練習

練習4.1

分辨以下的文字段落中，是否含有論證。

1. 那是個好天氣的下午，阿伯說要帶我們去田裡烤番薯，大家都大聲歡呼。到了田裡，我們先收集大大小小的土塊，又撿了一堆乾樹枝，才七手八腳的堆起土窯。
   以上（含有＼沒有）論證。
2. 把一些糖果平分給9個小朋友，如果每個人分6顆，就不夠4顆，糖果有幾顆？
   以上（含有＼沒有）論證。

3. 鎮長的小女兒好喜歡這隻可愛的小鴨，請求爸爸：「讓牠留下來陪我好嗎？」爸爸說：「如果你是小鴨，你願意離開家人，獨自留下來嗎？將小鴨留下，牠就不能和家人在一起了。」
   以上（含有＼沒有）論證。
4. 右邊的形體有六個面，每個面都是正方型，它有12條邊，所以它是正方體。
   以上（含有＼沒有）論證。
5. 這間圖書館書很多，還有電腦可以上網查資料。有想看的書時，隨時可以在館內閱讀；如果想借回家，只要到服務臺辦理借書手續就好了。
   以上（含有＼沒有）論證。
6. 石灰岩中含有大量的碳酸鈣，碳酸鈣是一種化合物，化學式是$CaCO_3$。另外在鐘乳石岩洞中或者是海洋生物如扇貝的殼中，也含有大量的碳酸鈣。
   以上（含有＼沒有）論證。
7. 我一定是吃太多了。我吃了兩個便當，一袋水果，還有三塊蛋糕。啊！還有冰淇淋。
   以上（含有＼沒有）論證。
8. 如果他沒有偷吃你的便當，爲什麼明明沒帶便當體重卻多了0.5kg？一定是他偷吃的。
   以上（含有＼沒有）論證。

練習4.2

1. 自己試著用「因爲」、「所以」等語詞，造出一個簡單的推論或論證。

2. 自己試著用「因爲」、「所以」等語詞，造出一個你覺得「不好」的簡單推論或論證。試著解釋看看爲什麼它是「不好」的。

3. 自己試著用「因爲」、「所以」等語詞，造出一個你覺得「好」的簡單論證。試著解釋看看爲什麼它是「好」的。

練習4.3

注意以下的句子。

1. 你喜歡他嗎？
2. 月球是圓型的。
3. 月球不是方型的。
4. 鯨魚用肺呼吸。
5. 這是一朵小白花。
6. 請教我象棋規則。
7. 鯨魚不是魚類。
8. 這是一朵什麼顏色的花？
9. 請幫我摘下這朵小白花。
10. 阿里山的山路蜿蜒75公里。

1. 以上哪些句子可以用來構作論證。

2. 請試著用以上的句子構作一個論證。（不考慮論證本身好壞問題）

練習4.4

1. 自己舉出一段文字，至少包含三個句子，前後要有關連，但是這組句子中沒有論證。

2. 自己舉出一段文字，至少包含三個句子，而且這組句子中含有一個不好的論證。

3. 自己舉出一段文字，至少包含四個句子，而且這組句子中含有一個好的論證。

第五課　論證的前提與結論

我們看以下對話的例子

A：明天會下雨。

B：你怎麼知道？

A：我剛看氣象報告說明天會下雨。

上述談論中A提出「明天會下雨」這個觀點或想法，並且提出一些「剛剛氣象報告說明天會下雨」來支持它，這中間有那個理性思考的轉折，所以這是「一個」完整的「論證」。同一個說法我們可以提出不同的理由來支持，形成不同的論證。

A：明天會下雨。

B：你怎麼知道？

A：我腿的風濕痛又開始了。

論證是理由與支持想法的配對，這兩段話中都含有論證，而且是不同的論證。同樣的，相同的理由，可以支持不同的看法，形成不同的論證。

A：明天不會下雨。

B：你怎麼知道？

A：我剛看氣象報告說明天會下雨。（非常不相信天氣報告的人）

這三段對話中都含有論證，而且三個都是不同的論證。接下來我們會明確標示出這些論證是由哪一組句子所組成的，並且將該組的句子依照推論關係來分成「前提」（premises）跟「結論」（conclusion）兩個部分，其中我們提出的「理由」我們稱之為「前提」，而我們想支持的「觀點」我們稱之為「結論」。不同的論證，一定有前提或結論的不一樣。

前面論證一的前提是：「氣象報導說明天會下雨」，而結論是：「明天會下雨」。結論是你所支持的說法，而前提就是你所提出的理由。

A的前提：氣象報導說明天會下雨。

A的結論：明天會下雨。

論證二是這個樣子：

A的前提：我的風濕痛又開始了。

A的結論：明天會下雨。

而論證三是這個樣子：

A的前提：氣象報導說明天會下雨。

A的結論：明天不會下雨。

把論證的前提與結論清楚地分別羅列出來，就叫做「分析論證」。分析論證並不是一件非常困難的事，只要能抓到論證中理由與支持說法之間的轉折，就可以依此去區分前提與結論。當作理由的是前提，被理由所支持的是結論。

注意「前提」的「前」，並沒有表示它在對話中一定要放在「前面」的意思，前提是推論出發的條件，但實際上它可以比結論還要慢被講出來，以上三個論證中理由都是後講的句子。在生活的對話中，前提不管先出還是後出都有可能，所以一定要學會對理由的辨認。

在邏輯中標準的論證是：「前提可以由兩個以上的句子組成，但結論只有一個」。結論是論證推論的核心，增加結論數量會讓推論複雜度提升太快，因此結論通常限制在「一個」。總之，論證結論一定是某「一個」句子。[2]

但論證前提應該要允許一個以上句子才對。當提出論證時，有時會覺得前提不太夠，會尋找更多理由來支持。支持某一個看法或觀點，往往可以有許多理由。比方說以下的論證：

[2] 其實並不是不可以，特殊的邏輯系統中，的確允許有一個以上的結論。但至少我們需要第二套教材中的演繹邏輯思考部分，才有可能設計一個以上結論的論證。

第一，你們沒經濟基礎。第二，你的學業尚未完成。這兩點再加上我們家目前經濟狀況也不佳。所以你們的婚事最好還是先延緩吧！

這個論證的前提有三點，而且三點都可以用獨立的句子表示出來，以上論證經過分析之後會變成以下這個樣子。

結論：你們的婚事延緩。
前提一：你們倆沒經濟基礎。
前提二：你的學業尚未完成。
前提三：我們家目前經濟狀況不佳。

這就是用「三個」不同的理由來支持「同一個結論」的論證。我們把理由這一段，分割成爲前提一、二和三，總共三個句子。對前提的分割有助於對論證的評價，這幫助我們更清楚看出哪個前提是好的，哪個前提值得懷疑，哪個前提不具說服力，而不用一竿子打翻整個論證。論證前提分割地越細越好，不過要注意，前提跟結論最基本的單位都是「句子」，不管切割再怎麼細，每個前提跟結論都要是完整的句子才行。

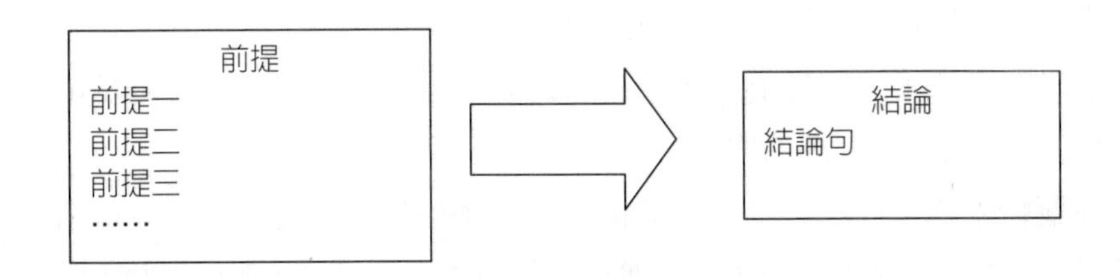

在了解這點以後，當試圖分析一段文字中的論證時，應該先尋找前提還是結論呢？答案很明顯，因爲前提有「許多個」，結論只有「一個」，所以先尋找結論爲上策。找到結論之後，剩下部分就是前提，甚至可以分割爲數個前提。這樣我們便能完整評價一個論證，這種技巧用在閱讀報章雜誌這類資訊的文字，會有很好的效果。

非文學暢銷書常常可以被看成是一個「很長的論證」，這時書會有個清楚的結論，結論會被寫在書的前言或介紹中，整本書提出許多不同的前提來支持結論。《大滅絕》這本書的結論是：「『物競天擇，適者生存』這種想法的簡單應用，是有問題的」，整本書提出各樣的例證與證據來支持。《自私的基因》這本書的結論是：「生物利它行為可以被理解為『基因』的自私」，整本書提出各式各樣的證據來支持它。用一本書寫出的論證，只是比較長的論證，需要耐心跟毅力閱讀，但並不是沒辦法被理解的東西。

最後別忘了，邏輯要求前提與結論一定要是由「完整的句子」構成，才有眞假可言，我們才能進行推論與評價。所以，有時我們也會說，論證是由一個當前提的「句子集合」，加上一個當結論的「句子」所構成的。所以分析論證時，盡可能幫論證的前提與結論都補上適當的語詞，使之成為一個獨立而且完整的述句——這可說是分析論證時最重要的一件事。但相信這點對各位來說已經不困難。我們這一課，就先教到分出這兩者為止。等到下一課，再來看更複雜一點的論證，以及如何評價論證的好壞。

課後練習

練習5.1

找出以下對話中的論證，在含論證的句子中標定「前提」與「結論」。

1. 對話

甲：邏輯課根本不值得去上。

乙：為什麼？

甲：邏輯老師上課好無聊。

2. 對話

甲：我應該戒菸了。

乙：為什麼？

甲：我近來身體大不如前，不管是跑步走路都喘得要命。

3. 對話

甲：今天天氣超好的，你看萬里無雲，氣象報告也說今天不會下雨。

乙：你說這幹什麼？

甲：我們應該出去走走。

練習5.2

1. 自己試著提出一個能分清楚前提與結論的論證，並自己試著解釋看看它是「好」的還是不好的。

2. 自己試著提出一個能分清楚前提與結論的論證，前提至少要有兩個句子以上，並自己試著解釋看看它是「好」的還是不好的。

3. 自己試著提出一個能分清楚前提與結論的論證，前提至少要有三個句子以上，並自己試著解釋看看它是「好」的還是不好的。

練習5.3

分析以下文字段落中的論證，用不同色筆圈出前提與結論。

1. 我愛春天。我愛春天的溫暖，我愛春天的氣息，更愛春天的詩意。所以，我討厭冬天。

2. 這個二號餐裡的洋芋片熱量很高，可樂熱量也不低，漢堡的肉是炸的。這並不適合減肥飲食。

3. 因爲我是泰雅族的人，我們習慣在名字後面加上爸爸的名字，我爸爸叫哈勇，我叫尤命，所以我的全名就叫尤命・哈勇。

4. 你常常不吃早餐，飲食常常太油，又很常熬夜，這三點加上你偶爾會肚子痛。你很可能已經得了膽結石。

5. 海洋資源的研發是首要之急。臺灣四面環海，周圍海洋又有重要洋流交會，再加上臺灣旁邊的太平洋是世界最大的海洋。這些都支持了我一開始提出的論點。

6. 死亡根本沒什麼好怕的，因爲當你還活著的時候，死亡根本就沒來，當死亡來臨時，你已不在，所以，死亡沒有什麼好怕。

7. 克利特人Epimenides說了一句很有名的話：「所有克利特人都說謊。」這句話一定是是錯的，因爲如果Epimenides說的是眞的，那麼，克利特人就是說謊者，Epimenides也不能排除在外。

8. 如果我們開放墮胎、安樂死是合法的，那我們就等於主張我們可以隨意處置、殺死、丟棄那些沒有生存力的人類，結果是我們放棄了所有的重度殘障、沒生存力的老人以及有先天障礙的孩童，我們不自覺地在建立一條爲這些人鋪向死刑場的道路。

9. 正義是一個社會的最重要的一件事，不管這個社會多麼具有生產力、創造力，對世界具有多麼了不起的貢獻，但只要這個社會的成就是透過對它內部成員的不正義而來的，比方說我們把某些人的生存財產權跟人權剝奪，那麼這個社會所有的其他的好處都將在這些不正義之前顯得毫無意義。正義是一個社會能稱之爲人類社會的第一條件。

練習5.4

1. 試著從任何報章雜誌中擷取抄錄一段描述事實，篇幅適中的文字。文字中必須含有論證。

2. 試著用不同色筆圈出以上文字中的前提與結論。

練習5.5

非文學類的暢銷書常常可以被當作一個大型論證。找一本這樣的書，試著從書的前言或介紹中找出這本書的結論。

第六課　評價論證的兩種方式

當提出「論證」時，我們試圖前提「推論」出結論。對於別人（或你自己）提出的論證，你可以質疑論證的「前提的眞假」，也可以質疑由前提到結論所作的「推論本身」。這是兩種不同評價論證的方式，一定要區分清楚。

請各位思考一下看以下的例子。

A：明天會下雨。

B：你怎麼知道？（質疑結論）

A：我剛看氣象報告說的。

B：你剛不是一直在看電視冠軍嗎？（質疑論證的前提）

A：我廣告時轉臺轉到氣象報告，剛好看到。

B：恩，我相信你，可是我不相信氣象報告。（質疑論證的推論關係）

B對A的質疑，一開始是對說法的質疑。於是A提出「理由」形成了「論證」，這個論證的結論是「明天會下雨」，前提是「氣象報告說明天會下雨」。但B開始質疑A提的理由本身，也就是質疑論證的「前提」。A接著透過解釋讓B消除了對前提本身的疑慮，所以B不懷疑A的前提眞假，他相信A，但仍對論證中的「推論關係」仍有疑慮。

質疑論證有兩種方式：1.質疑論證前提的眞假；2.質疑論證的「推論」本身。

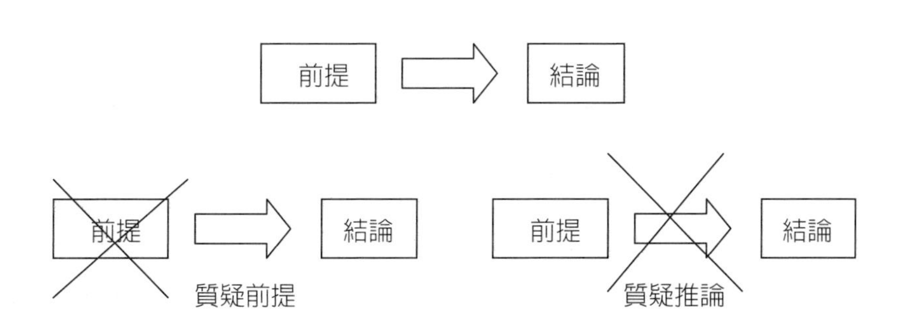

這兩種不同方向的問題一定要區分開來，我們的理性思考才能好好運作，不會像毛線糾成一團。我們再看一個例子。

C：教數學的陳小明老師一定很聰明，因爲數學老師都很不聰明。

D：是嗎？可是我就遇過不少不聰明的數學老師。（質疑對方的推論）

C：你確定嗎？那……有可能是……

E：你們到底在胡說什麼，陳小明老師根本是教英文的老師。（質疑對方的前提）

在以上對話中，C提出了論證，D質疑論證的推論過程，而E則提出論證的前提根本是錯的。在這個例子中，指出前提的爲假，似乎可以終止討論，因爲這個論證的前提是一個簡單的事實，連這麼簡單的事實都沒有弄清楚就開始推論，實在是沒什麼好繼續說的。

再看最後兩個例子：

F：你讀過我新寫的書了嗎？

G：我讀完了。

F：有什麼感想？

G：你推論完全正確，可是引用的資料完全錯誤。

H：你讀過我新寫的書了嗎？

I：我讀完了。

H：有什麼感想？

I：你用的資料完全正確，可是推論完全錯誤。

前一課提到非文學的暢銷書都可以被看成是一個「很長的論證」，這類書常常會有一個清楚的結論，而且結論常常會被寫在書的前言或介紹中，整本書就是提出很多不同的前提來支持這個結論。如果把F寫的書看成一本提出論證的書，那麼G反對的不是這個論證的推論過程，而是這個論證的前提。如果把H寫的書看成一本提出論證的書，那麼I反對的不是這個論證的前提，而是這個論證的推論過程。

這兩者任一方的瑕疵，都會減少前提對結論的支持力。但在這兩者中，質疑前提比較不是邏輯思考訓練的主題。我們強調過句子的眞假，完全取決於「事實」，事實並非思考可以決定的，思考訓練除了養成「尊重事實」的習慣之外，重點其實是專注在論證「推論關係」之上。正如前一課所言，對結論眞假的判斷來自於「理由」，而理由的好壞可以決定「推論」是否有問題，接下來才再把問題專注在前提是否眞實上。

邏輯把推論過程好不好，稱之為「推論」的「有效」（valid）或「無效」（invalid）。當「推論」或「論證」——這兩個語詞都當名詞使用時幾乎沒什麼差別——被邏輯認為是正確沒有問題的時候，我們把它稱為「有效推論」或「有效論證」。反之，當推論或論證被邏輯認為有問題的時候，我們把它稱為「無效推論」或「無效論證」。

邏輯中所謂「有效」的論證，指的是前提對結論的推論是沒問題的論證，換句話說，該論證的前提對結論有很強的支持力。至於前提的眞假，是另一個問題。雖然兩個因素都會影響推論，但我們把這兩者分開，可以讓問題更為清楚與單純。要分清楚推論本身的問題與事實蒐集跟問題，才能把可能的錯誤辨別清楚，增進思考整體的效能。

所以各位千萬不要混淆推論的問題與事實的問題，這是在思考更複雜的問題時的第一步。

課後練習

練習6.1

分析以下對話中質疑或反對論證的人，到底是質疑或反對論證的前提，還是質疑或反對論證的推論。

對話一：

A：因為我昨天晚上跟小毛去看電影了，所以沒接到你的電話。

B：小毛說他昨天一整晚都在家看電視。

對話二：

A：因爲我昨天晚上跟小毛去看電影了，所以沒接到你的電話。

B：看電影爲什麼不能接電話？

對話三：

A：我是學生耶，學生不是應該有特別優惠的嗎？

B：學生跟優惠有什麼關係？

對話四：

A：我是學生耶，學生不是應該有特別優惠的嗎？

B：眞的嗎？ 請出示你的學生證。

對話五：

A：我應該是胃脹氣，我午飯吃太多了。

B：我跟你一起吃午飯的耶，你那哪裡算多？

對話六：

A：我應該是胃脹氣，我午飯吃太多了。

B：吃太多不只會引起胃脹氣，你得小心點才好。

練習6.2

提出一個單一前提的論證，然後提出兩種不同的質疑，分別懷疑這個論證的(1)前提(2)前提與結論之間的推論關係。例如：

前提一：他是一個認眞的老師

結論：他從不遲到

第一種質疑：他眞的是認眞的老師嗎？

第二種質疑：認眞的老師就一定不會遲到嗎？

論證一
前提：他是坐火車來的。
結論：他會準時到達。

第一種質疑：

第二種質疑：

論證二
前提：這個蛋糕不夠甜。
結論：小朋友會不愛吃。

第一種質疑：

第二種質疑：

論證三
前提：你穿的不夠多。
結論：你會感冒的。

第一種質疑：

第二種質疑：

論證四
前提：他身上有刺青。
結論：他是個壞人。

第一種質疑：

第二種質疑：

練習6.3

仔細思考以下論證的推論過程，看你覺得是否合理。

1. 食物A是炸的。所以食物A是油炸的。
2. 食物A是油炸的。所以食物A熱量很高。
3. 食物A是油炸的。所以食物A是不健康的食品。
4. 食物A是油炸的。所以食物A大家都喜歡。
5. 食物B含有防腐劑。所以食物B對健康有害。
6. 食物B含有防腐劑。所以食物B是有毒的。
7. 食物B含有防腐劑。所以食物B對健康沒有任何好處。
8. 食物B含有防腐劑。所以食物B對健康沒有好處，只有壞處。

練習6.4

1. 自己提出一個至少包含兩個句子的論證。

2. 試著用兩種不同的方式質疑這個論證。

練習6.5

1. 非文學類的暢銷書常常可以被當作一個大型論證。找一本這樣的書，試著從書的前言或介紹中找出這本書的結論。

2. 你對這個論證的前提眞假或推論過程有任何意見嗎？說說看你的想法。

第七課　繹邏輯的有效論證（一）

邏輯有個專有名詞，叫「有效論證」（valid argument）。有效論證指的是前提能完美地支持結論的論證。「有效」兩字，針對的是前提對結論的「支持關係」，先不考慮前提的眞假。邏輯看重思考能力的培養，本身就是以有效論證或有效性（validity）的研究爲核心。

邏輯致力於尋找有系統與精確的方式，來判斷一個論證有效與否。簡單論證固然能憑直覺正確判定，但遇上結構複雜一點的句子或前提太多時，我們就很容易犯錯或無法思考。邏輯已經把部分有效論證判定法符號化與程序化。從下一課開始我們會花三次課程介紹這一個方法。這一課先專注在有效論證的基本概念上。

邏輯認爲，有效論證是當前提眞時，結論就不會爲假的論證。這個定義其實也滿符合常識對推論的看法，如果論證有可能前提眞時結論爲假，那這個論證的推論有瑕疵，舉個例子說明。

牛頓是17世紀優秀的物理學家。所以牛頓是物理學家。

牛頓是17世紀優秀的物理學家。所以牛頓是一個基督徒。

第一句我們很難想像前提眞而結論假，或者說，我們根本想像不到。一個是17世紀理學家的人必定是物理學家，否則我只能說，說這句話的人不懂自己在說些什麼。但是，我們很容易想像牛頓是17世紀的物理學家，卻不是基督徒。注意，我們是這樣「想像」：即便，牛頓事實上是基督徒，但是這一點並不是從他是物理學家或17世紀人這點推論出來的。這裡的結論的眞，僅僅是件偶然的事情。邏輯中所謂有效論證就是從以上想法來的。有效論證就是不可能前提眞卻結論假，這就是所謂完美的支持，在邏輯中一句話假，就等於該句話的否定句爲眞，所以有效論證就是不可能前提眞與結論的否定句都眞的論證，用邏輯常用的講法，就是前提眞與結論的否定句都眞會導致矛盾。

一個論證是有效的，若且唯若，這個論證所有前提與結論的否定句，全部爲眞會導致矛盾。

中間的「若且唯若」是演繹邏輯裡的雙條件句，如果各位一開始很難理解的話，我們可以先把這四個字換成「它的意思就等於」來想想看。

一個論證是有效的，它的意思就等於是，這個論證所有前提與結論的否定句，全部爲眞會導致矛盾。

先把它想成這樣就可以了。之所以用導致「矛盾」，是因爲矛盾在邏輯裡有明確的定義，但是「不可能」在常識中沒有精確的定義，事實上這兩者思考的方向是相通的。我們先舉個例子來說明有效論證。

前提：阿豪是會死的
結論：阿豪並不是不會死的。

依照前一段提到的判定論證有效性的方法，我們要把這個論證的前提與結論的否定句加在一起來評估的。把雙重否定的部分去除之後，就會變成以下這兩個句子的集合。

阿豪是會死的。
阿豪是不會死的。

這裡的確有矛盾產生，所以這是一個有效論證，前提完美地支持著結論。我們再看一個例子。

如果你立刻安靜下來，我就帶你去動物園玩。
我沒有帶你去動物園玩。
所以，你沒有立刻安靜下來。

分析論證 →

前提一：如果你立刻安靜下來，我就帶你去動物園玩。
前提二：我沒有帶你去動物園玩。
結論：你沒有立刻安靜下來。

要考慮這個論證是否有效，我們就必須考慮以下這個語句的集合是否有可能全部爲眞。

如果你立刻安靜下來，我就帶你去動物園玩。	（前提一）
我沒有帶你去動物園玩。	（前提二）
你並非沒有立刻安靜下來。	（結論的否定句）

以上三個句子也是怎麼看也不可能同時爲眞。如果你有立刻安靜下來，要不就是「我沒有帶你去動物園玩」是錯的；要不就是「如果你立刻安靜下來，我就帶你去動物園玩」是錯的，否則就是這句本身是錯的。這三者之中一定有一個錯，三者無法同時爲眞，所以三者矛盾，所以這跟前一個論證一樣是一個有效論證。

我們再看一個新的例子。

他是搬了家或出國了。
他沒有出國。
所以，他搬家了。

分析論證

前提一：他是搬了家或出國了。
前提二：他沒有出國。
結論：他搬家了。

他是搬了家或出國了。	（前提一）
他沒有出國。	（前提二）
他沒有搬家。	（結論的否定句）

以上三個句子也是怎麼看也不可能同時爲眞。如果他沒有搬家，要不就是「他是搬了家或出國了」這個選言句是錯的；要不就是「他沒有出國」是錯的，否則就是這句本身是錯的。這三者之中一定有一個錯，三者無法同時爲眞，所以三者矛盾，所以這跟前一個論證一樣是一個有效論證。

最後來看個無效論證的例子：

他不是搬了家，就是出國了。
他出國了。
所以，他沒有搬家了。

前提一：他不是搬了家，就是出國了。
前提二：他出國了。
結論：他沒有搬家了。

他不是搬了家，就是出國了。	（前提一）
他出國了。	（前提二）
他並不是沒有搬家。	（結論的否定句）

我們可以想像這個人既搬了家，又出了國，因爲第一句話只是說如果它不是搬家的話就是出國了，並沒有排除他既搬了家，又出了國的可能。如果我知道小明的習慣，我會說如果小明沒有去打籃球，就是回家了。但事實上我並沒有排除他可能先去打籃球，然後回家。一樣的道理。所以這是一個無效的論證，因爲他有可能出現前提跟結論的否定句同時爲眞的狀況，也就是前提眞結論假的狀況。

出現讓前提眞結論假的情況，就表示這個論證是無效論證。反之，這個論證是有效論證，就表示不會出現前提眞結論假的情況。這是最基本的有效論證與無效論證的概念，大家一定要完全理解這點。

各位做到現在應該會漸漸清楚，論證的有效無效跟論證所包含句子事實上是眞是假沒有直接的關連，有效無效考慮的是「推論」，而不是前提的眞假。只有在一種情況中有關係，那就是當論證出現前提眞結論假的時候，因爲只要有一種情況讓論證的前提與結論的否定句皆眞，那就是無效推論了。

最後一段提到前提眞假與論證有效與否的關係，可以用表格來表示：

	論證前提皆真	並非論證前提皆真
結論為真	無法確定	無法確定
結論為假	無效論證	無法確定

前提與結論的眞假，只能在某些情況下確定無效論證而已。論證有效與否還是要看各種情況的考慮才行。

課後練習

練習7.1

判斷下列論證是否爲演繹論證的有效推論。

論證一

前提一：如果你是男生，你就該追上去。

前提二：你是男生。

結論：你應該追上去。

論證二

前提一：如果你是男生，你就該追上去。

前提二：你不是男生。

結論：你不應該追上去。

論證三

前提一：如果你是男生，你就該追上去。

前提二：你不該追上去。

結論：你不是男生。

論證四

前提一：如果你是男生，你就該追上去。

前提二：你應該追上去。

結論：你是男生。

練習7.2

想像以下無效論證的反例。

前提：阿雄是一匹賽馬。

結論：阿雄跑得很快。

用前提眞結論假的情況來進行反駁：阿雄有可能是一匹跑得不快的賽馬。

1. 前提：阿毛是一個邏輯老師。

   結論：阿毛數學很好。

   前提眞結論假的情況：

2. 前提：阿毛是一個軍人。

   結論：阿毛不用穿軍裝。

   前提眞結論假的情況：

3. 前提：今天天氣是暴雨。

   結論：我家庭院的地上沒有濕。

   前提眞結論假的情況：

4. 前提：氣象報告說明天颱風要來

   結論：颱風明天會來

   前提眞結論假的情況：

5. 前提：新聞報導說S是一個壞人

   結論：S是壞人

   前提眞結論假的情況：

6. 前提：科學家發現物質W對人體有害

   結論：物質W對人體有害

   前提眞結論假的情況：

練習7.3

前提與結論的眞假與論證是否有效的關係如下，空格請填入正確的答案。

	論證前提皆真	並非論證前提皆真
結論為真		
結論為假		

練習7.4

1. 自己試著舉出，或從任何地方擷取一段你覺得的「有效論證」。

2. 自己試著舉出，或從任何地方擷取一段你覺得的「無效論證」。

第八課　眞值表法（一）

上一課所談的前提跟結論的否定句不可能全部爲眞(或前提眞結論假，意思完全一樣)，雖然聽起來合理，但其實並沒有嚴格的定義。遇到複雜一點的例子，沒有客觀檢驗的工具，容易落入各說各話。眞值表可以提供客觀有效的檢驗方法，任何人使用眞值表進行判定，只要每一步操作都是正確的，就不可能有兩個以上的不同結果。只是它需要花一點專注力才能學會，以下我們就開始介紹。

眞值表法是將一個論證中牽涉到前提眞假的所有可能情況都列出來，依此確認是否有前提眞結論假的情形。如果所有可能情況中都不可能前提眞結論假，那麼這個論證就是有效。我們用上個例子當範例來作一遍。

前提：阿豪會死
結論：阿豪並不是不會死。

指涉事物的語詞	代表集合的語詞
a：阿豪	Px：會死的 x。

首先要設計一些邏輯符號，將這些中文句子翻成邏輯語句。

前提：阿豪會死 結論：阿豪並不是不會死。	前提一：　Pa 結論：　¬¬Pa

接著根據這些邏輯語句，畫出一張能包含所有前提、結論以及結論否定句的眞值表。特別注意要把所有前提與結論加起來用到的簡單句的眞假的變化都列出來。這個論證只有用到Pa這個簡單句，所以考慮的情況只有兩種。

	Pa	Pa（前提）	$\neg\neg Pa$（結論）	$\neg\neg\neg Pa$（結論的否定句）
1	T	T	T	F
2	F	F	F	T

情況1中前提爲眞，但結論的否定句爲假。情況2中前提爲假，但結論的否定句爲眞。找不到任何前提跟結論的否定句兩者同時爲眞的情況，也就等於是說，找不到任何前提眞跟結論假的情況。我們用眞值表證明這個論證是有效論證。

使用眞值表法來證明比訴諸想像要更清楚客觀，雖然使用起來比較麻煩，但面對複雜難想像的論證時，這種方法能解決我們的束手無策。我們再用眞值表法來示範一些簡單的論證：

如果你立刻安靜下來，我就帶你去動物園玩。
我沒有帶你去動物園玩。
所以，你沒有立刻安靜下來。

前提一：如果你立刻安靜下來，我就帶你去動物園玩。
前提二：我沒有帶你去動物園玩。
結論：你沒有立刻安靜下來。

首先我們要設計一些邏輯符號將這些中文的句子翻成邏輯語句。

指涉事物的語詞

a：我
b：你

代表集合的語詞

Mx：立刻安靜的 x
Nx：帶你去動物園玩的 x

前提一：如果你立刻安靜下來，我就帶你去動物園玩。
前提二：我沒有帶你去動物園玩。
結論：你沒有立刻安靜下來。

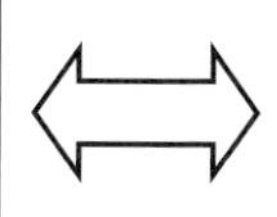

前提一：$(Mb \rightarrow Na)$
前提二：$\neg Na$
結論：$\neg Mb$

接著依據這些邏輯語句畫出一張能包含所有前提、結論以及結論否定句的眞值表。關鍵是要將前提與結論中所有用到的簡單句的眞假變化都列出來。這個論證只有用到Mb跟Na兩個簡單句，所以考慮的情況只有四種。

	Mb	Na	$(Mb \rightarrow Na)$	$\neg Na$	$\neg Mb$	$\neg\neg Mb$
1	T	T	T	F	F	T
2	T	F	F	T	F	T
3	F	T	T	F	T	F
4	F	F	T	T	T	F

情況1中前提一爲眞，但前提二爲假。情況2中前提二爲眞，但前提一爲假。情況3中前提一爲眞，但前提二爲假。情況4中前提一與二皆爲眞，但結論的否定句爲假。

找不到任何前提跟結論的否定句兩者同時爲眞的情況，也就等於是說，找不到任何前提眞跟結論假的情況。我們用眞值表證明這個論證是有效論證。

看一個再看一個例子：

拿破崙是死於疾病或中毒。
拿破崙沒有死於疾病。
所以，拿破崙死於中毒。

前提一：拿破崙是死於疾病或中毒。
前提二：拿破崙沒有死於疾病。
結論：拿破崙死於中毒。

同樣的，我們要先設計一些邏輯符號，將這些中文的句子翻成邏輯語句。

指涉事物的語詞

c：拿破崙

代表集合的語詞

Dx：死於疾病的 x
Px：死於中毒的 x

前提一：拿破崙死於疾病或中毒。 前提二：拿破崙沒有死於疾病。 結論：拿破崙死於中毒。

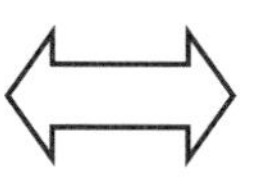

前提一：(Dc ∨ Pc) 前提二：¬Dc 結論：Pc

接著畫出一張能包含所有前提以及結論否定句的眞值表，將前提與結論中所有用到簡單句的眞假變化都列出來。這個論證只有用到Dc跟Pc兩個簡單句，所以簡單句眞假變化的情況只有四種。

	Dc	Pc	(Dc∨Pc)	¬Dc	Pc	¬Pc
1	T	T	T	F	T	F
2	T	F	T	F	F	T
3	F	T	T	T	T	F
4	F	F	F	T	F	T

情況1中前提一爲眞，但前提二爲假。情況2中的前提一爲眞，但前提二爲假。情況3中前提一與前提二皆爲眞。情況4中前提二爲眞，前提一爲假。

找不到任何前提跟結論的否定句兩者同時爲眞的情況，也就等於是說，找不到任何前提眞跟結論假的情況。我們用眞值表證明這個論證是有效論證。

課後練習

練習8.1

完成以下的眞值表，並以眞值表判斷以下論證是否是有效論證。

論證一

前提一：（Pa→Pb）

前提二：¬Pb

結論：¬Pa

	P*a*	P*b*	(P*a* → P*b*)	¬P*b*	¬¬P*a*(結論的否定句)
1	T	T	T	F	T
2	T	F	F	T	T
3	F	T	T	F	F
4	F	F	T	T	F

找得到任何前提跟結論的否定句都為眞的情況嗎？(1)(2)(3)(4)無

所以這個論證是1.有效論證　2.無效論證

論證二

前提一：（P*a*→P*b*）

前提二：P*a*

結論：P*b*

	P*a*	P*b*	(P*a* → P*b*)	P*a*	¬P*b*(結論的否定句)
1	T	T	T	T	
2	T	F	F	T	
3	F	T	T	F	
4	F	F	T	F	

找得到任何前提跟結論的否定句都為眞的情況嗎？(1)(2)(3)(4)無

所以這個論證是 1.有效論證　2.無效論證

論證三

前提一：（P*a*∧P*b*）

前提二：P*b*

結論：P*a*

	P*a*	P*b*	(P*a* ∧ P*b*)	P*b*	¬P*a*(結論的否定句)
1	T	T	T		
2	T	F	F		
3	F	T	F		
4	F	F	F		

找得到任何前提跟結論的否定句都為眞的情況嗎？(1)(2)(3)(4)無

所以這個論證是 1.有效論證　2.無效論證

論證四

前提一：（Pa∧Pb）

前提二：Pa

結論：Pb

	Pa	Pb	（Pa ∧ Pb）	Pa	¬Pb（結論的否定句）
1	T	T			
2	T	F			
3	F	T			
4	F	F			

找得到任何前提跟結論的否定句都為眞的情況嗎？(1)(2)(3)(4)無

所以這個論證是1.有效論證　2.無效論證

論證五

前提一：（¬Pa∧¬Pb）

前提二：¬Pa

結論：Pb

	Pa	Pb	（¬Pa∧¬Pb）	Pa	¬Pb（結論的否定句）
1					
2					
3					
4					

找得到任何前提跟結論的否定句都為眞的情況嗎？(1)(2)(3)(4)無

所以這個論證是1.有效論證　2.無效論證

練習8.2

用眞值表判斷以下論證是否為有效論證。

論證一

前提一：M*a*

結論：（N*a*∨M*a*）

論證二

前提一：（M*a*→（N*a*∧M*a*））

前提二：¬N*a*

結論：¬M*a*

論證三

前提一：（（P*a*→Q*a*）→Q*a*）

前提二：（¬Q*a*∨¬P*a*）

結論：（P*a*∨¬Q*a*）

練習8.3

1. 自己舉出一個由邏輯語句構成，有兩個前提的有效論證。

2. 畫出它的眞値表來證明這一點。

第九課　眞値表法（二）

判斷論證有效與否，主要依據是有沒有辦法找到前提全眞，結論爲假的狀況。或者有沒有辦法找到前提全眞，結論的否定句也爲眞的狀況。

前提全眞，結論的否定句爲眞的狀況。

前提全眞，結論爲假的狀況。

再強調一次，兩者意思是完全一樣的，教材中兩個都會出現，主要用第一個，但第二個偶爾會出現。各位要在思考中自行判斷與替換，這也是思考訓練的一部分。

前一課舉的例子都是非常簡單的「有效論證」。這一課我們一開始就對照兩個複雜一點的論證，其中一個是無效論證。當然這不是說複雜的論證就是無效，有效無效都要畫出眞值表之後才能確定，只是當論證越複雜，可能出問題的地方也會變多而已。

論證一：

如果你通過考試，就得住在臺北。如果你住在臺北，就得自給付房租。所以，你自付房租或通過考試至少有一個會爲眞。

論證二：

如過你通過考試，就得住在臺北。如果你住在臺北，就得自給付房租。所以，你自付房租或沒通過考試至少有一個會爲眞。

我們直接從論證的符號化開始：

指涉事物的語詞	代表集合的語詞
c：你	Px：通過考試的 x Tx：住在臺北的 x Sx：自付房租的 x

論證一

前提一：如果你通過考試，就得住在臺北。 前提二：如果你住在臺北，就得自給付房租。 結論：你自付房租或通過考試至少有一個會為真。	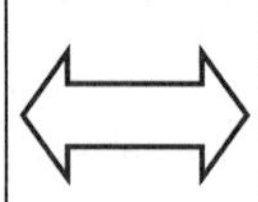	前提一：$(Pc \rightarrow Tc)$ 前提二：$(Tc \rightarrow Sc)$ 結論：$(Pc \vee Sc)$

論證二

前提一：如果你通過考試，就得住在臺北。 前提二：如果你住在臺北，就得自給付房租。 結論：你自付房租或沒通過考試至少有一個會為假。	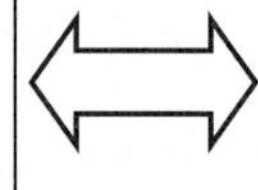	前提一：$(Pc \rightarrow Tc)$ 前提二：$(Tc \rightarrow Sc)$ 結論：$(\neg Pc \vee Sc)$

接著舞臺轉到邏輯語句的身上。畫出包含所有前提以及結論的否定句的眞值表。關鍵是要將前提與結論中所有簡單句的眞假變化列出。這個論證用到Tc跟Pc與Sc三個簡單句，所以簡單句眞假變化的情況有八種。

分析論證一的眞值表

Pc	Tc	Sc	$(Pc \rightarrow Tc)$	$(Tc \rightarrow Sc)$	$\neg(Pc \vee Sc)$
T	T	T	T	T	F
T	T	F	T	F	F
T	F	T	F	T	F
T	F	F	F	T	F
F	T	T	T	T	F
F	T	F	T	F	T
F	F	T	T	T	F
F	F	F	T	T	T

有一種情況前提皆眞，結論的否定句爲眞，也就是結論爲假，所以論證一是無效論證。

這個論證被抓到了，我們找到了某個情況前提眞結論假，所以這是一個無效論證，或者說不好的論證。畫出眞值表指出「某一排」基本上就已經可以證明這個論證是一個「無效論證」，但是再更專業一點，我們給這一排的情況取一個名字，叫做「反例」。簡單地來說，「反例」就是讓前提爲眞，結論爲假的那種情況，就叫做反例。

有效論證就是找不到「任何」反例的論證，比方說我們一開始分析的論證二。

P*c*	T*c*	S*c*	(P*c*→T*c*)	(T*c*→S*c*)	¬(¬P*c*∨S*c*)
T	T	T	T	T	F
T	T	F	T	F	T
T	F	T	F	T	F
T	F	F	F	T	T
F	T	T	T	T	F
F	T	F	T	F	F
F	F	T	T	T	F
F	F	F	T	T	F

每個情況中這三句至少都有一句話爲假，所以我們找不到前提皆眞，結論爲假的反例。找不到反例的論證，就是有效論證。

前兩個論證一個有一個反例，一個有兩個反例。如果找到兩排以上的反例怎麼辦？一樣是無效論證。我們直接看以下用邏輯語句寫成的論證三。

前提一：(P*c* → T*c*)
前提二：(T*c* → S*c*)
結論：(P*c* ∧ S*c*)

論證三

Pc	Tc	Sc	(Pc→Tc)	(Tc→Sc)	¬(Pc∧Sc)
T	T	T	T	T	T
T	T	F	T	F	F
T	F	T	F	T	T
T	F	F	F	T	F
F	T	T	T	T	T
F	T	F	T	F	T
F	F	T	T	T	T
F	F	F	T	T	T

這個論證有四個反例，所以也是無效論證。無效論證就是無效論證，邏輯並沒有進一步分類不同的無效論證。所以它跟論證都一樣是無效論證。

再次提醒，論證的有效與無效要看眞值表來判定，也就是說要看各種可能的情況來判定。而不是說，因爲結論對或爲眞，所以推論就一定有效。因爲前提錯或爲假，所以整個推論就一定無效，這樣說在邏輯上是完全錯誤的。就好像弄混「矛盾」跟單純的「爲假」一樣，是很不好的思考習慣，我們一定要注意。

課後練習

練習9.1

完成以下的眞值表，並以眞值表判斷以下論證是否是有效論證。

論證一

前提一：（Pa∨Pb）

前提二：Pa

結論：Pb

	Pa	Pb	(Pa ∨ Pb)	Pa	¬Pb(結論的否定句)
1	T	T			
2	T	F			
3	F	T			
4	F	F			

反例存在嗎？(1)(2)(3)(4)無

所以這個論證是1.有效論證　2.無效論證

論證二

判斷以下論證是否為有效論證

前提一：¬（Pa∨Pb）

結論：¬Pb

	Pa	Pb	¬(Pa∨Pb)	¬¬Pb(結論的否定句)
1				
2				
3				
4				

反例存在嗎？(1)(2)(3)(4)無

所以這個論證是1.有效論證　2.無效論證

論證三

判斷以下論證是否為有效論證

前提一：¬（Pa∨Pb）

前提二：¬Pa

結論：Pb

	Pa	Pb	¬（Pa ∧ Pb）	¬Pa	¬Pb（結論的否定句）
1					
2					
3					
4					

反例存在嗎？(1)(2)(3)(4)無

所以這個論證是1.有效論證　2.無效論證

論證四

判斷以下論證是否爲有效論證

前提一：（Pa→Pb）

前提二：¬Pa

結論：Pb

	Pa	Pb	（Pa → Pb）	¬Pa	¬Pb（結論的否定句）
1					
2					
3					
4					

反例存在嗎？(1)(2)(3)(4) 無

所以這個論證是1.有效論證　2.無效論證

論證五

判斷以下論證是否違有效論證

前提一：（Pa→Pb）

前提二：Pb

結論：Pa

	Pa	Pb	（Pa → Pb）	Pb	¬Pa（結論的否定句）
1					
2					
3					
4					

找得到任何前提跟結論的否定句都為真的情況嗎？(1)(2)(3)(4)無

所以這個論證是1.有效論證　2.無效論證

練習9.2

利用眞值表法判斷以下論證是否爲有效論證

論證一

前提一：（（Pa→（Ma→Ra）

前提二：¬（¬Ma∨¬Pa）

結論：Ra

論證二

前提一：（（Pa→（Ma→Ra）

前提二：¬（¬Ma∨¬Pa）

結論：Ra

練習9.3

1. 自己舉出一個由邏輯語句構成，有兩個前提的無效論證。

2. 畫出它的眞值表找出反例來證明這一點。

第十課　眞値表法（三）

前兩課介紹了眞値表法。不過當時為了引導各位入門，舉的例子過於簡單，感覺不使用眞値表法直接判斷還更快。但眞値表法有用之處在於更複雜的論證，不管論證的結構複雜或簡單，它都能提供清楚無誤的解析，人面對簡單的論證自然無誤，遇到稍微複雜一點的論證就會開始混亂或無助了，這堂課就來看一些例子。

第一個範例論證如下：

> 如果豪哥通過考試，老爹會請大家吃飯。如果小毛通過考試，老爹一定會請大家吃飯。小毛跟豪哥至少有一個人通過考試，這句話是假的。所以，老爹一定不會請大家吃飯。

這個範例論證的有效與否就並非那麼明顯，很容易判斷錯誤，而且就算猜中了答案，也往往不知其所以然。但用眞値表解析，就會清楚多了。

首先分析一下論證：

如果豪哥通過考試，老爹會請大家吃飯。如果小毛通過考試，老爹一定會請大家吃飯。小毛跟豪哥至少有一個人通過考試，這句話是假的。所以，老爹一定不會請大家吃飯。

前提一：如果豪哥通過考試，老爹會請大家吃飯。
前提二：如果小毛通過考試，老爹會請大家吃飯。
前提三：小毛跟豪哥至少有一個人通過考試，這句話是假的
結論：老爹一定不會請大家吃飯。

首先我們要設計一些邏輯符號將這些中文的句子翻成邏輯語句。

指涉事物的語詞	代表集合的語詞
a：豪哥 b：小毛 c：老爹	Px：通過考試的 x Tx：請大家吃飯的 x

前提一：如果豪哥通過考試，老爹會請大家吃飯。
前提二：如果小毛通過考試，老爹會請大家吃飯。
前提三：小毛跟豪哥至少有一個人通過考試，這句話是假的
結論：老爹一定不會請大家吃飯。

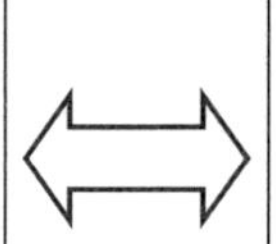

前提一：$(Pa \rightarrow Tc)$
前提二：$(Pb \rightarrow Tc)$
前提三：$\neg(Pb \vee Pa)$
結論：$\neg Tc$

接著舞臺轉到邏輯語句的身上。這個論證只有用到Pa跟Pb以及Tc三個簡單句，所以考慮的情況只有八種。

Pa	Pb	Tc	$(Pa \rightarrow Tc)$	$(Pb \rightarrow Tc)$	$\neg(Pb \vee Pb)$	$\neg\neg Tc$
T	T	T	T	T	F	T
T	T	F	F	F	F	F
T	F	T	T	T	F	T
T	F	F	F	T	F	F
F	T	T	T	T	F	T
F	T	F	T	F	F	F
F	F	T	T	T	T	T
F	F	F	T	T	T	F

情況7出現了反例，所以這是一個無效論證。特別注意，反例只要出現，不管幾個，都是無效論證。

如果各位覺得訝異，跟平常想法不合，那是因爲這個論證有兩個容易出錯

的環結。第一個容易出錯的點是前提三運用迪摩根律部分很容易出錯[D2]，否定選言句等於對兩個短句否定的連言句，千萬要注意。第二個是條件句否定前件不等於否定後件。換句話說，就算兩個人都沒過，也無法否認老爹可能會因其他理由請大家吃飯。至少這一段文字上的論述沒有排除這個可能。這兩條規則我們已經解釋過了，不過日常生活中遇到複雜的例子，還是很容易出錯。畫成眞値表能讓這種錯誤完全消失。

再來對照兩個論證類似的論證。

論證二：

如果日本隊勝中國隊，則日本隊只要再擊敗菲律賓隊就可以或得冠軍。日本隊一定會擊敗菲律賓隊。因此，日本隊只要擊敗中國隊，就可以獲得冠軍。

論證三：

如果日本隊勝中國隊，則日本隊只要再擊敗菲律賓隊就可以或得冠軍。日本隊一定會獲得冠軍。因此，日本隊只要擊敗中國隊，就可以擊敗菲律賓隊。

我們直接從論證的符號化開始：

指涉事物的語詞
c：日本隊

代表集合的語詞
Cx：擊敗中國隊的 x
Px：擊敗菲律賓隊的 x
Wx：獲得冠軍的 x

論證二

前提一：如果日本隊勝中國隊，則日本隊只要再擊敗菲律賓隊就可以獲得冠軍。
前提二：日本隊一定會擊敗菲律賓隊。
結論：日本隊只要擊敗中國隊，就可以獲得冠軍。

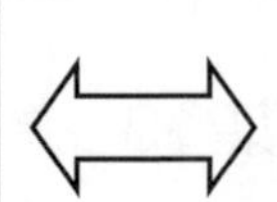

前提一：$(Cc \rightarrow (Pc \rightarrow Wc))$
前提二：Pc
結論：$(Cc \rightarrow Wc)$

論證三

前提一：如果日本隊勝中國隊，則日本隊只要再擊敗菲律賓隊就可以獲得冠軍。
前提二：日本隊一定會獲得冠軍。
結論：日本隊只要擊敗中國隊，就可以擊敗菲賓隊。

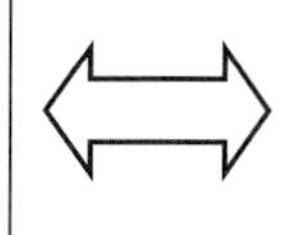

前提一：（Cc→（Pc→Wc））
前提二：Wc
結論：（Cc → Pc）

接著舞臺轉到邏輯語句的身上。這個論證只有用到Cc跟Pc以及Wc三個簡單句，所以考慮的情況只有八種。

論證二

Cc	Pc	Wc	（Cc→（Pc(→Wc)）	Pc	¬（Cc→Wc）
T	T	T	T	T	F
T	T	F	F	T	T
T	F	T	T	F	F
T	F	F	T	F	T
F	T	T	T	T	F
F	T	F	T	T	F
F	F	T	T	F	F
F	F	F	T	F	F

分析論證二的眞値表，沒有任何反例出現，所以論證二是有效論證。我們再看論證三的分析。

Cc	Pc	Wc	（Cc→（Pc→Wc））	Wc	¬（Cc→Pc）
T	T	T	T	T	F
T	T	F	F	F	F
T	F	T	T	T	T
T	F	F	T	F	T

F	T	T	T	T	F
F	T	F	T	F	F
F	F	T	T	T	F
F	F	F	T	F	F

分析論證三的眞値表，會發現情況三中三句皆爲眞，所以出現有反例，這是無效論證。這個論證看起來有效的原因，是因爲它其實有用到肯定後件，肯定前件的推論，但這個推論我們之前也分析過，是一個錯誤的推論。眞値表就是能讓我們排除這種錯誤推論的有效方法。

最後我們要看一種非常特殊的情況。我們直接從邏輯語句構成的論證開始。

前提一：W*a*
前提二：¬W*a*
結論：P*a*

	W*a*	P*a*	W*a*	¬W*a*	¬P*a*
1	T	T	T	F	F
2	T	F	T	F	T
3	F	T	F	T	F
4	F	F	F	T	T

沒有反例所以這是一個有效論證。這是一種非常特別的論證。我們之前提過任兩個原子句之間應該是不相關連的，所以前兩句應該沒有辦法推出最後一個原子句。可是畫一下眞値表，你會發現找不到反例，找不到反例的就是有效論證。

但仔細檢查一下，你就會發現這個論證的「前提本身」就含有矛盾。當一個論證的前提含有矛盾時，不管它的結論是什麼，把它的否定句加進來都會含有矛盾，因此會被眞值表判定爲無效論證。不是前提爲假，是前提含有矛盾。含有矛盾前提的論證一定是有效論證。

這是演繹邏輯利用眞值表解釋有效性的結果之一。雖然乍看看似有些不合理，但仔細想想並不是完全沒道理。假設有人想說服你，那麼如果這個人可以說服你接受含有矛盾的前提，那你可以想像這個人應該可以說服你從這些矛盾的前提推出些奇怪的東西。

另一個可以幫這種說法說話的地方是至少在眞值表的範圍內，我們也很容易判定一組前提含有矛盾的，就跟判定一組論證是否有反例一樣容易。了解這一點，記得看過這樣的例子就夠了，不需要特別煩惱設計的問題，因爲它其實只是我們之前學習的規則一個自然的結果而已。

總之，眞值表法是爲了判定一個論證是否有效設計的方法。對於任意的論證，不管這個論證多長多複雜，只要我們把這個論證轉成邏輯語句，就可以透過眞值表法確定這個論證有效還是無效。眞值表的機械化甚至可以讓電腦去做判定，這就是它最大的好處。

課後練習

練習10.1

設計邏輯符號將以下論證化爲邏輯語句，並用眞值表判斷他是否爲有效論證。

論證一

如果小丸子去了花輪家，則小丸子一定吃過點心。

如果小丸子吃過點心，那麼我們就沒有必要立刻帶他去吃飯。

所以，我們沒有必要立刻帶小丸子去吃飯。

分析論證

指涉事物的語詞	代表集合的語詞	形式化之後的邏輯語句
		前提一： 前提二： 結論

眞值表

結論：此爲 1.有效　2.無效　的論證

論證二

如果你不去參加這次遊行，那麼你媽就會高興，你妹妹可以得到腳踏車。如果你媽高興，則一定是你沒去參加遊行。所以，如果你妹妹並沒有得到腳踏車，那麼你一定有去遊行。

分析論證

指涉事物的語詞	代表集合的語詞	形式化之後的邏輯語句
		前提一： 前提二： 結論

眞值表

結論：此爲 1.有效 2.無效 的論證

練習10.2

從任何書本或報紙上找出任一個論證，設計邏輯符號將以下論證化爲邏輯語句，並用眞值表判斷它是否爲有效論證。

摘錄的論證：

分析論證

指涉事物的語詞	代表集合的語詞	形式化之後的邏輯語句

眞值表

結論：此爲 1.有效 2.無效 的論證

第十一課　演繹邏輯有效論證（二）

前三課介紹了如何運用眞値表判定一個論證是否爲有效論證。可以畫眞値表的句子，包含了由原子句與等同句以及由此構成的條件句、否定句、連言與選言句，但不包括所有的句子。我們無法畫出全稱句的眞値表，第二單元第二十九課討論的全稱句概念的複雜度，超過了眞値表的表現能力。

要判斷包含這一類句子的論證時，我們還是得回到第六課的老方法，想想看前提跟結論的否定句會不會產生「矛盾」。比方說以下的例子。

所有人都會死的。
阿豪是人。
所以，阿豪會死。

前提一：所有人都會死的。
前提二：阿豪是人。
結論：阿豪會死。

分析完論證之後，就可以開始考慮這個論證的有效性的問題。這是一個有效的論證嗎？要衡量以上論證是不是有效，我們要設想以下的句組會不會引起矛盾：

所有人都會死的。	（前提一）
阿豪是人。	（前提二）
阿豪不會死。	（結論的否定句）

這三個句子會有可能全部同時爲眞嗎？對筆者來說，這三個句子怎麼看也不可能同時爲眞。如果阿豪不會死，要不就是「所有人都會死」是錯的，要不就是「阿豪是人」是錯的，否則就是這句本身是錯的。這三者之中一定有一個錯，三者無法同時爲眞，所以三者矛盾，所以這跟前一個論證一樣是一個有效論證。

我們再來看下一個例子：

所有人都會死的。
阿豪是會死。
所以，阿豪是人。

前提一：所有人都會死的。
前提二：阿豪會死。
結論：阿豪是人。

分析完論證之後，就可以開始考慮這個論證的有效性的問題。這是一個有效的論證嗎？要衡量這個論證是不是有效，我們要設想以下的句組會不會引起矛盾：

所有人都會死的。	（前提一）
阿豪會死。	（前提二）
阿豪不是人。	（結論的否定句）

以上句組並不會引起矛盾，因爲我們畫出一幅能讓以上三者同時爲眞的文氏圖。

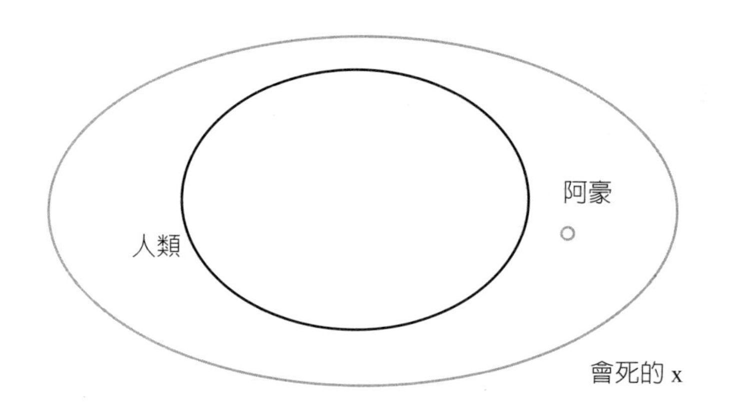

一句一句細分檢查，所有的人都在會死涵蓋的範圍之內，人是會死的這一集合的子集合，所以前提一爲眞。前提二跟結論的否定句爲眞都很簡單，可以直接看出來。所以以上文氏圖會讓前提與結論的否定都爲眞，上圖是這個論證的反例，有反例的論證就是無效論證。

不管用眞值表或用文氏圖，畫的出或找的出反例的論證就是無效論證。無效論證單純是推論的問題，推論不夠嚴謹的論證就是無效論證。我們下一課會提到另一種論證可能會出的問題，就是前提爲假的問題，不過這跟推論本身有效與否並沒有直接的關係。

我們再次回到一開始提出的例子來看一下，我們學到的工具有沒有用。我們比較以下兩個論證。

前提一：隔壁房間有五個人。 結論：隔壁房間至少有一個人。	前提一：隔壁房間有五個人。 結論：隔壁房間至少有一個老師。

右側方塊的論證可以輕易設想出反例的文氏圖，我們可以設想隔壁房間有五個不是老師的人，如此便會讓此論證前提眞而結論假，但左側論證則不行。你可以想像，除非我們改變字詞的意思，否則我們根本無法設想這個論證前提眞結論假的圖像。因爲只要隔壁房間有5個人，隔壁房間就至少有一個人。

以下的文氏圖就是右邊論證的反例。

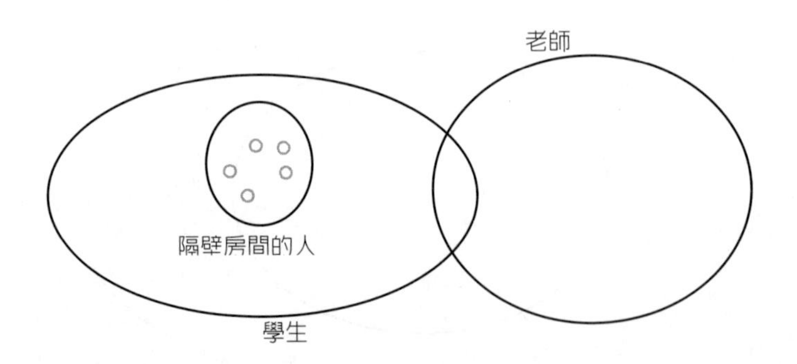

可以想像反例的就是無效論證，反之則是有效論證。論證的有效性不是直接從句子實際的眞假而來，而是從想像中的眞假關連性而來的。在思考中調整尋找各種可能的問題與漏洞，這才是善用推論方法的眞義。

課後練習

練習11.1

判斷以下論證是否為有效論證，若無效，請畫出反例的文氏圖。

論證一

前提一：所有的工程師數學都很好。

前提二：小鐵是工程師。

結論：小鐵的數學很好。

論證二

前提一：所有的工程師數學都很好。

前提二：小鐵數學很好。

結論：小鐵是工程師。

論證三

前提一：建國中學全部的學生都是男生。

前提二：小鐵不是建國中學的學生。

結論：小鐵不是男生。

論證四

前提一：建國中學全部的學生都是男生。

前提二：小鐵不是男生。

結論：小鐵是建國中學的學生。

論證五

前提一：建國中學至少有100個學生。

結論：建國中學的學生不少於50。

論證六

前提一：建國中學至少有100個學生。

結論：建國中學至少有200個學生。

論證七

前提一：建國中學今年有1,000個學生。

結論：建國中學明年有1,000個學生。

論證八

前提一：我們兩個人手機是向同一家電信公司承租。

結論：我們兩個每個月手機租費一定一樣。

論證九

前提一：我們兩個人手機是向同一家電信公司承租。

前提二：我家收的到訊號。

結論：你家也收的到訊號。

論證十（這題請盡量從句子本身去思考，不要加太多現實世界的資訊）

前提一：全世界的人類總數有5,000萬。

結論：建國中學的學生不會多於5,000萬。

練習11.2

自己試著提出一個無效論證，並說明讓它無效的反例爲何。

練習11.3

從任何書本或報紙上找出任一個論證，並說明它是否有效。

第十二課　有效性與眞假（一）

第六課學到評價論證的兩種方式，一種是評價「前提的眞假」，另一種是評價論證的「有效性」。不過那時候，我們只略提了有這兩種不同的角度，這一課開始細談這一點。

我們已經學會判斷論證的有效與否，眞値表法是保證不會出錯的好幫手。不過鑒於眞値表法重複過不少練習，這一課先用上一課學到全稱句的有效性概念來思考。我們看以下論證。

論證		分析論證
所有人都不會死的。 阿豪是人。 所以，阿豪不會死。	分析論證 →	前提一：所有人都不會死。 前提二：阿豪是人。 結論：阿豪不會死。

這是個「有效」的論證嗎？我們一樣要試著思考以下的句組會不會引起矛盾：

> 所有人都不會死的。
> 阿豪是人。
> 阿豪並非不會死。

這三個句子跟前一課的論證類似，放在一起怎麼看也不會三者同時爲眞，依照我們之前提的標準來說，它應該還是「有效論證」。注意是「有效論證」，是的沒錯，你沒看錯，這是一個「有效」的論證。因爲我們無法想像它的「反例」。

但想必很多人會覺得很錯愕，這個論證明明「感覺起來」是不對的，但這不對並不在它的「有效與否」。這個論證的第一個前提明顯爲假，結論也爲假。怎麼可能所有人都不會死，而且阿豪也會死啊！

從邏輯的觀點來說，這叫做「含有假前提」的推論。邏輯會特別強調前提的假並不會影響推論的有效性。因爲很多時候，許多有用的推論，比方說戳破別人的謊言，辨認可能的錯誤，都會從「假設」的前提開始推論，假設的前提有可能是眞的，當然也有可能是假的，但沒關係，邊推論邊找出問題。不論前提是眞或假，推論一樣有有效與否的問題。比方說，假定我已經看出了某個來拜訪的瓦斯維修人員有問題，我便會提出以下的論證：

所有大安瓦斯的工程人員都有大安瓦斯的工作證件，而且我可以打電話跟公司確認。（前提一）

你是大安瓦斯的工程人員。（前提二）

所以，你有大安瓦斯的工作證件，而且我可以打電話跟公司確認。

以上這個論證的推論是有效的，但是我們一開始就覺得前提二是假的，即使這個前提事實上眞的是假的也沒關係，但整個推論仍然是正確的、理性的。這個推論能讓我們採取理性的行動讓他露出馬腳。

生活中常常從假的前提，或者從還不知道眞假的前提開始推論，但這些推論幾乎都是理性的，也是有用的。邏輯會刻意分開前提的眞假與推論的有效性。推論有效性問題跟前提與結論的眞假問題一定要分開，這樣我們才可以深入了解論證可能的漏洞到底在哪裡。

我們已經花了許多篇幅說明邏輯把推論沒問題的論證，稱爲「有效論證」。而前提皆眞的論證，則被稱爲「健全論證」。同時滿足兩個條件的，當然就是有效而又健全的論證。

分開「推論有效性」與「前提與結論的眞假問題」這兩種問題不但不是演繹邏輯的缺點，反而是優點，因爲它能讓我們更有系統地避免掉兩種不同的錯誤，這兩種錯誤的區分能讓思考更爲爲正確與精準。如果我們要做最沒有疑義的推論，那我們還需要注意論證前提是否是眞的，以及推論是否有效。要透過兩個步驟的考慮，才能做出結論不會爲假的推論。

千萬別忘了，前提爲假並不代表沒有用。很多時候前提與結論爲假的論證是有用的，就好像假句子一樣有用。隨時清楚意識到這一點，才能眞正精於理性思考。

課後練習

練習12.1

以下是一些「已知結論爲假」的論證，請你告訴我它的問題是出在前提爲假（這裡爲假就是指前提包含有假的句子），還是推論無效，還是兩個都不對。

1. 所有偶數都是2的倍數。

   7是偶數。

   所以，7是2的倍數。

以上論證的問題出在（1.前提爲假 2.推論無效 3.兩者皆是）

2. 所有偶數都是2的倍數。

   7不是偶數。

   所以，7是2的倍數。

以上論證的問題出在（1.前提爲假 2.推論無效3.兩者皆是）

3. 所有偶數都是2的倍數。

   7是偶數。

   所以，7不是1的倍數。

以上論證的問題出在（1.前提爲假 2.推論無效3.兩者皆是）

4. 所有偶數都是2的倍數。

   8不是2的倍數。

   所以，8不是偶數。

以上論證的問題出在（1.前提爲假 2.推論無效3.兩者皆是）

5. 所有偶數都是2的倍數。

   8是2的倍數。

所以，8不是偶數。

以上論證的問題出在（1.前提爲假 2.推論無效3.兩者皆是）

6. 所有偶數都是2的倍數。

8不是偶數。

所以，8不是2的倍數。

以上論證的問題出在（1.前提爲假 2.推論無效3.兩者皆是）

7. 長江是中國最長的河流。

中國最長的河流只有一條。

黃河跟長江是同一條河流。

所以，黃河是中國最長的河流。

以上論證的問題出在（1.前提爲假 2.推論無效3.兩者皆是）

8. 長江是中國最長的河流。

中國最長的河流只有一條。

黃河跟長江不是同一條河流。

所以，黃河是中國最長的河流。

以上論證的問題出在（1.前提爲假 2.推論無效3.兩者皆是）

9. 長江不是中國最長的河流。

中國最長的河流只有一條。

所以，黃河是中國最長的河流。

以上論證的問題出在（1.前提爲假 2.推論無效3.兩者皆是）

練習12.2

1. 自己舉出一個不健全卻有效的論證。

2. 自己舉出一個健全卻無效的論證。

3. 自己舉出一個健全又有效論證。

4. 自己舉出一個不健全又無效的論證。

第十三課　有效性與眞假（二）

分清楚「推論的有效與否」與「前提的眞假與否」非常重要，只要弄清楚這一點，生活中許多與推論有關的混亂與誤會就能迎刃而解，讓我們能在討論中保持高品質的理性思維能力。

這一課讓我們最後再複習一下之前曾提到的表格。

	論證前提皆真	並非論證前提皆真
結論為真	不確定	不確定
結論為假	無效論證	不確定

這個表格我們把它更具體化一點，雖然「不確定」，但推論是否有效的情況只有「有效」與「無效」兩種，所以總共有以下七種組合。

	論證前提皆真	並非論證前提皆真
結論為真	有效／無效	有效／無效
結論為假	無效論證	有效／無效

因爲論證的前提可以有好多個，所以論證「前提假」可以指「每一個前提皆假」，也可以指「某一些前提爲假」。在此採取比較寬鬆的說法，「並非論證前提皆眞」指的是「某一些前提爲假」。其實當我說某些前提爲假的時候，並沒有說多少，有可能每一條前提都假，也可能只有一個前提爲假。以下都以這個標準進行討論。

我們就開始各舉一些例子吧！

組合一：前提皆眞，結論也眞的有效論證。

所有人都會死。（前提一）

牛頓是人。（前提二）

所以，牛頓會死。（結論）

組合一是所有論證的模範生。前提也眞，結論也眞，而且也是有效論證。雖然並「不是」唯一有用的論證，但卻是最合乎理性要求的常規論證。

組合二：前提皆眞，結論也眞的無效論證。

所有人都需要喝水。（前提一）
牛頓是人。（前提二）
所以，牛頓是物理學家。（結論）

組合二的範例可以明顯看出論證的無效性，前提跟結論之間根本沒有關連，結論的眞只是運氣好而已。所以在推論上沒有參考價值，是毫無推論根據的論證。即使前提與結論都剛好爲眞，也不能說這樣的推論就是正確。

組合三：前提皆眞，結論爲假的無效論證。

牛頓是物理學家。（前提一）
所以，牛頓是女性。（結論）

無效論證的典型，但千萬注意，它不是唯一的無效論證。無效論證是「有可能」出現前提眞結論假的論證，有時候即使「事實上」結論是眞的，但仍可能只是偶然的，沒有理性的推論含在內。無效論證不是只有事實上前提眞結論假的論證，還包括想像中前提眞結論假的論證。

但這個論證事實上就已經前提眞結論假了，那這樣想像當然沒錯。而且這個前提跟結論根本毫無關連這點也很清楚，物理學家與性別並無必然關連。

組合四：並非前提皆眞，結論也眞的有效論證。

所有人都是物理學家。（前提一）
牛頓是人。（前提二）
所以，牛頓是物理學家。（結論）

大多數不太懂邏輯的人會在組合四混淆。組合四的結論看起來是正確的，但前提一卻是假的。只是前提的假並不一定會影響到推論過程本身，這個論證仍然是有效論證，而且結論還剛好爲眞了，這題也有點運氣，前提一的假剛剛好不會影響到結論。但是並不見的每次都這麼幸運，若能求前提都爲眞還是盡可能做到。

組合五：並非前提皆眞，結論也眞的無效論證。

所有人都是物理學家。（前提一）
牛頓不喜歡吃蘋果。（前提二）
所以，牛頓是物理學家。（結論）

這是一個並非前提皆眞，結論也爲假的無效論證。前提根本推不出結論，結論的眞只是運氣好而已。在推論上沒有參考價值，一樣是毫無理性與根據的論證。

組合六：並非前提皆眞，結論爲假的有效論證。

牛頓發現了相對論以及萬有引力。（前提一）
所以，牛頓發現了相對論。（結論）

前一課曾特別提醒，要確實分開前提的眞假與推論的有效與否。這就是前一課最常舉的典型範例。這論證的推論本身沒什麼問題，出問題的是前提本身是假的，所以導致了結論爲假。推論的意義與效用都不會因爲前提的爲假而遭到破壞，否則我們就沒有辦法把推論應用在有問題的狀況上。這種論證還是很有意義的。

組合七：並非前提皆眞，結論爲假的無效論證。

牛頓發現了相對論以及萬有引力。（前提一）
所以，牛頓發明了進化論。（結論）

最後一種類型的論證，這類論證的無效的原因，並不是因爲它的前提與結論都爲假，因爲組合六就是並非前提皆眞，但結論爲假的有效論證。這個論證之所以爲假是因爲前提無法支持結論，發明前兩個理論不必然推出發現進化論。

最後附上以上例子的圖表：

	有效	無效
前提皆真 結論為真	所有人都會死。 牛頓是人。 所以，牛頓會死。 （組合一）	所有人都需要喝水。 牛頓是人。 所以，牛頓會死。 （組合二）
前提皆真 結論為假	（無）	牛頓是物理學家。 所以，牛頓是女性。 （組合三）
並非前提皆真 結論為真	所有人都是物理學家。 牛頓是人。 所以，牛頓是物理學家。 （組合四）	所有人都是物理學家。 牛頓不喜歡吃蘋果。 所以，牛頓是物理學家。 （組合五）
並非前提皆真 結論為假	人類有八隻手。 所以，人類的手超過五隻。 （組合六）	人類有八隻手。 所以，人類的手超過十隻。 （組合七）

討論完這七種組合，相信各位對於前提與結論的關係已經完全沒有疑問了。弄清楚這些，能讓我們思考與評價論證的能力更上一級。我們進練習吧！

課後練習

練習13.1

以下說法哪些是正確的。

1.（　　　　）前提眞，結論眞一定是有效論證。

2.（　　　　）前提假，結論假一定是無效論證。

3.（　　　　）前提眞，結論假一定是無效論證。

4.（　　　　）前提假，結論眞一定是有效論證。

5.（　　　　）前提眞，有效論證，則結論必眞。

6.（　　　　）前提眞，有效論證，則結論必假。

7.（　　　　）前提眞，無效論證，則結論必眞。

8.（　　　　）前提眞，結論眞一定是無效論證。

9.（　　　　）前提假，無效論證，則結論必假。

10.（　　　　）前提假，有效論證，則結論必眞。

練習13.2

判斷以下論證是七種組合中的哪一種。（寫組合幾就好）

1. 牛頓是男性物理學家。（前提一）
   所以，牛頓是男性。（結論）

2. 牛頓是女性物理學家。（前提一）
   所以，牛頓是女性。（結論）

3. 牛頓是男性物理學家。（前提一）
   所以，牛頓是英國人。（結論）

4. 牛頓是男性物理學家。（前提一）
   所以，牛頓不是英國人。（結論）

5. 牛頓是女性物理學家。（前提一）
   所以，牛頓是英國人。（結論）

6. 牛頓是女性物理學家。（前提一）

所以，牛頓是物理學家。（結論）

7. 牛頓是女性物理學家。（前提一）

   所以，牛頓是法國人。（結論）

練習13.3

本課提到七種組合的論證，請各舉一個你自己的例子。

組合一：

組合二：

組合三：

組合四：

組合五：

組合六：

組合七：

第十四課　合理的推論

利用眞值表與文氏圖來定義有效性概念的邏輯也被稱爲演繹邏輯（deductive logic）。演繹邏輯認爲有效的推論是能通過確定性考驗的推論，一旦在前提眞的情況下結論有可能爲假，演繹邏輯就會宣布這是個無效論證。

演繹邏輯常被詬病的一點是「過於嚴格」。平常生活中很多看來合理的推論，其實都通不過它的嚴格要求而被判爲無效論證。比方說：

論證一	考慮論證一的有效性
前提：蒲世豪從三樓躍下。 結論：蒲世豪毫髮無傷。	前提：蒲世豪從三樓躍下。 結論：蒲世豪沒有毫髮無傷。

在檢視論證一的有效性時，我們看不出這兩句話有直接的矛盾，蒲世豪的確「有可能」從三樓跳下卻毫髮無傷，這並不是矛盾的，所以論證一是無效論證。

但從常識來看，論證一的推論卻相當合理，至少我們想說「即使有人從三樓躍下而毫髮無傷，那也是極少數的例子吧！」演繹邏輯的有效推論的要求明顯的太嚴格，難近常理。我們再來看下一個例子。

論證二	考慮論證二的有效性
前提：明天是星期二。 結論：明天要上班。	前提：明天是星期二。 結論：明天不需要上班。

這個論證是無效的，理由當然是這兩個句子並沒有嚴格意義的矛盾，所以對演繹邏輯來說，這是無效論證。但這個推論從常識看是很合理的，起碼筆者就需要在星期二工作。演繹邏輯是尋求「零風險」的學科，所以不接受任何有疑義

的推論，不過這些推論從常識的角度來看仍是合理的。

演繹邏輯其實可以解決這類問題，它可以增加輔助的前提，例如，增加推論的前提，比方說「如果明天是星期二，那麼就要上班」這一個條件句當作輔助前提。輔助前提常常是我們習以爲常，但卻沒說出來的。但是尋找這些沒說的補充前提過程，把這些補充前提化成符號的過程，既漫長又易出問題。而且既然是對方沒說的，很可能對方根本沒想到，甚至不贊同這些輔助前提，認定上可能會出問題。演繹邏輯不是沒辦法解決，是沒辦法很輕鬆地解決它。

爲此我們要進行一點小小的修改，利用演繹邏輯來幫忙定義一個比較寬鬆的新概念。演繹邏輯的有效性概念是值得參考的，只要在一些小地方修改，就能用相似方式訂出較清楚的「合常識角度的推論」概念。爲了與演繹邏輯的「有效論證」作區分，我們把日常中合乎常理的推論叫作「合理論證」。合理論證的定義如下：

> 一個論證是合常理的，它的意思就等於是，這個論證的「前提」與「結論的否定句」全部同時爲真的情況，是非常罕見的。

我們來看之前的例子。

考慮論證一的合理性
前提：蒲世豪從三樓躍下。（前提） 結論：蒲世豪毫髮無傷。（結論的否定句）

誠然，一般人三樓一躍而下，毫髮無傷的狀況是很罕見的，所以從「蒲世豪從三樓躍下」，推論出「蒲世豪沒有毫髮無傷」，是「合乎常識」或「合乎常理」的推論。以下簡稱爲「合理」的推論。合理推論也可以說是前提眞結論假的情況「罕見」的推論。

再舉個例子，你回家之後發現家裡燈是開的，你記得早上出去之前有檢查關燈，如果沒有其他因素干擾的話，你合理推論家裡有人比你早到家。「你記得早上出去之前有檢查關燈」加上「家裡有人比你早到家」的否定句，是罕見而且不合常理的，因此你合理推論家裡有人早回家。

論證三
前提一：家裡的電燈是開著的。 前提一：你記得早上出去之前有關燈。 結論：家裡有人比你早到家。

考慮論證三的合理性
1. 家裡的電燈是開著的。 2. 你記得早上出去之前有關燈。 3. 家裡沒有人比你早到家。 1+2+3 是很罕見的。

罕見其實有「程度」的問題，但合理性原本就有不確定因子的存在。如果有人問你「這班18路公車會不會到火車站」，我們回答時並不會考慮這班公車會不會臨時遇到遊行而沒辦法開到，這就是不確定因子。但如果我明明知道今天那邊有遊行，就不能這樣說了。越合理的推論就是出狀況的情形越罕見，甚至有時要參考事情的嚴重性與被預期的精密程度而定。

也因爲我們是透過句子同時爲眞是否「罕見」，來確認推論到底是否合理，所以訓練思考判斷合理性的同時，同時也要增加自己對實際世界的了解，了解某些現象是否眞的是罕見的，還是只是我們碰巧沒見過，才能不以管窺天，正確地判定論證的合理性。

最後千萬要注意，我們多學一種合理推論的概念，不是爲了「取代」演繹邏輯的有效推論概念，而是爲了補充它。我們應該將演繹邏輯當作最安全的底線，當進行有錯誤可能的推論時，抱持著風險的態度進行調整。如果演繹邏輯是城堡的話，那麼，合理的推論就是出城堡的攻擊軍隊。我們在沒有太大風險負擔時可以讓軍隊出城巡邏或攻擊，有嚴重的風險負擔時退會城堡，這才是運用理性最好的策略。

課後練習

練習14.1

判斷以下論證是否為合理論證。

論證一

小毛兒有120公斤。

所以，小毛兒不是瘦子。

（合理論證＼不合理論證 ）

論證二

阿毛是一隻駱駝。

所以，阿毛不能穿過針眼。

（合理論證＼不合理論證 ）

論證三

總是有一個司機開車載小毛兒來上課。

所以，小毛兒必定家境富裕。

（合理論證＼不合理論證 ）

論證四

我曾看過一次王伯伯喝得醉醺醺的。

所以，王伯伯一定是個酒鬼。

（合理論證＼不合理論證）

論證五

我看過三十次王伯伯喝得醉醺醺的。

所以，王伯伯一定是個酒鬼。

（合理論證＼不合理論證）

論證六

這整棟公寓都是我家的。

住在三樓的阿毛不是我父母的小孩。

所以，阿毛一定是我家的房客。

（合理論證＼不合理論證 ）

論證七

我家旁邊有家麥當勞。

所以，我家的人一定很常去那家麥當勞吃飯。

（合理論證＼不合理論證 ）

論證八

從高雄到臺北搭火車要花五個小時。

小明在晚上八點時在高雄上火車。

所以，他會在凌晨一點抵達臺北。

（合理論證＼不合理論證）

論證九

你常常不吃早餐。

飲食常常太油。

你偶爾會肚子痛。

所以，你很可能得了膽結石。

（合理論證＼不合理論證）

練習14.2

自己舉一個合理的論證的例子，以及不合理的論證的例子，並說明合理與不合理的關鍵為何。

合理的論證：

不合理的論證：

練習14.3

自己試著從任何報章雜誌上舉一個合理的論證的例子，以及不合理的論證的例子。

（老師也可以自己準備一份報紙給學生）

合理的論證：

不合理的論證：

國家圖書館出版品預行編目資料

兒童基本邏輯教材／蒲世豪著. ——初版.
——臺北市：五南, 2014.10
面； 公分
ISBN 978-957-11-7826-4（平裝）
1.邏輯 2.兒童教育
150 103017883

1BAV

兒童基本邏輯教材

作　　者— 蒲世豪
發 行 人— 楊榮川
總 編 輯— 王翠華
主　　編— 陳姿穎
責任編輯— 邱紫綾
封面設計— 童安安
出 版 者— 五南圖書出版股份有限公司
地　　址：106台北市大安區和平東路二段339號4樓
電　　話：(02)2705-5066　傳　　真：(02)2706-6100
網　　址：http://www.wunan.com.tw
電子郵件：wunan@wunan.com.tw
劃撥帳號：01068953
戶　　名：五南圖書出版股份有限公司

台中市駐區辦公室/台中市中區中山路6號
電　　話：(04)2223-0891　傳　　真：(04)2223-3549
高雄市駐區辦公室/高雄市新興區中山一路290號
電　　話：(07)2358-702　傳　　真：(07)2350-236

法律顧問　林勝安律師事務所　林勝安律師

出版日期　2014年10月初版一刷
定　　價　新臺幣450元